U0732831

核心素养视域下的
课堂教学

李 娟　詹光平◎著

暨南大学出版社
JINAN UNIVERSITY PRESS

中国·广州

图书在版编目（CIP）数据

核心素养视域下的课堂教学 / 李娟，詹光平著.
广州：暨南大学出版社，2025. 5.
ISBN 978-7-5668-4112-4

Ⅰ．G632.421

中国国家版本馆 CIP 数据核字第 2025GE4666 号

核心素养视域下的课堂教学

HEXIN SUYANG SHIYU XIA DE KETANG JIAOXUE

著　者：李　娟　詹光平

出 版 人：阳　翼
策划编辑：曾鑫华
责任编辑：黄亦秋
责任校对：孙劭贤　黄子聪
责任印制：周一丹　郑玉婷

出版发行：暨南大学出版社（511434）
电　　话：总编室（8620）31105261
　　　　　营销部（8620）37331682　37331689
传　　真：（8620）31105289（办公室）　37331684（营销部）
网　　址：http：//www.jnupress.com
排　　版：广州市新晨文化发展有限公司
印　　刷：广州市金骏彩色印务有限公司
开　　本：787mm×960mm　1/16
印　　张：14.25
字　　数：265 千
版　　次：2025 年 5 月第 1 版
印　　次：2025 年 5 月第 1 次
定　　价：59.80 元

序

静水流深，重构课堂蕴成长

塞上江南多才俊，岳麓山下好读书。与詹光平老师的相识，缘于湖南师范大学文学院承办的宁夏"国培计划"中西部骨干项目——自治区级中学语文骨干教师培训项目。我担任该项目的学术顾问，具体策划、指导培训的实施。这是宁夏最高端的"双名"项目，荟萃了7位非常优秀的宁夏高中语文名师工作室首席名师及63位名师团队成员。2023年6月，他们跨越千里之遥，从塞上江南来到了湖湘大地，从贺兰山下来到了桃子湖畔，开启了共30天的培训学习，湘宁语文人的缘分也深结于斯。

后来，培训地点换至银川，项目组决定开启名师育人育己的"双育"模式，以充分发挥名师的引领功效。随着时光推移，我们交流的频次多了，我对两位老师的了解变得清晰而深入。本书两位作者都来自宁夏中卫市，有着丰富的一线教学经验。李娟老师勤奋、刻苦、做事干练，教学基本功扎实，教学能力强，获得过部级优课奖项；詹光平老师低调、敦厚、谦逊、认真细致，主持过多个省部级社科重点项目、教育科学规划课题、基础教育教学课题。更为可喜的是，两位老师共同完成的教育科研、教育教学项目成果在宁夏屡获大奖。项目中有一个环节是工作室各自承担一天的教研活动，詹光平老师主动提出要与长沙一中周玉龙名师工作室开展同课异构展示活动，还另请了宁夏大学教授、博士生导师、塞上名师郎伟先生莅临现场讲座指导。他的一日教研活动在同行工作室中设计得最为扎实、丰富，开阔了学员们的视野，取得了可喜的实效。这充分显示了詹光平老师在教学教研方面的远见卓识和深厚功力，让我心生敬意。

人之相知，贵在道和。两位老师平日善于探索，笔耕不辍。当他们把即将付梓的新作《核心素养视域下的课堂教学》发来请我作序时，我欣然应允。

崇峻不凌霄，则无弥天之云。新课程改革带来的既是机遇，更是挑战。作为新课改的前瞻者、探路者，两位老师共同聚焦到了"新课程、新教材、新高考"背景下高品质课堂重构这一课改关键问题上，形成了这本著作。

教育部副部长吴岩曾多次强调："教改改到深处是课程，改到痛处是教师，改到实处是教材。"学校存在的基本形式就是课堂教学，国家课改理念是靠一节节课来实践的。这本书上编重在探讨基于核心素养培育的课堂教学原则、教学策略和教学环境创设等理念重构；下编侧重对核心素养理念的课堂实践进行反思研讨。这是作者潜心问道课改，笔耕不辍写就的又一教学教研成果，针对当下"知识本位型"课堂教学的现状问题，从三个层面探讨了"素养涵养型"高品质课堂的重构问题。

指向核心素养培育的课堂重构基点是教师新课程观念的转变。作为课堂教学的主导者，教师要对整个教育发展趋势了然于心，及时理解"大单元""任务群""教学评一体化"等新理念，并能从观念重塑、流程重构和评价重建等方面作自我革新、自我转型。这是极具发展性和挑战性的任务。尤其是高中段的课程教学，应追求思维深度上的纵横开掘，在对生命本质的追问中走向开阔。故本书提出了"教师为主导、学生为主体、训练为主线、思维为核心、能力为目标"的"五为"课堂教学原则，努力探索单元整体结构化教学，以帮助学生串联学科知识脉络，形成学科知识图谱；倡导项目式、合作式、探究式的教学，以实现学科知识活化运用、创新意识培育等高阶思维目标的有效达成。

指向核心素养培育的课堂重构重点是营造"学为中心"的课堂文化。课堂重构是对教师、学生、环境、教材之间关系的优化。当学生被放在课堂的中心，从课堂上的"被动学"变为"主动学"时，学习环境也必然发生改变。以有序、安全、和谐、温暖的生态学习环境来促进学生的生命生长，智慧课堂、审美课堂成为重构新样态。课堂教学将不再拘泥于传统的纸质书籍，而是借助信息化手段，走向动态的、变化的、高阶的互动、探究型智慧教学，走向追求审美课堂的诗意阅读、创意表达和趣意探究。

指向核心素养培育的课堂重构落点是情境化的实践活动。语文、英语同属语言学科，本书针对性选择了高中语文、英语课堂教学的关键难点问题，如高中文言文教学、整本书阅读教学、思辨性写作、英语学习活动观、大单元教学等，通过典范而生动的课例研讨来展现问题引领、任务驱动、具身体验、主题探究、数字赋能等方略在优质课堂中的实操运作，凸显语言类课程以"语言运用"为路径和旨归的特性。以此助力一线教师真正把课改精神内化于心、外化于行，努力提高课堂教学的价值含量，培养学生主动发现问题、分析问题及解决问题的能力，实现核心素养的整体提升。

总之，素养为本、学为中心、实践为上，是高品质课堂教学应有的姿态。本书是作者基于对课堂教学的现实审视而做出的有益探究与实践。诚如作者自己所言："作为基层一线教师，围绕核心素养，习惯于带着问题观察课堂、思考教学，并将所学、所感、所悟之得不断努力尝试、践行。"这样点滴记录，结集成书看似是件易事，然静水流深，功在平时，贵在坚持。名师之"名"，向来都是在踏踏实实教书、扎扎实实教研中做出来的！

文心筑梦，润泽桃李。如今作者正以宁夏立项的教师发展专项课题为载体，继续探索着名师成长的路径，以助推教师专业素质的提升。课改前行之路漫漫，期待两位老师踏实笃行、携手并进，在教育教学改革的新征程上再有新建树，取得新突破、新成效。

是为序。

周　敏

2025 年 4 月

（周敏，湖南师范大学文学院语文课程与教学论专业硕士生导师，教育学博士，现代文学博士后。中国高等教育学会语文教育专业委员会理事、教育部"国培计划"专家库专家、国家级基础教育教学成果奖评审专家、省市区级名师工作室学术顾问。主持完成教育部及省厅级课题 8 项，出版专著 2 部，参编教材多部。发表论文 40 余篇，论文多次被人大复印报刊资料全文转载。多次指导学生获得国家级、省级师范技能大赛一、二等奖）

前　言

建设核心素养视域下的好课堂

随着全球化、信息化、知识社会化的发展，国际竞争日趋激烈，以人才为核心的竞争成为国际社会的普遍共识。毋庸置疑，当今时代，人才是推动社会发展的第一资源，人才的培养靠教育。培养新时代适应社会发展要求的、具有必备品格和关键能力的时代新人应该是核心素养教育的要旨。

为提高国际竞争力，推动教育发展，培养学生核心素养，2014 年印发的《教育部关于全面深化课程改革落实立德树人根本任务的意见》强调了全面深化课程改革和落实立德树人根本任务的重要性与紧迫性，明确了学生应具备的适应终身发展和社会发展需要的必备品格与关键能力。2016 年 9 月，《中国学生发展核心素养》研究成果发布，正式提出中国学生发展核心素养分为文化基础、自主发展、社会参与三个方面，综合表现为人文底蕴、科学精神、学会学习、健康生活、责任担当、实践创新六大素养，以及具体细化为十八个基本点；同时，强调要改变"学科本位"和"知识本位"现象。以《中国学生发展核心素养》作为课程设计出发点，教育部 2017 年颁布了普通高中各学科课程标准，2022 年颁布了义务教育课程标准。最新教育政策和课程标准的正式出台，标志着基础教育进入核心素养时代。众所周知，课堂是教育教学的重要场域，核心素养的培育要靠课堂教学来完成。

新时代需要发展核心素养，核心素养时代呼唤高品质的课堂。学科核心素养体现学科本质及学科教育价值，以素养为本、学习为中心理应成为高品质课堂教学应有的姿态。只有正确把握学科核心素养，引领学科教育走向正确轨道，才能充分发挥学科的育人价值。因此，聚焦核心素养是课堂教学改革的方向，也为课堂教学提供动力和生机。笔者认真反思当前课堂教学，坦率地说，教学理念、教学行为、教学评价等较前有很大的变化，但学科核心素养的真正要义还未完整、准确、充分地落实到具体教学活动中。在教学目标方面，素养本位的理念流于形式，还存在知识本位的现象；在教学内容上，受惯性思维的制约，加之对教材内容、编排意图及体系的理解和把握不到位，对教学内容的选择出现避重就轻、生搬硬套、断章取义的现象；在教学活动方面，课堂组织重形式轻内容、重结果轻过程，思维的训练与培养浅表化、单一化；在教学评价方面，只是简单地关注最终的"分数"，教学评一体化在实践中被"搁浅"，甚至被"虚化"。

基于对课堂教学的现实考察与分析，笔者以为新课改背景下基于核心素养的课堂教学还需不断转型与变革。总体上，在课堂教学中要把知识目标转化为素养目标。一是要把有效的教学理念贯穿于课堂教学的始终。教学设计、教学活动是教学理念的具体体现。在推行新课改过程中，我们参加过很多场次各类、各层级的教师培训活动，也取得了成效。然而，实事求是地讲，课程实施方案、课程标准等"法规"性质的文件中的核心素养精神、课程改革精神还未真正在教学中内化于心、外化于行。因此，课堂教学要有细化的核心素养目标并坚定不移地加以实践，提高课堂教学的价值含量。二是要加强横向、纵向联系，优化课堂教学。不难发现，好课堂都注重教学的横向整体建构和知识的内在横向联系。那种零散、碎片化的知识注定不利于综合素质的培养和核心素养的形成。在横向方面，这就要求教师要有研究教材、分析教材、驾驭教材的统整能力，可以采取单元整体教学方式，实现由整体到局部的"转身"，提高课堂教学质量；在纵向方面，采取主题式教学，找准知识的衔接点，教会学生探索知识的方法，培养学生的创造能力和创新品质。在此基础上，还要适时纵横联系，开展问题式教学，巧妙设计问题链，使得教学内容结构化，从而实现教学方式的转变。三是要创设情境，让教学更具真实性。核心素养下的课堂教学必须在遵循学习主体的认知规律基础上同现实生活密切联系，培养学习者主动发现问题、分析问题及解决问题的能力，实现核心素养的提升，帮助学习者形成适应终身发展和社会发展的优秀品质和健全人格。

当然，指向核心素养的课堂教学改革不仅限于教学理念的转变、教学方式的变革、教学内容的优化，还在于以求真务实的精神不断对教学评价、教学手段、教学关系等方面加以革新，以适应未来社会发展对人才的需求。这就需要我们从实践方面不断回答培养什么人、怎样培养人、为谁培养人这一教育的根本问题。

笔者作为基层一线教师，围绕核心素养，习惯于带着问题观察课堂、思考教学，并将所学、所感、所悟之得不断努力尝试、践行。加之处处留心，将教学之余记录、搜集的一些教学案例辅以拙见，不时发表在刊物上。又因个人对教学方面的看法、观点以及做法常在教学教研活动中和同伴交流、分享，时间久了，就有成书的念想，以求教于同行。

本书针对上文所述的基于核心素养课堂教学的背景、现状及优化路径，分为上、下编两部分总共十二章。上编主题是"基于核心素养的教育教学理念建构"，包括第一章至第五章。主要论及核心素养视域下的课堂教学的原则、教学策略、课堂建设、智慧课堂等。核心素养不仅要求达成学习目标，还要求课程实现育人价值，因此笔者将社会主义核心价值观教育归入上编章节体系之中。下编主题是"基于核心素养的高中语言类学科教学实践"，由第六章到第十二章组成。主要基于核心素养，针对课堂教学现状，依据上编提出的优化路径，以语文、英语学科教学内容为例，从语言、思维、审美、文化等维度开展具体教学实践活动。上编侧重理论阐述，下编侧重依据学科特点，介绍笔者对核心素养理念的运用与实践。上下两编各部分都指向核心素养课堂教学的具体问题，主题是一致的，具体内容既有内在联系，又独立成章。这与核心素养的具体指标内容既有联系又有侧重的旨趣是相同的，即各部分始终是整体贯通的，相互渗透、相互促进。

书写这些文字，小而言之，权当是对自我教学行为的反思与回顾，期待与同行深入交流与探讨；大而言之，是对核心素养视域下基础教育课堂教学改革的探索与实践；期待把课上好、上好课作为终身追求。

新一轮课程改革已全面起航，核心素养理念指导下的学科教学注定是繁花似锦、硕果盈枝的生动局面。如何将核心素养落实与推行到具体的课堂教学中，依然是教育领域面临的重大问题，任重而道远，需要每位教师不断勇毅探索、奋力前行。

恳望专家、同人指导与批评。

作 者

2025 年 4 月于宁夏中卫

目 录
CONTENTS

下编　基于核心素养的高中语言类学科教学实践

上 编

基于核心素养的教育教学理念建构

第一章　基于核心素养的课堂教学原则

> 　　培养学生核心素养的主阵地在课堂。课堂教学改革能转变教师"教"的行为和学生"学"的行为，从而激发学生的学习兴趣，有效提高课堂教学质量，全面提升学生核心素养。当前，核心素养视域下的课堂教学应坚持"教师为主导、学生为主体、训练为主线、思维为核心、能力为目标"的原则。

　　自《普通高中课程方案（2017 年版 2020 年修订）》颁布以来，全国各地兴起了课堂教学改革的热潮，教育界对课程设置、教学方式、学生评价、考试制度等都做了有益的探索并使之发生了显著变化。纵观近年来课堂教学改革情况，笔者认为，课堂教学改革应体现"教师为主导、学生为主体、训练为主线、思维为核心、能力为目标"的"五为"教学原则。

一、教师为主导，学生为主体

　　现代教学思想"教师为主导，学生为主体"这一命题，所显示的教学观念具有丰厚的内蕴。"主导"和"主体"是辩证统一的，是内因和外因的逻辑关系。在这种思想指导下，教师的"教"与学生的"学"属于双边共同活动的过程，两者缺一不可。"教"是教学活动的主导，"学"是教学活动的主体，将两者有机结合，最大程度地发挥双方的能动性和创造性，才能充分发挥教学活动的最大效益，达到最佳的教学效果。以前，洋思中学的"先学后教，当堂训练"、杜郎口中学的"'三三六'自主学习"、西峡县第一高级中学的"三疑三探"等名校课改模式都十分重视"主导—主体"教学思想的运用。课堂教学改革中，"教师为主导"要求教师在教学中从单纯传授知识转变为指导学生学习，课堂从专制式教学转变为平等式讨论，教学方式从"满堂灌"转变为启发诱导式，从单向传播式转变为双向感应式。贯彻以教师为主导的教学观，要求教师具备较强的教学能力，设计适切的教学目标，科学处理教学内容，灵活运用教学方法；树立教学"问题"意识，开展研究工作，探索有效的培养学生核心素养的课堂教学模式。同时，要建立以教学为中心的教学管理体制，教学以课堂为中心，课堂以学法为中心，向教学改革要质量。"学生为主体"，就是学生在教师的指导下学习时表现出来的主动性、自觉性、选择性、创造性。教师应坚持以学生为主体的教学观，培养学生的主体意识和主体精神，促使他们自我驱动，产生学习的内在动力；教师要为学生营造良好、和谐的气氛，形成平等、民主的教风。同时，要善于引导学生的积极行为，有意识地发挥学生参与教学过程的主体性、民主性，尊重差异性，发挥激励作用，从而构建富有智慧、充满生命力的课堂，达到提高教学质量，培养学生创造、创新能力的课改目标。教师主导与学生主体地位的确立，不应是主客体的失衡，而是应该形成合作、合力、和谐的"共生效应"。

二、训练为主线，思维为核心

核心素养视域下的课堂教学，"训练"是手段，所有教学活动都围绕训练展开；"思维"是内核，通过有效训练达到激活思维、提高思考能力与高阶思维能力的目标。"授人以鱼，不如授人以渔。"这里的"渔"就是方法。可见，传授方法比传授知识更重要，课堂训练的实质就是以知识为载体，教会学生掌握方法，从而达到举一反三、触类旁通的效果。在训练时，教师要充分发挥主导作用，围绕教学目标设计具有梯度的、面向全体学生的问题。对于一些重点、难点、疑点问题要组织学生深入讨论，进行有效探究，提高训练的实效。在形式上可以灵活多样、不拘一格，采取口头、书面等形式，切忌机械、死板的重复训练。通过有效的训练，力求让学生从教师的"主导"下解放出来，自主生成对学习的需求与期待，从而掌握学习的方法。训练的最高境界是提升学生的创新思维能力，形成有利于学生发展的思维方法。教学的终极目标是"学是为了不学，教是为了不教"。培养学生的自学能力有利于终极目标的实现。思维能力的高低直接影响学生的自学效果，因此，以"思维为核心"是课堂教学改革的重要原则。"学而不思则罔，思而不学则殆"，这句话告诉了我们学习与思考的辩证关系，同时也渗透了教学中必须培养学生良好思维能力的思想。传统教学中的"注入式""填鸭式""满堂灌"注定是不能激发学生求知欲望的，也培养不出富有智慧的学生。在课堂教学中，良好的思维能力应该表现为善于独立思考，敢于提出自己的不同见解，不为他人的观点所左右；

分析问题和处理问题时，能够从更宏观的角度进行思考，同时又不忽略与问题有关的一切重要细节；思考问题具有广度和深度，同时善于丰富自己的生活经验，善于抓住事物的本质和规律，预见事物的发展进程；能够迅速解读材料或分析问题，判断及时、推理敏捷、归纳综合迅速，善于在极短的时间内做出反应，提出解决问题的意见和办法；思考和归纳问题有条理、主次分明、先后有序；遵循逻辑规律、规则和要求；善于根据不同对象和问题，灵活变换思维的角度和方法，用变化、发展的观点去认识和处理问题，不拘泥于固定的方法或模式。

三、能力为目标，全面发展

在全面推进中国式现代化进程中，需要培养和造就德智体美劳全面发展的创新型人才。创新型人才的培养靠教育，要求教师要面向全体学生，全面提高学生的核心素养。在知识经济时代，知识和智力资源的开发、利用及创造在国家发展和国际竞争中至关重要，这就要求我们在推进课堂教学改革的过程中，必须把学生创新能力的培养作为素质教育的目标。西峡县第一高级中学的课堂教学改革就着力于培养学生的创新能力，培养和造就了一大批创新型人才，其经验值得我们借鉴。

创新能力的培养是时代和国情对教育的根本要求，创新能占据知识生产和利用的制高点，从而推动社会的快速发展。课堂教学改革以培养创新能力为目标，有利于学生的全面发展。培养学生的创新能力，强调在课堂中学生的注意力、观察力、记忆力、理解力、想象力等多种能力的综合运作，创新能力和这些智力因素协调发展，共同提高；同时，在创新的实践中磨炼学生的非智力因素，铸造学生的坚定信念、坚强意志、顽强毅力等品质。因此，创新能力的培养能提高学生的综合素质。此外，创新是个性的彰显，创新能力的培养既有赖于学生的全面发展，更有赖于个性发展。创新本身就是具有鲜明个性的，没有个性的发展就没有创新精神和创新能力的培养。发挥创新能力的过程，正是体现个性的过程，随着创新教育的深入开展，受教育者的创新能力逐渐增强，独特的成果逐渐增多，个性也就日益鲜明，从而进一步突出和提升创新能力。

教育目标是教育活动的出发点和归宿，应将创新教育贯彻于教学活动的各个环节。因此，落实创新教育目标，要树立培养创新型人才的教育目标。教育的关键在教师，教师的素质决定着教育的质量和水平。培养学生的创新能力，教师必须有创新精神。所以，落实创新教育目标需要打造一支具有创新意识、勇于探索、善于培养学生创新意识和创造能力的教师队伍。此外，落实创新教育目标还要调整课程方案，优化教学内容和方法；建立有利于培养创新能力的教育评价体系，推动课堂教学改革的深入实施。

在核心素养时代，课堂教学应有科学的指导思想。"教师为主导、学生为主体、训练为主线、思维为核心、能力为目标"的"五为"教学原则关涉教学方式的变革，符合新课改的教育教学理念，在课堂教学改革中具有适切性，应成为培养学生核心素养的课堂教学准则。

第二章　基于核心素养的课堂教学策略

随着新课改的不断深化，在教学过程中，教师不仅需要向学生传授基础知识，更需要加强其核心素养的培养，实现学生的全面发展。在时代发展的背景下，为全面提高教学效果，改变传统教育模式，适应新时代学生发展需要，教师应注重培养学生的终身学习能力，为其未来的发展奠定基础。只有应用科学的教学方法，才能帮助学生更好地适应现阶段社会发展的需要。因此，在教学过程中，要加强学生核心素养的培养，运用科学的教学方法，全面提高学生的自主创新能力，使学生具备健全的人格，为未来的学习打下基础。

随着新课改的不断深入，教学界逐渐重视学生核心素养的培养。核心素养培养目标是使学生通过知识的学习，具备终身学习的能力，在此基础上还应能将所学知识顺利地运用到实践中。调查发现，当前的素质教育目标对教师来说是一个新的挑战，教师的教学方式也需要做出变革。基于此，厘清如何在核心素养背景下更有效地开展课堂教学就显得非常重要。

一、学科核心素养的内涵

核心素养指学生应该具备的能够适应社会发展和终身发展需要的品质和素养，培养学生核心素养就是落实立德树人根本任务。核心素养具体到学科，就是学科核心素养。学科核心素养包含于核心素养中，不同的学科核心素养共同构成完整的核心素养。将核心素养的培养渗透到教学中，有利于塑造学生的独立人格，培养他们的必备能力，促进他们的全面发展。如语言类学科核心素养包括在积极语言活动的帮助下，在真实语言使用情境中表现出来的个人语言经验和语言素养。它还包括学生在语言学习过程中所获得的语言能力、思维能力、审美情趣和文化修养。以下就如何锻炼这四个方面具体说明：第一，语言能力。在朗读文章的过程中，学生可以提高自己的语言能力，尝试通过技巧令语言更具感染力，从而展现个人的语言素养。第二，思维能力。通过对文章的分析，学生可以锻炼思维能力，尤其是逻辑分析及写议论文的能力。学生可以了解作者的思维方式，并将其作为有效的参考。第三，审美情趣。文章具有很强的审美性，如诗歌、散文等，通俗易懂，文章中使用的表达和修辞手法为文章增添了色彩，使文章更具文学性。学生可参考经典优秀文章，提升自己的审美情趣。第四，文化修养。阅读涉及的内容与文化密切相关，具有浓郁的人文气息。阅读教学可以增强学生的人文素养，开阔学生的视野，提高学生的文化水平。

二、课堂教学的现状

1. 核心素养培养机制不完善，教学模式相对落后

由于我国大部分地区对学生的核心素养培养没有明确的要求，我国教育的核心素养培养还处于起步阶段，许多学校只关注学生的考试成绩，而忽视了核心素养的培养。教育环境和制度保障得不到改善。另外，我国没有专门制定具体的核心素养评价指标。在实际教学过程中没有一定的参考系，就不能发现问题，不能优化调整教学。虽然我国一直推进素质教育，取得了很大成效，但是，应试教育影响更深，教师常常以学生的成绩作为评价学生的刚性指标。为了提高学生的学习成绩，无论是阅读教学还是写作教学，教师都会在教学过程中为学生提供合适的模板。学生对读书资料的理解不充分；在需要引导学生总结知识点的时候，很多教师让学生死记硬背。在这种模式下，学生只能被动地接受知识，不能探索新的文化知识。这种教学模式相对落后，不利于学生的后续学习。

2. 在教学过程中，教师忽视了学生核心素养的培养

核心素养提出后，我国教育部门虽然进行了大力宣传，但并未完全融入教学体系。许多教师对核心素养的认识不足。即使有的教师有意识地培养学生的核心素养，但是，没有明确的标准，无处着手，就会出现混乱。此外，学生在学习知识时过分依赖教师讲解，没有自主学习的习惯，缺少基础技能，进而影响阅读能力。过分强调知识和能力的提高，忽视阅读中的社会情感因素，不能让学生具有正确的情感态度和价值观，不利于学生核心素养的培养。

3. 学生学习时间无法保证，学习兴趣不高

充足的阅读时间是学生更好地理解文章内涵和情感的保证。学生可以通过

大量的阅读来增加并积累知识。但是，由于升学压力，学生的学业负担很重，他们没有足够的阅读时间，无法保证阅读质量，缺乏阅读能力，继而影响学科核心素养的培养。在教学过程中，教师讲，学生听，学生的学习过程非常被动，教师缺乏对学生学习兴趣的培养，不能有效激发学生的学习积极性，影响课堂教学的效率和质量。并且在教学过程中，教师是主导，学习内容和学习时间都由教师安排，学生的自主性无法得到有效发挥。教师把自己的理解全部灌输给学生，学生缺乏自己思考的时间和空间，养成不良的学习习惯，不利于自主学习能力的培养和提高。

三、课堂教学的优化策略

1. 明确教学目标，创设教学情境

在课堂教学中，最重要的是设定教学目标。教学目标是课程的"方向盘"，其在核心素养培养中的重要作用不言而喻。教师需要明确教学目标，以保证教学的顺利进行，提高学生的文化素养。以阅读教学为例，目标的制定主要包括以下几个方面：首先，要注重学生的语言积累，使学生掌握语言使用规范，形成系统的语言认知，进而提高核心素养。例如，在阅读教学过程中，教师需要让学生加强对阅读材料的积累。随着阅读量的逐渐增加，学生自然会形成良好的语言素养并正确使用语言。其次，要确保学生学以致用。在中文阅读中，作者的思想往往不是直接表达的，而是间接抒发的。这就要求学生对文章的背景和语言有一个全面的了解。因此，在教授此类文章时，教师应让学生了解文章的写作背景和作者的生平，让学生更好地把握文章的情感，确保学生对文章形成清晰的认识。最后，要培养学生的辩证思维，能够在阅读中抓住重点。在教学过程中，教师要尽量引导学生，让学生主动发现问题，而不是教师提问，学生被动思考。

由于心理压力等因素，一些学生往往不愿意主动与教师交流、讨论和表达想法。面对这种情况，教师需要围绕学生心理进行深入分析，创新教学情境。通过设计多样化的互动模式，调动全体学生积极参与讨论，结合现实生活中的实例，培养学生的表达能力。例如，通过开展社会调查、举办演讲比赛、讲授通识语言课等各种创新活动，调动全体学生的积极性，为班级学生创造更多的锻炼机会。在这个过程中，教师可以对学生的不足之处加以提醒和分析，通过多种形式促进学生能力的发展。

此外，课堂教学需要结合生活实际，丰富教学意义，全面提高学生的核心素养。首先，教师需要引导学生多读，仔细品味学习内容，将文章内容与生活情境联系起来理解思考。其次，为了使教学场景更加真实，教师可以采用信息化的教学方式，给学生视觉冲击，让学生对学习过程形成更真实的感受。最后，教师可以拓展延伸，推荐同类教学内容，让学生阅读更多相似的优秀内容，从而促进学生对生活的思考，将优秀的精神品质应用到现实生活中。

2. 培养学生的自主意识，培养高阶思维能力

学生是学习的主体。教师需要关注学生的自主学习能力，确保学生能够独立思考。一方面，教师要尊重学生的主体地位，采用引导式教学方法，让学生主动探索教师布置的问题，让学生带着问题学习，提高学习效果。最大程度地发挥学生的主体地位作用才能保证学习的效果。另一方面，学生需要提高自主学习的能力。教师布置问题后，学生需要在学习中积极配合教师，在阅读过程中积极思考。只有这样，才能更好地理解学习内容。

为了让学生第一时间适应课堂模式的变化，应有效引导学生树立自主意识。教师可以适当为学生指明学习方向，让学生根据自己的需要决定每天的学习内容和时长，并结合多种验证方式，考查学生的学习成绩和收获。在自主学习中，创造积极、轻松、充实的阅读条件，调动学生的兴趣，保证学习质量，锻炼学生的学科思维能力。在这个过程中，每个学生都可以积极参与课堂学习，积极融入课堂探究，让课堂教学充满活力。

3. 重视课后反思，总结拓展，巩固课堂知识

记忆是周期性的。只靠课堂上的讨论、教师的点评和讲解，学生是无法实现长时记忆的。因此，训练也是课堂教学中重要的环节之一。大量零散的知识点需要深入掌握，仅仅依靠课堂是不够的。有必要最大程度地拓展课堂教学空间，引导学生自主学习。

为保证教学质量，教师需要引导学生做好课后反思，加深学生对学习内容的理解。首先，在教学过程中，教师需要适当地留下一些问题，让学生对学习内容进行反思，充分锻炼学生的理解能力，提高核心素养。其次，教师需要让学生明确在学习过程中可以学到什么，保证教学能够充分发挥作用。最后，教师需要引导学生反思后自我提升，弥补自身不足，提高学生的核心素养。

4. 优化教学内容，注重人文精神的渗透

教学内容在教学中占有十分重要的地位，能有效提高学生的核心素养。教学内容的优化主要包括以下两个方面：一方面，要重视教材价值，深入解读教材，从教材中挖掘要素，从而使教学能够提升学生的文化素养和思维能力。另一方面，要对学习内容进行升华，提高学生的思想认知。任何学科都不能忽视文化基础的巩固。因此，在教学实践中，更需要注重人文精神的渗透，注重培

养学生的文化基础，使文化素养在学习和生活中得以彰显。文化素养的彰显应明确以下原则：首先，发展人文素养的首要任务是培养人文素养，这也是学习的本质之一。其次，教学也是锻炼科学素养的重要途径。因此可以通过教学有效地向学生传播优秀传统文化，丰富学生的精神世界，使学生具备良好的精神素质，提高核心素养。作为教师，更需要引导高中生增强自身人文素质，为我国发展培养高素质的人才。

在课堂教学中，教师要顺应时代积极发展的要求，积极开展个性化教学，使课堂教学更加个性化、自主化，促进学生多元化发展，培养学生核心素养，提高学生的学习能力和水平，为学生的终身发展奠定良好的基础。

第三章　基于核心素养的课堂教学实施

> 在过去相当长的一段时期，教师在课堂教学中，只顾给学生传授理论性知识，忽视培养其学习创造能力。在核心素养时代，教师面临的重点难题就是深入探索能够有效激发学生创造力的教学模式，应更加重视课堂教学环境的建设，高效组织课堂教学，注重课堂教学评价，建设有利于学生核心素养发展的课堂教学模式。

我国教育部早在 2001 年颁发的《基础教育课程改革纲要》中就已做出明确表示，新课改的实施要注重"倡导学生自主参与、勤于动手、乐于探究，在培养学生分析和解决问题的能力时还要增强其合作与交流能力，着重实施探究学习"。核心素养时代对于学生个体发展提出了更高的要求，核心素养培养目标的落实理应将知识传授和能力提高进行有机整合，更加重视关注学生的全面发展。在此背景下，需要应用合作学习模式和探究学习模式，利用好课堂教学评价，特别是反思性教学评价的作用。

一、课堂教学环境

确保实现高效课堂教学的重要前提之一就是保持良好的课堂秩序，有效应用合作和探究学习模式的核心即实现学生间的合作和探讨，这就需要以有序的课堂秩序为基础。首先，需要教师提高对维持良好课堂秩序的重视程度，要求学生严格遵守课堂纪律，在必要情况下给予扰乱课堂秩序的学生适当惩戒。其次，教师应重视给学生创造有利于开展合作探究学习的环境，合作和探究学习模式集督促性、教育性、激励性为一体，通过营造良好学习氛围，点燃学生的学习热情，从而全面调动学生的学习积极性，逐步构建起高效课堂。在此前提下，教师还需要确保班内每一名学生都可以紧紧围绕实际教学目标行动，引导学生通过合作，高效达成教学目标。

二、课堂教学组织

(一) 合作学习模式

高中新课标里明确指出，教师要大力推广和应用合作学习模式。合作学习模式作为新课改实施后兴起的一种教学方法，更加注重学生间的互动沟通，提倡学生在该模式下，齐心协力完成教师下达的学习任务。合作学习模式的出现弥补了传统教学存在的不足，将学生从被动接受知识转变为主动获取知识，凸显学生主体作用，使其充分感受到语文学习的乐趣，以此调动学生的学习积极性。需要教师注意的是，应用合作学习模式时，需要确保小组划分的合理性，精心选取适用于实施合作学习的课题或任务，引导学生通过合作学习，感悟团队协作的成功和喜悦，让每一个学生都可以得到相应的成长和发展。

1. 合理划分学习小组

合作学习模式基于小组活动开展，因此，在正式教学开始前，需要教师对各学习小组做出合理分配。在划分各小组时，需要教师综合考虑学生的各方面特点，包括兴趣爱好、人际交往、性格特点、学习成绩等，确保同一小组内既有学习成绩好的学生，也有学习成绩欠佳的学生；既有活泼好动的学生，也有沉稳内敛的学生；既有善于交际的学生，也有不善言谈的学生；且各小组人数以 4~6 人为最佳。这样的分组目的就在于让学习成绩好的学生分享自己的学习心得及方法，让活泼好动的学生来调节学习氛围，让善于交际的学生调解合作学习过程中出现的争执或矛盾。此时，全体学生都能踊跃参与到课堂学习中，发现自身的用武之地，为集体更好地发展做出自身贡献，如此一来，才有利于学生之间互帮互助、取长补短、共同进步。

2. 开展小组合作诵读

诵读是培养学生语感，帮助其整体感知文本的一个重要途径。课堂教学中有很多重点、难点问题，在有限的课堂时间里，学生很难独立完成自主阅读。此时应用合作学习模式，不仅能活跃学习氛围，而且还能激发学生的学习兴趣，大幅度提高教学质量和效率。例如，进行《离骚》的教学时，该文章包含众多生字词，教师就可采取合作诵读的方式展开教学。首先，要求各组派一名代表进行试读，要求其余学生在认真倾听的同时标记出文章里的陌生字词，以及对各组代表同学在试读时的读音、断句、语气有异议的地方；其次，要求小组成员明确分工，通过查阅字典的方式注明生字词的读音并归纳总结；最后，在教师带领下，在班级内部开展小组诵读竞赛，给予表现最优异的小组一定奖励，打破传统教学中单一且枯燥的朗读模式，更好地调动学生的朗读积极性。更可通过开展朗读竞赛的方式，培养各小组成员的团队精神以及协作能力，实现学生语文核心素养的有效提升。

3. 基于情境教学开展合作学习

情境教学最先起源于国外，帮助国外学生取得较好学习成效，因此广受推崇，后来被引入我国，并在实践教学中取得了不俗成就。情境教学具备生动性、形象性、直观性的表达特点，更容易得到学生的认可和接受。在高中语文合作学习课堂上构建教学情境具有重要价值和作用。例如，进行《雷雨》的教学时，教师可事先设计预习内容，并让学生朗诵直到熟练，随后划分小组，让学生展开角色扮演，分工合作。在合作学习的过程中，学生既可毛遂自荐拿下自己喜欢的角色，也可进行朗诵比拼，由组员票选出适合扮演的角色。课堂上，教师截取出文章中的精彩片段，要求各小组完成演绎，并根据组员表现给整组评分。教师也可使用多媒体设备给学生播放电影《雷雨》中的精彩片段，使学生在真实的人物演绎中直观且深刻地感受那个年代和阶级的压抑，结合电影里的人物性格、做法来研究人物特点。教师可适时提问："剧中你最讨厌的人物是谁，为什么？""如果是你面临这个情况，你会怎么做？""你觉得哪组表现最好，或者有什么需要改进的地方，能给他们提出改进建议吗？"通过这种教学方式，能有效激发学生的参与热情，促使课堂教学内容更加丰富多彩。

基于合作学习的教学，于教师来说是放手引导学生自主学习且有效提高教学质量的策略；于学生来说是能自主探究且有效提升学习效率的学习方式。开展合作学习课堂教学时，需要教师围绕学科特点和学生实际学情，引导学生从被动学习变为主动学习，促使学生通过合作来感受被认可的满足感以及学习的乐趣，让学生真正喜欢上学习，不断提高自身学科综合能力。

（二）探究学习模式

探究学习模式作为一种全新的学习模式，伴随着新课改而出现。与传统的学习模式不同，探究学习模式主要是指教师在开展课堂教学的时候，立足于学生的学习兴趣、个人爱好、学习能力等，围绕新课标下的教学目标、教学内容，精心设计多种途径的探究问题，引导学生积极主动参与到探究学习中，最终促使学生在知识探究的过程中，完成知识体系的构建，提升自身的综合素养。首先，探究学习模式的应用，凸显了学生的主体地位，更加注重学生的亲身体验，显著提升了学生的学习热情，改变了学生以往的被动学习状态；其次，探究学习模式的应用，引导学生在主动探究完成教学目标的过程中有效思考，提升了学生的思维品质和问题解决能力；最后，探究学习模式的应用，加强了师生之间、生生之间的沟通和交流，构建了和谐的师生关系，满足了学生发展的实际需求。

1. 明确探究目标

在探究学习模式下，由于教学涉及的内容非常广泛，不仅涉及教材中的内容，还包括大量的课外资料、教辅资料等，学生极容易在探究的过程中受到其他信息的干扰，致使探究活动逐渐偏离了文章的主题，不仅浪费了大量的时间，也影响了探究性学习的效果。基于此，教师在指导学生开展探究性学习的时候，必须明确探究目标，使得整个探究活动都紧紧围绕这一目标开展。例如，在探究学习《沁园春·长沙》时，教师指导学生对"结构特点"开展探究学习，就必须明确具体的探究目标，保证学生在探究的过程中，不能被毛泽东其他诗词所吸引，而是只使用《谈中国诗》一文作为参考资料，在明确的目标指引下，对诗词的结构和特点展开分析，最终落实探究性学习目标。

2. 激发学生探究的兴趣

在开展教学的过程中，学生的学习兴趣尤为重要，它直接决定了学生的学习效率和质量。一旦强制要求学生学习，就会扼杀学生的学习兴趣，难以提升学生的综合素养。因此，在开展探究学习的时候，必须以激发学生的探究兴趣作为首要任务，这就要求教师结合教学内容，立足于学生的年龄特点、学习情况等，通过设置探究情境，引导学生演绎教学内容等多种途径，使得学生积极主动参与到文章的探究学习中，从而感受知识的魅力，提升综合素养。以《窦娥冤》教学为例，由于这篇课文篇幅比较长、生字多，并且是文言文，学生在学习的过程中难以理解。面对这一现状，如果按照传统照本宣科的教学模式，很难激发学生的学习兴趣。基于此，在开展探究学习的过程中，可以指导学生对文章内容进行改编，并以角色扮演的方式对其进行演绎。在这种途径下，学生的探究兴趣得以激发，课堂的氛围也得以活跃，使得学生积极主动参与到语文知识的探究学习中。

3. 以问题引领探究

为了提升探究学习模式的应用效果，在实施这一学习模式的时候，教师必须借助问题引领，使得学生在一连串问题的引领下，积极思考、分析和探究，最终完成知识体系的构建。具体来说，在设计探究问题的时候，应注意两个方面：一方面，应结合教学内容，紧紧围绕教学目标，精心设计具有开放性、探究性的问题；另一方面，在设计探究性问题的时候，还必须立足于学生的生活经验、认知水平等，使得学生面对熟悉的生活素材，能够凭自己的努力完成对知识的探究学习。例如，在探究学习《故都的秋》时，教师就依据以上原则，精心设计了探究问题：在作者眼中，故都的秋是什么样的？在故都的秋中站着一个怎样的郁达夫？接着，教师引导学生围绕具有探究性的问题，对文章进行分析，将文章中零散的知识点拼接起来，对作者形成全面的认识。如此一来，凭借探究性问题的引导，学生就在探究学习的过程中加深了对文章内容的理解和认识，有效提升了语文学习效果，也提升了语文核心素养。

4. 小组合作探究

在探究学习模式下，单纯地依靠学生个人的力量，很难完成探究学习目标。毕竟学生综合能力有限，无法单独解决所有的问题，甚至在探究学习的过程中，还会产生误区，或者遇到困难时思维陷入僵局，无法完成语文知识的高效探究学习。面对这一现状，教师在开展探究学习的时候，就可以以小组的形式开展，引导学生在小组合作的过程中，大胆发言、交流和讨论等，使得学生在相互帮助、相互学习的过程中，完成对知识的探究学习。以《蜀道难》教学为例，教师在指导学生对"作者生平、文章写作目的、需要表达的含义"进行探究学习的过程中，就借助了小组合作的形式，引导小组中的学生在明确的任务指引下分工合作，完成对知识的探究学习，最终达到预定的探究学习目标。

5. 多媒体辅助探究

为了使学生获得更好的探究学习体验，提升探究学习效果，教师在引导学生开展探究学习模式的时候，还必须将其他教学方式融入其中，如充分借助多媒体，通过播放影视片段、纪录片、音乐，使学生从视觉、听觉上获得丰富的体验。学生在观看视频之后，结合相关的内容，可以更好地参与到知识的探究学习中。另外，通过多媒体技术的应用，教师还可以将辅助资料精心设计成教学视频，将其上传到班级平台中，使得学生更好地开展探究学习。以《林黛玉进贾府》教学为例，教师教学时借助了多媒体的形式，播放了相关的歌曲及与文章相关的影视片段，使得学生在视觉和听觉的直观感受下，对林黛玉进贾府的情境形成深刻的认识，深刻体会到当时贾府的繁荣。在此基础上，教师引导学生结合问题开展思考、探究，更好地理解文章内容、体会文章中的人物情感。

在新课改的背景下，以往的灌输式教学模式已经落伍，根本无法满足学生的学习需求。探究学习模式则凸显了学生的主体地位，符合新课改下的教学需求，显著提升了高中语文教学效果。基于此，教师在开展探究学习模式的时候，应明确探究目标、激发学生的探究兴趣、以问题引领探究、小组合作探究、多媒体辅助探究等多种途径，引领学生积极主动参与到语文知识的探究学习中，最终促使学生在探究的过程中，提升自身的核心素养。

三、课堂教学评价

课堂教学评价指对课堂教学实施过程中出现的客体对象进行评价，其范围包括教与学两个方面，其价值在于促进学生成长、教师专业发展和提高课堂教学质量。

（一）课堂教学评价的意义及功能

1. 课堂教学评价具有导向功能

课堂教学评价可以充分发挥评价的导向作用，促使教师尽快转变教育思想，在课堂教学中更好地发挥教育创新意识，达到改进课堂教学的目的。评价体系的建立，意味着对课堂教学中与教和学相关的各种要素的选择和侧重点不一样，这些不一样的地方将促使教师在今后的课堂教学中，更加注重评价所侧重的相关要素，并将其作为课堂教学中展示和发挥的重点，课堂教学评价的导向功能因而彰显。

2. 课堂教学评价具有激励功能

课堂教学评价能够有效地评析教师课堂教学的状况和优缺点，教师只有了解自己在课堂教学实践中的优点、亮点、特点和弱点，才能找到今后努力的出发点和方向。课堂教学评价正是教师了解自己教学情况的关键途径。同时，课堂教学评价还可以使不同教师在听课、评课活动中增进对相互的了解，互相学习，在听课、评课的交流中激发内在的需要和动力。

3. 课堂教学评价促进教师专业发展

对于教师而言，课堂教学水平与能力是立足的基点，如何有效提高教学水平与能力是教师最重要的课题之一。课堂教学评价正好可以为广大教师提供一个科学了解自身教学状况的窗口，使教师明了自己教学中存在的不足和今后努力的方向，为教师的专业发展提供一个很好的平台。针对新课改实施过程中的适应性问题而言，课堂教学评价特别是发展性的课堂教学评价，正是保证新课程标准顺利实施，促进教师专业发展的重要方法。

4. 课堂教学评价具有评估和决策功能

课堂教学评价是教师工作评价的重要组成部分，也是学校评价体系的核心内容。通过开展科学有效的课堂教学评价，能够有效地评估教师的教学态度、教学质量、工作能力、业务水平等，使学校的管理工作更系统化，决策更科学化。

（二）反思性评价的方式

反思性评价是核心素养视域下重要的课堂教学评价方式，主要有以下几种实施方法：

1. 在探讨过程中反思

在学生发言时，其他学生要认真倾听并思考该同学的发言，和自身观点做出比较，及时在该学生发言后提出异议，并展开更加深入的探讨交流。这一环节可引导学生找到自身不足，不断积累经验。

2. 课堂教学后及时反思

在收到其他小组或教师的评价和建议后，学生应将其和自身观点做出对比思考，总结和整理出同一类型的问题，从而厘清思路。学生还需要做出自我评价，自我评价和反思的过程也是重新思考的过程，学生再一次思考探究问题，可以得到不一样的感悟。此时，就可实施"一日三思"制度，包括早自习上的全班反思、午休前的小组长反思和晚自习上的科代表反思，它们都是在小组长的组织下由组员做出的内部反思以及自我反思，这样的方式能够促使学生养成良好的自省习惯，在反思中不断进步，更加有利于学生日后学习过程中的良好发展。

3. 利用课堂实录反思

课堂实录反思是指通过录像、录音等现代教学手段再现整个教学过程，让教师以旁观者的身份反思自己或他人的教学过程。观看课堂实录时，应注意比较哪些地方按原教学设计进行，哪些地方进行了调整，哪些地方失控走样，为什么会出现这种情况。

事实表明，将反思性评价应用到课堂教学中，能够大幅度提高学生的学习兴趣，促使学生认真思考学习内容，在课堂上踊跃发言，使得语文课堂变得更加灵活生动；还有助于学生积累丰富的学科知识，充分感受学习知识的趣味性，进一步有效提高学生的学习效率，提升学生学科核心素养；教师也能从反思性评价中观照自身，不断成长。

第四章　基于核心素养的智慧课堂模型

随着现代信息技术的普及与发展，"互联网＋"技术被广泛应用于教育教学领域。"互联网＋"技术为课堂教学变革带来了前所未有的生机，为教育教学改革注入了强大的动力。"互联网＋教育"拓展了教学时空，延伸了教学的广度和深度，为课堂教学提供了新视野。

现代信息技术运用到教育领域，更新了教育理念、育人方式、教学方式，课堂教学结构发生了实质性的变革。"互联网＋教育"的深入实施，颠覆了传统课堂教学模式，为教育发展插上了腾飞的翅膀。互联网、人工智能等信息技术的使用，使得课堂突破时空限制，教学变得智能化，极大地提高了课堂教学效率。因此，顺应现代信息技术发展趋势，加快教育教学改革步伐，建构基于信息化环境的智慧课堂教学模型，对适应课程改革，转变教学方式，丰富教学内容，提高课堂教学效率，实现学生全面而个性化的发展具有重要意义。

一、智慧课堂的内涵

1. 智慧课堂的理论基础

在众多理论中，混合式学习理论是最适宜于智慧课堂模型建构的理论支撑之一。混合式学习理论推动了现代信息技术教育的发展以及教学方式的变革，强调学生的主体地位，在此框架下，教学活动是自主、合作、探究的多边课堂活动。该理论吸收传统教学的优势，利用网络化学习便捷、高效的特点提高课堂教学效率。智慧课堂理论顺应现代信息技术教育发展趋势，耦合混合式学习理论的内在特质。智慧课堂理论指出，要恰当利用高新信息技术对传统课堂进行改造，将线上、线下教学结合起来实施教学活动。智慧课堂既注重智慧环境的建设和营造，又重视面对面的情感交流的教育内在要求。毋庸置疑，智慧课堂是混合式学习理论在教育领域的表现形态，它能够激发学习兴趣，提高教学效率，成为当前普遍受到认可的课堂教学形态。

2. 智慧课堂的含义

学术界关于智慧课堂的研究首先是从智慧教育开始的。其研究成果较多，大多是对概念、属性的界定。智慧教育起初是对传统课堂教学深入反思后结成的智慧结晶，伴随信息化浪潮推动了教育的发展，智慧教育因此被赋予了信息技术价值，成为教育视角和信息化视角的统一。因此，智慧教育是凭借现代信息技术，以互联网、智能设备等作为载体，通过多种教育教学方式，实现教学智能化、教学个性化的教学过程，旨在培养具有创新思维和创新精神的新型人才。智慧课堂是智慧教育的高级形式以及在细分学科领域的具体体现。简而言之，智慧课堂是在一定的教育理念指导下，教育与现代信息技术高度整合的课堂模型。可见，智慧课堂是依据各学科属性和特点，遵循教育教学规律，借助互联网、云计算、人工智能等技术开展教育教学活动，提高教学效率和质量的教学模式。

二、智慧课堂的现状

1. 忽视深层挖掘，理解止于表面

部分教师理解的智慧课堂就是在原有多媒体的基础上多加些媒体技术，追求花样百出、热闹非凡的课堂效果，其实这些都只是对智慧课堂的浅层理解。如今的语文课堂，教师可以熟练运用各种媒介辅助教学，但仅是将其作为调动课堂氛围的一种手段，而忽略了它的其他功能。

2. 忽视课前课后，应用难成体系

智慧课堂在课上的应用常常被教师重视，而在课前与课后的运用往往被一线教师忽视，可能的原因是：首先，教师对互联网技术的操作不够熟练，忽视了课前课后的推送功能；其次，智慧课堂对设备要求较高，并不是每个班级学生都能实现网上与教师的互动；最后，精选预习资料和课后作业需要大量的时间，每节课都需要精心设计媒介，这样无疑极大地增加了教师的工作量。

3. 忽视团体协作，缺少经验总结

有些教师能够将智慧课堂技术应用于授课全流程，但长久坚持势必是对一线教师时间、精力的巨大挑战。如果想要更好地将智慧课堂与语文学科教学融合起来，就要善于借助团队的力量，分工协作。笔者所在学校已经认识到了集体备课的重要性，组织教师团体备课，减轻教师的备课负担，收效颇丰。但目前还有很多学校忽视团体协作与经验总结，导致智慧课堂不能真正地发挥作用。

三、智慧课堂的价值

1. 智慧课堂应充分体现学科价值

信息技术环境下，语文学科教学要在遵从学科属性的基础上，通过有效的教学活动引导学生通过识记、理解、想象、联想等思维活动掌握语言知识，提高运用能力，提升人文素养。这应该成为智慧课堂不变的追求。因此，从本质上讲，智慧课堂要有学科"味道"，通过深度学习建构语文知识体系，提高学生终身学习的能力和质量，最终引导他们形成正确的世界观、人生观和价值观。任何技术手段都应服务于学习，其最终目的是提高学生的学科素养。语文教学应该是充满激情和活力的，在网络和空间技术的支持下，应引导学生全面而有个性地发展；师生在教学活动中应通过思想的交流、碰撞，情感的共鸣，实现双方知识与能力的增长。

2. 智慧课堂应吸收传统教学的优势

课堂是教书育人的主阵地，许多传统教学方法是技术所不能替代的。传统语文课程育人功能强，对学生有熏陶感染作用。教师生搬硬套地在教学中每一个环节都使用智慧课堂技术不仅浪费时间还达不到课程育人的既定效果，甚至适得其反。在教学内容方面，盲目应用智慧课堂技术容易导致授课内容碎片化，缺少深度学习；在德育方面，"互联网＋教育"背景下，传统教育中的德育功能被弱化。真正的智慧课堂应是现代信息技术与学科教学的高度整合。课堂教学需要面对面、心与心的交流，使学生在现场教学中体验感悟传统文化的魅力，从中获得审美体验，形成高尚的道德情操，在德智体美劳方面得到全面发展。智慧课堂中使用师生平板、多媒体屏幕等设备时应关注学生学习的情感态度，及时关注其心理变化，让课堂真正成为高效便捷、充满生命力及活力的智慧课堂。

3. 智慧课堂融合现代信息技术

在智慧课堂场景中，技术工具的使用要择时择机，切不可不用，更不能滥用。智慧课堂上选用的数字课程资源、数字化软件等要依据教学内容、教学目标、教学步骤等教学要素而定，还要充分考虑"学情""教情"和学段。习惯上，教师布置课前预习时使用互动课堂中的学习资源推送；课中教学时常用电子白板板书、批注、随机提问、计时等；课后使用作业发送、智能检测、智能批改与数据分析等功能；而对电子课本、一对一辅导、班级空间等技术功能很少使用甚至不使用。数字设备中的这些有效功能在智慧课堂中得不到充分发挥，教师就难以有针对性地开展个性化教学，教学效果就大打折扣。比如，班级空间本是师生、生生间互动交流的最佳场所，利用不当或者搁置不用就不能很好地发挥其价值。因此，智慧课堂应是技术支撑下充分发挥智能功用的课堂模式。智慧技术与学科的高度融合是智慧课堂的应然选择和发展走向。

四、智慧课堂的形态

1. 互动式智慧教学

高中语文新课标强调，语文教学活动是师生、生生、生本间的立体、多元化的交流互动。这种高层次"互动式"的语文教学场景使得教学更为开放，符合智慧课堂的内在要求。在智慧环境下，师生间的交流可以借助课堂随机点名软件实现，教师可随意点击学生名字，让其回答问题。当学生回答问题有困难时，教师可以实时调整教学方法，组织学生讨论解决问题。师生间、生生间也可以通过讨论、合作、竞赛等形式，多方交流，以便扩大信息的交流面。还可以通过网络直播课开展师生间的平等对话，相互共享信息，现场交流，以多维共享信息。借助网络空间，互动式智慧教学模式展现的是平等、和谐、立体的教学景象。

2. 探究式智慧教学

探究式智慧教学是"互联网＋"语文教学的重要形式，主要依据教学目标设计具有梯度、链条式的问题，并组织学生通过小组合作的形式在数字化学习环境中完成学习任务，达成学习目标。这种教学模式有利于学生深度思考问题，激发学生深入钻研问题的强烈愿望，培养学生的探究精神和高阶思维品质。在语文教学中，教师时常需要用曲折生动、富有趣味的故事创设情境，引导学生层层发问，步步释疑，最终在轻松愉悦的状态下解决问题。当传统的教学手段无法达到直观易懂的效果时，需借助现代信息技术手段，如实验演示、动画表现、场景模拟等，把艰涩难懂的问题浅显化，把抽象深奥的问题具象化，以轻松实现教学目标、学习目标。

3. 多元化智慧评价

教学活动离不开教学评价，教学评价是对教学成效的判断。没有教学评价就没有教学的过程设计，因此，应重视教学评价，依据教学目标制订教学评价方案，学段不同、课程内容不同，评价方式应该有区别，也应该多元化，这有利于科学、准确判定教学目标实现程度。信息化时代，智慧课堂的智能性和交互性为教学评价提供了方便，使得语文教学活动评价快速、高效。多元化智慧评价突出归纳性、全面性的基本特点，将定性与定量评价、线下与线上评价、自评与他评结合起来。智慧课堂评价突出特点是科学性、针对性，通过云校家网络平台及时推送阅读进度、课堂抢答数据、作业提交情况等，定期利用大数据分析学生学情，出具诊断报告，为个性化学习提供数据参考。

教学模式体现教育教学理念，随着教育教学改革的趋势不断发展变化。数字技术的发展以及信息技术与课堂教学的深度融合，使教育教学活动变得更为快捷、高效，课堂教学变得生机盎然，更有利于提高学生学科核心素养。在智慧技术的驱动下，教学时空变得更为广阔，综合性、实践性课程活动性质更为鲜明。在混合式教学理论的指导下，智慧教学对点燃学生学习激情、激发学生求知欲、端正学生学习态度、提高教师教学效果等方面的作用不可小觑。当然，智慧课堂模型并不是固定不变的，伴随课程改革和教育教学技术革新，它将不断转型与发展变化。

第五章　基于核心素养的社会主义核心价值观教育

社会主义核心价值观是兴国之魂，是社会主义先进文化的精髓，是中华民族的一面精神旗帜。在课堂教学中渗透社会主义核心价值观有利于发挥课程教育的育人功能，有利于课程育人目标的落实，有利于推动新课改的深入实施。

一、社会主义核心价值观教育的意义

社会主义核心价值观是社会主义意识形态的本质体现，是对社会主义核心价值体系的高度凝练和集中表达。我们要巩固马克思主义指导地位，坚持不懈地用马克思主义中国化最新成果武装全党、教育人民，用中国特色社会主义共同理想凝聚力量，用以爱国主义为核心的民族精神和以改革创新为核心的时代精神鼓舞斗志，用社会主义荣辱观引领风尚，巩固全党全国各族人民团结奋斗的共同思想基础。社会主义核心价值体系可概括为四个方面，即马克思主义指导思想、中国特色社会主义共同理想、以爱国主义为核心的民族精神和以改革创新为核心的时代精神、社会主义荣辱观。它是由一系列内涵明确、联系紧密的社会主义基本价值思想、价值理想、价值精神和价值观念构成的整体。党的十八大对社会主义核心价值体系进行了凝练，总结出 24 个字的社会主义核心价值观。从国家层面看，是富强、民主、文明、和谐；从社会层面看，是自由、平等、公正、法治；从公民个人层面看，是爱国、敬业、诚信、友善。

把社会主义核心价值观融入国民教育全过程，是党中央提出的战略任务。社会主义核心价值观是社会主义制度的内在精神之魂，是引领社会思想道德建设的一面旗帜，是全民族团结和睦、奋发向上的精神纽带。把社会主义核心价值观融入国民教育全过程，为中小学教育改革和教育发展纲要中德育内容的制定提出了明确的指导思想。当前，在中小学教育中加强社会主义核心价值观教育是培养和造就担当民族复兴大任的时代新人的重要工作，是中小学教育深入贯彻党的路线、方针、政策，全面实施素质教育，全面提高教育质量，特别是学生发展质量的重要工作。

二、社会主义核心价值观教育的路径

（一）中小学社会主义核心价值观教育要从提高校长和教师对社会主义核心价值观的认识开始

中小学校长作为教育教学的管理者，对社会主义核心价值观的态度和理解在很大程度上影响着教师对社会主义核心价值观的态度和理解；教师能否正确认识和积极接纳社会主义核心价值观，对于开展针对学生的社会主义核心价值观教育起着关键的作用。中小学校长和教师要带头践行社会主义核心价值观，就必须把社会主义核心价值观贯穿到自己的日常管理和教学工作中，体现到个人的日常生活中。要从自身岗位做起，在自己所从事的管理和教学工作中，按照社会主义核心价值观要求规范、改进自己的管理和教学工作，使日常业务工作体现社会主义核心价值观要求。

同时，中小学校长和教师带头践行社会主义核心价值观还要以身作则，严格要求自己。要做到自警、自律、自省，做到慎独、慎微、慎初，加强党性修养和锻炼，自觉构筑思想道德防线。同时，要敢于和自觉接受社会监督，营造民主监督的良好氛围，自觉听取家长和学生批评意见，把群众的批评和监督当作一种警诫、一面镜子，当作自己的义务和进步的动力，努力使自己的教育教学工作符合家长和学生的愿望与要求。要做到这些，关键是要坚定正确的理想信念。共产党人的理想信念就是马克思主义。中小学校长和教师只有从内心深处真正信仰马克思主义，认知、认同社会主义核心价值观，相信科学社会主义的真理，相信我们事业的崇高和正义，内心有了信仰的力量，才能真正有效地在学生中开展社会主义核心价值观教育。

（二）中小学社会主义核心价值观教育要贯穿德育建设的全过程

中小学校园相对社会而言是比较单纯的，为了与中小学生的成长环境和认知能力相适应，进行社会主义核心价值观教育要讲究方法和策略。第一，要坚持循序渐进。青少年的成长是一个循序渐进的客观过程，不同成长阶段的青少年的心智水平、认知方式和人生课题都有所不同，教育不能人为地超越成长阶段。因此，在用社会主义核心价值观教育引导中小学生的过程中，首先要坚持循序渐进的原则。在时间上，要设计不同年龄阶段教育的目标、内容和方法，着力构建小学、初中、高中分层教育体系；在内容层次上，应该先从日常道德行为习惯养成做起，再到培养中国特色社会主义共同理想，到弘扬民族精神和时代精神，最后到坚持马克思主义指导，构成一个由浅入深、由小到大、由内及外的层次结构。

第二，将社会主义核心价值观渗透到中学的课堂中。中学的思想政治课、历史课、语文课等都涉及社会主义核心价值观的内容，可以结合中学生生理和心理特点，充分发挥课堂主阵地、主渠道作用，有计划地从不同角度和不同方面贯穿和渗透社会主义核心价值观教育，使社会主义核心价值观教育入眼、入耳、入脑、入心，生动具体地融入中学生学习成长的全过程。

第三，加强对教师的社会主义核心价值观教育。师者，传道授业解惑也，其首要任务就是"传道"，教师自身的思想素质、人品素养和文化水准直接影响着学生，所以教师的培养极其重要。教师要带头学习社会主义核心价值观，践行社会主义核心价值观，不断加强师德修养，树立高尚的道德情操和精神追求，提升自己的人格魅力，努力成为学生健康成长的指导者、引路人。

同时，教师还应该尽量挖掘本学科中社会主义核心价值观的思想内容，及时巧妙地将之渗透到教学中，让学生自发地接受这些思想，做到"润物细无声"，如语文课可以在教学鲁迅文章时，用鲁迅弃医从文、鞭挞黑暗社会的生平事迹来感染学生，激发他们的爱国热情；历史、地理课可以通过历史事件和对国情的介绍增强学生的民族自豪感和责任感；思想政治课可以通过理论教学巩固社会主义核心价值观思想；自然科学类学科可以渗透马克思主义中的唯物主义思想。

第四，开展丰富多样的志愿服务和社会实践活动。积极组织学生参与各种类型的志愿服务和社会实践活动，如和谐校园、文明社区、文明城市等活动，或参观敬老院、参加植树活动、参加救灾捐款活动等，充分发挥学校德育基地、爱国主义教育基地的作用。使学生了解社会、回报社会，增强民族意识和民族责任感，弘扬和培育民族精神。

第五，结合现实社会热点和焦点问题，提高中学生明辨是非的能力。中小学生认知方式的一个显著特点是"以问题为中心"。问题，就是紧密联系现实生活的、中学生有兴趣并主动思考和探究的困惑和疑问，包括他们成长过程中追寻的"生活的意义""我是谁""人际关系怎样建立"等普遍性问题，也包括与生动鲜活、快速变化、充满矛盾的生活现实相联系的疑问。特别是后者，更能引起他们的关注，这是他们渴望成熟的表现。因此，教师应该回应他们的需求，敢于和善于把现实道德领域中的一些新的挑战性问题放进社会主义核心价值观的教育之中，选择社会关注的热点、焦点问题让中小学生进行辩论，发挥他们自主认知的功能，引导他们自己寻找解答，让他们在社会思想多元化的背景下，增强对现代社会道德价值的辨析。

第六，培养中小学生先进典型，树立学习榜样。心理学认为，同伴教育是中学生主要的教育方式，它的效果往往是课堂教育和师长循循善诱所达不到的。中学生对成功同龄人的崇拜往往专注而盲目，会无原则地效仿，比如中学生追星，明星的一言一行甚至会影响中学生的价值取向。榜样的力量是无穷的，应该正确理解这种心理而加以充分利用，在学校多发展学生党员，宣扬德才兼备、富有时代正面意义的优秀学生，如优秀党、团员，各种文化、艺术、体育、技能方面的佼佼者等，将他们作为中小学生的学习榜样，发挥他们的示范带动作用，正确引导中小学生的发展方向。

（三）中小学社会主义核心价值观教育要融入校园文化建设的全过程

中小学生正处于思维活跃、行为好动的年龄阶段，传统的说教式的教育方法会令他们生厌，效果适得其反，鉴于此，应该针对中小学生的特点开展社会主义核心价值观教育。

1. 将社会主义核心价值观教育融入校园精神文明建设

（1）以尊重学生为前提，强化生命意识，牢固树立健康第一的思想。加强对学生的教育和引导，建设形成自主、合作、探究的良好学风。立足德育阵地，注重养成教育，落实好《中小学生守则》和《中（小）学生日常行为规范》，倡导学生把为祖国和人民做贡献作为学习的目的，把对知识的兴趣和追求作为学习的动力，爱动脑、勤动手，上好每一节课，完成好每一次作业。

（2）认真抓好班级和团队工作，建设形成团结友爱、互相帮助、快乐和谐、健康向上、争做主人翁的良好班风。倡导营造充满正气的舆论氛围，引导学生自己的事情自己做好，他人的事情帮助做好，集体的事情一起做好，培养学生主人翁的意识和责任感，提高他们自我管理、自我教育的能力。

（3）善于挖掘、提炼本校优良传统和文化底蕴，着力创造具有本校特色的校园精神。学校可通过校徽、校歌、校报、校刊等载体，让师生耳濡目染，受到校园精神的熏陶、激励，并将之不断外显在师生的行为中。有条件的学校要建立校史陈列室、荣誉室和共青团、少先队室，举办校史展览、校庆活动等，增强师生对校园精神的认同感和自豪感，从而增强凝聚力和向心力；充分利用校园网、学校电视台、广播站、黑板报、橱窗、走廊、墙壁、雕塑、地面、建筑物等一切可以利用的媒介体现学校教育理念。

（4）注意了解和掌握社会文化动态，高度重视各种中外流行文化对中小学生的影响。要及时发现、研究中小学生的文化热点，有效抵制"粗口歌"、不健康"口袋"书、非法彩票等文化垃圾。

2. 将社会主义核心价值观教育融入校园文化活动

（1）按照社会主义核心价值观教育内容，组织开展校园文化活动。精心设计和组织开展内容丰富、形式多样、吸引力强、调动学生主动参与的校园文化活动。活动主题要尊重中小学生的身心特点和个体差异，切合实际；活动内容要体现实践性、综合性和系列化，要有利于培养和锻炼学生多方面的素质，表现校园文化精神；活动形式要寓教于乐，使学生喜闻乐见，如唱经典歌曲、看优秀电影、讲感人故事、诵中华古诗词、说励志教育格言等活动；组织学生观摩高雅艺术演出、参观校外教育基地、游览家乡名胜古迹、参加社会实践公益活动等；开展建设"书香学校""书香社区""书香家庭"，读名著、学名人、做有高尚趣味和有益于集体的人等活动，倡导学生每年读5至10本名著，读1至2部名人传记，让学生养成好读书、读好书的习惯，让学生与书本为友，与大师对话，在人类优秀的文化遗产中净化灵魂，升华人格，使学生认同、融入优秀传统文化和现代文化，推动校园文化建设。

（2）利用综合实践活动课时和机动课时，积极开展社会主义核心价值观教育。中小学可从实际出发，组建学生合唱团、器乐队、舞蹈队、书法小组、运动队、文学社等各类兴趣小组和学生社团，注重教育教学活动与团队活动有机结合；定期组织体育运动会和各种形式的艺术节、科技节及读书、读报、演讲等活动，积极推广优秀少儿歌曲，开展多种形式的歌曲演唱活动；为共青团、少先队的活动提供阵地，保证活动的条件和时间，支持团（队）组织发挥自身优势，开展好已有的传统活动，发挥学生业余团（党）校在学生教育中的骨干示范与引领作用。

（3）充分利用好节日开展社会主义核心价值观体系主题教育活动。如："五四"青年节、"六一"儿童节、"七一"建党纪念日、"八一"建军节、"十一"国庆节及教师节等节庆日，"九一八"、南京大屠杀死难者国家公祭日等国耻纪念日，清明节、端午节、中秋节、重阳节等传统节日，针对不同的节庆或纪念日，设计、开展丰富多彩的活动；利用入学、毕业、入队、离队、入团、成人仪式等有特殊意义的日子，开展主题教育活动。这些活动可使学生开阔视野，丰富知识，陶冶性情，增强能力，提高素质。

（4）组织开展好"中小学弘扬和培育民族精神月"活动。"中小学弘扬和培育民族精神月"是校园文化建设的重要组成部分。要把集中活动与经常性的校园文化活动紧密结合起来，将民族精神教育贯穿于中小学教育教学的各个环节，渗透到中小学生学习、生活的各个方面。特别要将社会主义荣辱观的教育内容有机纳入"中小学弘扬和培育民族精神月"主题教育活动之中。

3. 把社会主义核心价值观教育融入校园物质文化建设

（1）充分利用校园的每一个角落，营造良好的环境和氛围，使校园内的一草一木、一砖一石都体现教育的引导和熏陶。要从各区、校自然环境和条件出发，在校园内栽花种草，绿化、美化校园，还可以开辟小种植园、小养殖园。不具备绿化条件的学校要加强校园环境建设，使整个校园干净、整洁、美观、有序。

（2）高度重视校园人文环境建设，精心设计，注重实用功能，体现文化品位。遵循古为今用、洋为中用的原则，吸收中外优秀文化的精华，科学规划、合理布局，在建设规范化、标准化的基础上，形成自己独特的文化风格，营造良好的文化氛围，以调动学生的思维和情感，起到怡情励志的作用。

（3）加大资金投入，不断完善学校设施、设备。要充实藏书量，加强图书室、计算机教室管理员的培训，健全管理制度，让图书室、阅览室、计算机教室最大程度地发挥效用，成为学生接受社会主义核心价值观教育的重要场所。学校要根据自身条件建设好校园网、校园电视台、校园广播、校园文学刊物、宣传栏、阅报栏等校园文化载体，不断拓展社会主义核心价值观教育的渠道和空间，营造浓厚的教育氛围，为师生提供一个相互学习和交流的平台。

（4）充分发挥学生的主体作用。在楼道、教室、草坪、墙壁和食堂等区域渗透校园文化建设，鼓励学生积极参与设计、维护，注重发挥环境育人功能。

（5）协调社区、家庭等多方力量，积极开展学校、社区、家庭文化共建活动。净化校园周边环境，充分发挥法制副校长的作用，进行法制、安全教育，开展综合治理，营造平安、和谐的校园周边环境。

三、社会主义核心价值观教育的策略

《义务教育课程方案（2022年版）》强调，要在课堂教学中渗透社会主义核心价值观，把社会主义核心价值观教育贯穿于课堂教学中。具体策略有：

一是要将社会主义核心价值观教育渗透到阅读教学中。在阅读教学中深入挖掘阅读文本中关于富强、民主、文明、和谐的思想内容，自由、平等、公正、法治的精神以及爱国、敬业、诚信、友善的高尚情操，把社会主义核心价值观的思想内容及时巧妙地渗透到课堂教学中。在阅读教学中,可引导学生在把握人物事迹的基础上,体会其精神面貌,深入探究其优秀品质,从而提炼出优秀人物身上体现出的核心价值;在阅读教学中,选取以爱国主义为题材的诗词,通过鉴赏作品的语言和人物形象,引导学生体会英雄人物的爱国精神和报国情怀。

在教学中可根据学生的认知特点和接受能力,创新教学方法,灵活运用多种教学手段,把核心价值内化到学生的思想意识中,做到润物细无声。例如,在教学《忆往昔峥嵘岁月稠》时可以借助相关视频讲解伟人毛泽东的经历,帮助学生树立远大理想,培养坚强的意志和百折不挠的奋斗精神,增强学生的民族自豪感和责任感;在引导学生阅读《马克思:献身于实现人类理想的社会》一文时,在通过多媒体课件厘清马克思在布鲁塞尔期间的三年革命经历、两部著作、三次论战的基础上,让学生感悟马克思作为伟大思想家、伟大革命家的崇高人格。

二是要将社会主义核心价值观教育渗透到写作教学中。写作教学是社会主义核心价值观教育的重要渠道。在写作教学中充分发挥课堂教学的主阵地、主渠道作用,按照不同学段学生的心智水平和认知特点,有计划、有步骤地设计写作教学内容,把社会主义核心价值观教育内容渗透到写作教学中。在写作技巧和思维训练过程中,加强情感态度和价值观的引导,调动学生写作的积极性和主动性。

同时,在进行写作训练时,教师要敢于和善于把现实道德领域中的一些新的主题素材放进社会主义核心价值观的教育之中,选择社会关注的热点、焦点问题让学生通过写作进行辨析,提高学生明辨是非的能力。还可以采用命题或半命题的方式选择大众普遍关注的道德、人生观、价值观话题,结合初、高中学生的特点让学生张扬个性,自由抒发真情实感,潜移默化地将社会主义核心价值观熔铸到学生的思想意识中。例如,以"责任"为话题的作文,学生通过举例"三鹿奶粉事件"一针见血地鞭挞了某些行业存在信任危机,大胆呼吁国民应承担社会责任;以"风采"为题的作文,在自由选择文体的前提下,教师通过讲述我国航天员驾驶宇宙飞船漫步太空的事迹,引导学生领略英雄风采,教育学生应该向太空英雄致敬,为祖国喝彩,增强学生的民族自尊心和自豪感。这样,学生的习作不仅文质兼美,立意高远,而且见微知著。教师要引导学生从具体事例深刻感悟社会主义核心价值观。

三是要将社会主义核心价值观教育融入中学实践活动中。综合实践活动是社会主义核心价值观教育最有效的方式。教师可精心设计和组织开展内容丰富、形式多样、吸引力强、调动学生主动参与的综合实践活动。活动主题的选择要尊重学生的身心特点和个体差异，切合实际；活动内容要体现实践性、综合性和系列化，要有利于培养和锻炼学生多方面的素质，表现社会主义核心价值观；活动形式要寓教于乐，喜闻乐见。例如，开展看优秀电影、讲感人故事、诵中华古诗词、说励志教育格言等活动；组织学生编演课本剧、参观文化名人故居、探究民俗风情等活动；开展读名著、学名人、做有高尚趣味和有益于集体的人等活动，组织开展读书报告会，让学生养成好读书、读好书的习惯，让学生与书本为友，与大师对话，在人类优秀的文化遗产中净化灵魂，升华人格，使学生认同、融入优秀传统文化和现代文化，推动社会主义核心价值观教育，提高教育效果。

四、社会主义核心价值观教育的实践

（一）中外现代传记作品阅读教学

《普通高中语文课程标准（2017年版2020年修订）》（以下简称"高中语文新课标"）没有明确将现代传记作品列入学习任务群中，于是，许多教师误以为现代传记作品在高中语文教材中不重要，或者在教学中可以忽略。其实，这是一种错觉和误判。细究可发现，中外现代传记作品贯穿于语文教材的始终，它是语文课程资源的有机组成部分，对培养学生的语文核心素养有独特的价值，不可小觑。

1. 现代传记作品阅读教学的价值

（1）能提升学生的语文核心素养。现代传记作品在语言表达、思想内容、艺术构思等方面，都值得我们学习和传承。许多作品流传于世，经久不衰，历久弥新，值得品味。因此，在教学中，教师要善于整合利用优质的课程资源，立足语文核心素养，开展丰富多彩的传记阅读实践活动，提高学生的综合能力。选择经典作品，组织阅读与鉴赏活动，提高学生的语言运用能力、思想表达能力；引导学生在广泛阅读的基础上，通过辩论、演讲、写作等语文实践活动，提高表达与交流能力；以传记文本为载体，通过师生间、生生间的对话，使学生感悟作品的思想美与艺术美，提升学生的思想境界和审美能力。

（2）帮助学生形成良好的思想道德修养。无论是一般性的史传作品还是文学性的传记，往往离不开写人记事。一方面，传记作品的文学性特点决定了作者在记述人事的过程中不可避免地会渗透自己的情感、想象、推断等。在阅读过程中，对人物的善恶美丑要仔细甄别，做到抑恶扬善，从人物事迹中学习和弘扬高尚的道德情操，不断完善人格修养。另一方面，传记作品真实性的文体特征会潜移默化地培养学生忠于史实、客观公正的价值评判能力，以此可以培养学生秉笔直书的文人风骨。因此，在传记作品的阅读教学中，教师要引导学生抓住文本特点，通过具体的人物事迹，鉴赏和评价人物的精神风貌，以此提升学生的思想道德修养。

（3）帮助学生提升综合阅读能力。现代传记作品所涉内容比较广泛，所叙的人物及其经历都是真实存在的。作品的故事性强，有时情节结构比较复杂。传主大部分是英雄式的人物，要想在错综复杂的情节结构中准确把握人物的精神品格，必须充分调动阅读经验，综合运用多种阅读技巧。一般来说，在传记作品的阅读教学中，教师先要组织学生熟知作品内容，捕捉有价值的信息，培养学生的信息整合能力；在观照传记文本的基础上，局部推敲文章的语言特点，揣摩传主的心理活动，正确评价人物形象；通过小组合作探究的方式，对作品的思想主旨、作者的情感态度和价值观加以探讨；对作品中精妙的艺术手法加以斟酌，通过拓展延伸诉诸笔端，并运用到写作当中。现代传记作品教学中筛选、整合、鉴赏等阅读方法对语文学习具有普适价值，能够为学生的终身学习奠定基础。

2. 现代传记作品阅读教学存在的问题

（1）教学存在功利化倾向。在教学实践中，我们发现不少师生阅读仅仅是为了应对高考。阅读教学流于形式，师生较少潜心深入传记文本，与作者、作品、传主展开真诚的对话与交流。在教学活动中，许多教师只是为应对高考，给学生传授一些传记文本的答题技巧，对传主的生命活动、情感历程往往一笔带过。这种教学行为不仅使教学效果大打折扣，而且背离了传记阅读的本质。

（2）教学内容平面化。优秀传记作家往往秉承"文章合为时而著，歌诗合为事而作"的文人创作传统，他们的作品为现实和时代而作。所写之事、所记之人贴近生活实际和所处的时代，传主的精神品格容易打动学生。由于个体的差异，学生各自有自己崇拜的时代楷模和英雄人物。在传记阅读内容的选择上，我们应积极发挥正面作品的导向作用，激发学生的阅读兴趣，点燃学生的思想火花，以满足学生强烈的阅读欲望。然而，在教学实践中，受教学条件的制约，教学评价的体制机制还不完善，现代传记作品教学内容往往是硬性的规约，教师自主选择的空间受到限制。

（3）教学方法陈旧。长期以来，许多教师习惯了以讲授为主的教学模式，课堂教学缺乏活力，教学效果不好。从学习者的角度分析，为了考取高分，学生只是突击式地对知识点进行强化记忆，重复机械地进行训练。这样的"教"和"学"致使阅读教学偏离了本来的轨道，教学失去了灵性，学生的语文综合能力得不到有效提升。从课程的安排来看，现代传记作品集中在选修教材中。教授选修教材中的现代传记作品时，教师除了要端正教学态度，更重要的是有足够的知识储备和拓展能力。

3. 现代传记作品阅读教学的有效路径

（1）把握传记文本的内在价值。传记文本具有真实性和文学性特点，决定了教学要体现文本的内在价值。也就是说，现代传记阅读要教出"传记味"。这就要求教师要摒弃单纯的以考试为目的的功利思想，树立"以文化人"的教学理念。一方面，教师要创设情境将学生带入传记文本描绘的现实生活情境，准确鉴赏和评价人物的性格特点，让学生和作者产生情感的交流，体现传记作品的审美价值。另一方面，教师要引导学生在理解文意的基础上，重视作品的文学价值，咀嚼传记作品的"文学味"，品味文章的人物个性特点、语言特色、思想情感。

（2）拓宽传记文本的阅读视野。针对传记教学内容单一的问题，教师可以转换教学视角，打破必修教材与选修教材的界限，破除既定的教材框架束缚，重组教学格局。拓宽教学视野要求教师深挖教材，对比分析必修、选修教材中人物传记作品的内容特点，对比分析异同，遴选出典型的能激发学生兴趣的优秀作品作为"例子"组织学生阅读。基于此，选择教学内容就是要"依学定教"。在了解学情的基础上，迎合学生的好奇心，选择学生感兴趣的能拨动心弦的作品，用合适的教学方法引导学生学习。

（3）创新传记文本的阅读方法。创新是教学的生命。时代在变，学生的思想也在发生变化。符合教学实际、能激发学生创造力和想象力、培养学生思维品质的教学模式就是科学的教学方法。那种一味灌输加机械训练的教学模式不能适应学生个性化的需求，注定是要被淘汰的。鼓励学生自主选择学习方式，引导学生自主阅读、自由表达；坚持以教学"问题"和知识的"生成性"为导向，培养学生发现问题、分析问题和解决问题的能力。在传记阅读教学中，采用比较阅读的方法能激起学生的"问题"意识，培养学生的思维品质。现代传记有自传和他传的区别，自传注重叙写自我的地位和作用，他传是以旁观者的视角叙述和评价他人。这启示我们，在教学时可以通过比较阅读的方法定位传主的身份，深入探究作品的思想意蕴。如谢冰莹的《一个女兵的自传》和李夫泽的《从"女兵"到教授——谢冰莹传》。显然，前者是自传，后者是他传。两者同样塑造了"女兵"的形象，但因叙述视角不一样，人物性格各异，作品的思想内涵也深浅不一。

基于核心素养的现代传记作品阅读教学策略很多，教师应挖掘课程资源，在"依文定学""依学定教"的原则下综合运用多种教学方法，激发学生的阅读兴趣，培养学生的语文综合素养，完善其人格，为学生的全面发展和终身发展奠定基础。

（二）中华优秀传统文化融入阅读教学

1. 阅读教学中传统文化教育现状

（1）阅读自觉性不高，依赖性较强。一个学生自小学到高中，接受了十二年的母语学习，却仍没有学会读书，一提起古诗文，学生的普遍第一反应就是"好难啊"。在古诗文学习中，学生不借助工具书和参考书就很难疏通文义，学生对工具书和参考书的依赖性越来越强。在课堂教学中，学生翻阅最多的不是教科书，而是《中学教材全解·高中语文》《高中文言文译注及赏析》等名目繁多的工具书和参考书。倘若没有这些助读工具，学生的古诗文翻译和理解能力会大打折扣，这一点在文言文翻译试题中的体现尤为明显。例如学生将"将军战河北，臣战河南"译为"将军在河北作战，我在河南战斗"，将"固知一死生为虚诞，齐彭殇为妄作"翻译成"本来就知道生死是虚幻和荒诞的，齐彭殇这个人在徒费工夫"。

（2）教学中重知识积累，轻感悟熏陶和突破创新。"传统并不仅仅是一个管家婆，只是把它所接受过来的忠实地保存着，然后毫不改变地保持着并传给后代。它也不像自然的过程那样，在它的形态和形式的变化与活动里，永远保持其原始的规律，没有进步。"[①] 传统文化是历史的结晶，它不只是博物馆里的陈列品，而是有着鲜活的生命。但是，当前的语文阅读教学依然是传授知识的教学，在进行传统文化经典教学时，大部分教师首先介绍作家作品，让学生识记文学常识，接下来讲解生字生词、积累词语和成语，然后划段分层研读课文，要求学生借鉴模仿作者的写法，最后对文章进行归纳总结。这样的教学，忽视了吟咏诵读，缺少了感悟体认，使传统文化教育变成了静态的文化知识学习，未发挥熏陶感染作用，更没有突破和创新。

（3）对传统文化关注不够，缺乏民族文化自觉性。当前，学生普遍缺乏一种人文的滋养，有相当多的学生不读文学名著，不喜欢古诗词，只看教科书和参考书，他们的语言文化水平正在不断滑坡，文学素养整体下降，这已是不

---

① 杨生栋，孔德凤. 传统文化在高中语文阅读教学中的现状及其成因探讨［J］. 现代语文（教学研究版），2010（1）：42－43.

争的事实了。近几年的语文高考就明显地暴露出这一点：考生的语文基本功、语言规范性出现大量的问题，错别字、网络用语泛滥，民族文化知识匮乏。《新周刊》曾以"文化传承"为切入点在北京、上海、广州、香港和台北5个城市对20世纪90年代出生的孩子进行问卷调查，调查的结果令人大失所望：传统味在这些孩子们身上已荡然无存。在年青一代看来，传统的东西是陈旧、过时和呆板的，孔孟之道、老庄哲学、唐诗宋词、书法绘画、雕刻建筑，这些充满浓厚文化味的东西已不能激起他们的兴趣，他们更热衷于追求新鲜刺激的内容，比如把追求洋味当成一种时髦，外国的圣诞节、情人节过得有滋有味，而传统的春节、端午节、七夕节、重阳节等节日却备受他们冷落。

2. 阅读教学中传统文化教育现状成因

（1）阅读教学受传统教学理念的束缚。一是课程资源的使用有局限性。高中语文新课标指出，高中语文课程资源既包括课堂教学资源又包括课外学习资源。在实际教学过程中，高中语文阅读教学仅局限于教科书，课程资源的使用非常有限。中国传统文化内涵丰富，要提高学生的语文素养，单纯依靠教科书是不够的。二是学习方式落后。强调让学生接受知识，存在死记硬背、机械训练的情况。平时，学生对传统文化没有兴趣，传统文化知识即学即忘，不会运用。教师应该转换角色，以教师为主导，学生为主体，倡导采用自主、合作、探究的学习方式。三是阅读方式单一。在传统教学理念中，教师对文本的解读直接制约着学生的思维，许多语文教师备课的重要资料就是参考书。这样的语文教学造成学生思维的单一，不利于学生做出个性化的解读。高中语文新课标提倡重视学生的独特感受和体验，这对于学生用科学发展的眼光审视传统文化具有重要意义。

（2）应试教育的功利性误导了传统文化的传承。在应试教育利益的驱动下，在"考试文化"的指引下，语文阅读教学基本上是围绕着应试这个圆心在转，致使阅读教学失去了应有的价值和意义。高考考什么，教师就讲什么，学生就学什么，语文阅读变成了考试阅读，传统文化教育变成了"考试文化"教育。学生关注和追求的不是个体生命的成长，不是人格的健全，不是个性的和谐发展。教师追求和关注的不是语文教育的育人功能，而是考试功能，一切教学活动都以如何对付考试为着眼点，以纯技术性和操作性的语文训练作为教学的目的指向。在这种情况下，阅读文本被轻视，对教材文本，无非将之作为语文训练的例子，至于挖掘教材文本的文化意蕴成了一句空话，使蕴含在教材中的大量传统文化元素未得到开发和利用，语文教育成了一种应试教育，功利化的教学完全抹杀了语文的文化特性。

（3）多元文化对传统文化的冲击。以影视作品、网络文学、现代科技传媒等为载体的快餐文化，以其快速便捷、信息量大且娱乐性强的优势很快风靡整个文化市场，拥有了众多的青少年读者。学生喜爱快餐文化，追求快餐文化，本无可厚非，但凡事都需有个度，不应该以冷落甚至抛弃传统文化为代价。要知道，一个国家或一个社会文化的繁荣，是以民族传统文化为地基的，而后才是追求多种文化形式的兼容并包，厚此薄彼、故步自封都不利于文化的发展和繁荣。

（4）教师专业发展水平的限制。一些教师不注重知识的更新，固守教材和参考书，专业知识贫乏，对中国传统文化内涵不了解、不熟悉，忽略教学中涉及的传统文化知识。有的教师因为专业水平的限制，不能从传统文化中汲取养分提高自己的语文素养。

3. 阅读教学融入中华优秀传统文化策略

在高中语文教学过程中，充分利用传统文化经典开展阅读教学，对有效传承与弘扬中华传统文化具有重要意义。基于此，本小节针对语文阅读教学中开展中华优秀传统文化教育策略进行了相关研究，提出了几点策略，即充分发挥教师的引导教学作用，激发学生阅读兴趣，培养阅读习惯，开展课外拓展读书交流会。

在现今这一多元文化时代，正确应对外来文化对中华传统文化的冲击，是教育界的重要研究课题之一。程大琥等主编《名著品读（高中分册）》中也曾提起，在现代社会的快节奏生活下，读书的人放下必读教材，就很少再捧起大部头的课外书了。因此，在高中语文教学当中，将经典阅读作用于高中生文化素质培养，在语文阅读教学中开展传统文化教育刻不容缓。

（1）充分发挥教师的引导作用。在现阶段的高中语文阅读教学当中，传统文化教育所占的比重并不大，一些教师在教学过程中，也在一定程度上忽视了传统文化对高中生素质培养的重要作用。此外，教师自身未能认识到传统文化的传承价值，也在一定程度上制约了传统文化教育在高中阅读教学中的有效应用。在高中语文阅读教学中开展传统文化教学，不仅要意识到文化传承价值，同时还要从传承中突破，正确引导学生的创新思维，改善现阶段高中语文阅读教学中的不足。

在高中语文新课标中提出了要充分发挥语文学科的育人功能，全面提升高中生的语文素养与整体素质这一课程理念。因此，教师应充分发挥自身的引导作用，在高中阅读教学中开展传统文化教育，与学生建立和谐、轻松的师生关系，积极与学生交流，提升学生对教师的好感度，助力教学改革的顺利开展。

在日常学习与交流中，教师可根据不同学生的阅读兴趣，以适当的方式向他们推荐经典文化读物。如，在教学《出师表》时，教师引领学生在阅读过程中体会诸葛亮的智慧与忠心，从而激发学生对三国这一时代的探究欲望。此外，再结合讲解周瑜与小乔、吕布与貂蝉的爱情故事，引发对权谋不感兴趣的部分学生的阅读兴趣，让学生去读《三国志》，了解那一时期的文化，从而实现传统文化教育目标，从而实现在高中语文阅读教学中开展传统文化教育的积极意义。

（2）激发学生阅读兴趣，培养阅读习惯。高中教材的必修篇目都是经过慎重选择的，能够有效吸引学生的阅读兴趣。例如，人教版语文必修二中，《诗经·氓》是中华古代经典文学中的代表作品，其中蕴含了或唯美或凄凉的爱情故事，可用于激发学生对传统文化的阅读兴趣。《诗经·氓》中"及尔偕老，老使我怨"，对整个故事做了总结，同样也是那一时期女子爱情的真实写照。教师引领学生反复阅读，共同探讨，再进行意义引申，对古时的礼教制度与婚姻制度进行分析，寻找与爱情悲剧之间的联系。在课后，推荐《边城》《围城》等现代文学经典让学生去阅读、思考，了解不同时期主人公的爱情观。

在引发学生阅读兴趣之后，还要重视学生阅读习惯的培养，在高中语文阅读教学中开展传统文化教育，就十分有利于培养学生的阅读习惯。传统文化著作当中，有很多短小精悍的经典作品或篇章，十分适用于背诵。学生熟练背诵，便于在日常交流中引用，从而提升自信心，进一步巩固阅读、背诵、反复阅读的良好习惯。在应用过程中，学生还能对文中所表达的古人的优秀品德、生活态度、智慧等进行深刻的理解与学习，例如《论语》当中的"弟子入则孝，出则悌，谨而信，泛爱众，而亲仁；行有余力，则以学文"。反复学习、记忆与理解，能够进一步实现传统文化教育对高中生行为、品德的规范引导作用。

（3）开展课外拓展读书交流会。教育部在2014年发布的《完善中华优秀传统文化教育指导纲要》中，对传统文化教育提出了新的要求，其中指出高中传统文化教育应以增强学生对传统文化的理性认识为重点。结合新课标中全面培养学生综合素养的教育目标，可积极组织读书交流会，以提升高中语文阅读教学效果。在高中语文阅读教学中开展传统文化教学，教材中的诗词、文言文是很好的阅读材料。在学生形成良好的阅读习惯后，教师定期组织学生开展读书交流会，可先从诗词入手，带领学生以作者为单位，进行诗词拓展阅读。在初期阶段可将选修教材中的诗词作为扩展学习资料，在不断的交流当中，学生会逐渐形成对某一作者的偏爱，有些学生更喜欢李白的洒脱与不羁、苏轼的豪放，有些学生则更爱李清照的清丽、婉约。诗词是我国学生从小就接触的传统文学体裁，李白、苏轼、李清照、杜甫都是学生较为熟悉的作者，利用读书交流会，由简入难，进行诗词的深入学习、研究、探讨，能有效激发学生的阅读兴趣。此外，在读书交流会上，在文言文教学过程中，可选取情绪激昂的篇章，如《将进酒》；有故事情节的篇章，如《项羽之死》；有人生哲理的篇章，如《庖丁解牛》，从而落实传统文化教育对高中生综合素质培养的重要价值。

高中语文阅读教学中开展传统文化教学，对提升学生的综合文化素养具有重要作用。相关教育策略能够通过阅读帮助学生加深对中华优秀传统文化的正确认知与理解，从而实现传统文化在新时代高中生群体中的传承。因此，加大力度进行相关研究，实现高中语文阅读教学在文化传承方面的价值，并从整体上推动国民文化素质的提升。

4. 在阅读教学中开展传统文化教育方法

（1）一线贯穿式教学。教材的单元组织并非只是简单地把一类文体和同一主题的课文拼凑在一起，我们应考虑不同选文间的相互关系，以求发掘更为丰富的单元整体价值，体现出整体功能大于部分功能之和。教师除了充分吃透每一册的各篇课文外，更要体会编者在每一册教材中设置的其他 3 个文体、语体单元的主题和题材内容，尽量使教学内容与活动单元的主题题材内容互相呼应，互相兼顾。因此，可以采取特定主题串联内容的方法。下面以粤教版高中语文必修二做说明。

本单元主题是"体验情感"。第一篇是《阿房宫赋》，起到统领整个单元的作用。文中有这样一句议论："一人之心，千万人之心也。秦爱纷奢，人亦念其家。奈何取之尽锱铢，用之如泥沙？"在杜牧看来，秦灭亡的原因是秦王只顾及一己的私欲，而不考虑百姓的情感与利益，把自己的快乐建立在别人的痛苦上。两千多年前的孔子早就说过"己所不欲，勿施于人"，又强调"己欲立而立人，己欲达而达人"，人生在世除了关注自身的存在以外，还应关注他人的存在，尊重他人的情感与权利，这是"同理心"的一部分。具有同理心的人才能够推己及人。这篇文章给我们提供了一个体验情感的方法，那就是同理心。教师要引导学生带着同理心去读下面几篇文章，设身处地感受与理解苏轼、归有光等人对待自身和他人的情感态度。只有设身处地，才能感受他们笔下情感的真实性，从而被感染，受启发。

必修二的单元设计，重点挖掘了其中"体验情感"的因素。由第一篇《阿房宫赋》出发，引导学生培养同理心，在此基础上再阅读其他三篇文章，感受别人笔下的亲情与爱情，感受他人笔下的失意与解脱，从而反观并思考自身是如何看待事物、对待情绪的。

（2）比较阅读教学。在活动主题的引领下，教师还可以让学生对本单元的课文有针对性地进行比较阅读。通过比较相同点与不同点，更好地体会这一主题的内涵。下面以粤教版高中语文必修一进行说明。

必修一的活动单元主题是"认识自我"。基本阅读篇目有《诗经》两首：《氓》《静女》；《离骚》（节选）；《孔雀东南飞》；《汉魏晋诗三首》：《迢迢牵牛星》《短歌行》《归园田居》。

强调个体意识，重视个体存在的重要性，就要发掘生活于社会中的每个人的个人价值。每个人都能够重视自己的社会存在，知道自己有何可为，知道自己有何能为，知道自己有何须为，并为之付出坚实的努力，这便是创造源源不断的社会价值的源泉。本单元的课具备一定的可比性，教师可以让学生进行比较阅读。

《氓》和《孔雀东南飞》可以围绕女性的"自尊自爱"进行比较阅读。这两首诗都写了被抛弃的女子的抗争，体现了女性的自尊与自爱。《氓》的女主人公在被虐待时重视内心愤怒的声音，重视作为人必须得到尊重的权利，奋起控诉负心人的恶行，捍卫自己的尊严。此外她思考男女对婚姻爱情态度的差异，体现了女性的个体意识的萌发。《孔雀东南飞》的刘兰芝在个人的意志得不到充分的尊重，无法主宰自己的命运时，为了维护尊严选择死亡，以生命的解脱获取最终的自由。两首诗中的女子，都处于弱势，但是她们不依赖、不幻想，凭着坚强的内心维护着自己作为女性的尊严。

在拓展阅读篇目上，教师可以联系本单元的课文和讲课重点，推荐学生读一些文章，如《诗经》中的《郑风·溱洧》《郑风·子衿》《秦风·蒹葭》《郑风·将仲子》，以及《史记·屈原列传》《归去来兮辞》《苏东坡突围》等，并结合本单元教学重点设计研究性学习的课题。

（3）名著拓展式教学。了解古代文学作品中的经典名著，是传统文化素养的一个重要组成部分。但是在教学中发现，大多数学生对于古代文学名著知之甚少，学生总是习惯按自己的兴趣选择阅读的内容，不喜欢名著。他们觉得这类书创作时间距离当今时代久远，理解语言方面困难较大，有些书思想性太强，不够吸引人。教师可以利用教材中的课文进行重点分析，或探究其思想性对后世的影响，或探究其与现代社会的结合，或挖掘名篇中蕴含的人生哲理与人生智慧等，让名篇焕发其独特的魅力。"课文无非是个例子"，教师在精讲课文教会学生阅读思考的角度与方法后，再将课文作为一个切入点，以点带面，引导学生去阅读原著，了解原著，进行探究性的专题学习。

比如，《鸿门宴》与《报任安书》有利于学生了解《史记》，了解司马迁的思想。《史记》记载了上起黄帝下至汉武帝的两千多年的历史，其中春秋战国与秦汉时代，是中国历史上从割据混战到统一的时代，也是精英人才层出不穷、智慧火花不断闪现的时代。《史记》中该时期的一些故事与所载语言资料，一直是后代的经典。加上其故事性较强，有利于激发学生的兴趣。教师可以选择其中的一些文章，如《屈原列传》《项羽本纪》《孔子世家》等让学生进行阅读，让学生了解历史人物，学会评价历史人物。同时通过对这些篇章的阅读，理解司马迁在《报任安书》中所提到的创作目的，体会司马迁"发愤著书"对人物的评价标准，如探讨司马迁的"英雄观"等。学生据此形成书面的研究性学习成果，教师评改并进行交流展示。

（4）专题拓展式教学。教师还可以根据单元主题进行相关内容的拓展，使学生对该主题的相关内容有更深刻的认识和把握。用于拓展教学的主题，可以是教师在教学设计中事先设定的，也可以是在教学过程中生成的。

比如，《小石城山记》《黄州快哉亭记》《道山亭记》《百丈山记》等都属于山水游记。在初中阶段，学生对山水游记已经有所了解，教师可以继续进行山水游记的拓展阅读教学，但是学生到了高中阶段，拓展的范围应该有所扩展。比如这一单元，教师可以向学生介绍余秋雨在《文化苦旅》中提到的"贬官文化"。"古之中国，宦海沉浮，稍不留意，就要受到贬谪。在数不清的遭贬人员之中，常常有饱读诗书之人。贬了官，失了宠，摔了跤，悲剧意识就来了。这样一来，文章有了，诗词也有了。"

（5）读写结合式教学。"读"与"写"是语文学习素养的两个重要方面，这两种素养的实现是通过阅读与写作的训练来完成的。在心理机制中，阅读是从语言到思想，从形式到内容，从外部到内部，从部分到整体的心理过程，而作文则是从思想到语言，从内容到形式，从内部到外部，从整体到部分的心理过程。韩愈曾说："学以为耕，文以为获。"阅读积累与思考是写作的先导，对学生进行传统文化教育，更要让学生进行积累和思考，将知识转化为能力。首先，引导学生积累名人名言、典型事例并运用到写作中。如《邹忌讽齐王纳谏》可作为"旁观者清，当局者迷"的论据，亦可将其作为认识自我、提高自我的例证。其次，引导学生对一些传统观念和做法提出自己的感想与见解并形成文字。传统文化需要与时俱进，需要添加时代的新因子，才会有源源不断的生命力。学生如果对传统文化的学习仅止于被动接受，那并没有真正发挥主动性和创造性。教师在上完课后，可以趁热打铁，让学生提出问题，或者教师提出问题让学生去思考探究并形成文字。如《鸿门宴》（出自《项羽本纪》）中对刘邦和项羽的描述，结合司马迁对"英雄"的评判标准，进一步探究什么是真正的"英雄"。教学中要教学生"学会学习"，培养学生的传统文化素养也需要着重培养学生形成良好的学习习惯，引导学生重视各种资源，学会积累，开拓思路，勤于动脑，形成一己之得，力争有所发现，有所创新。

（6）联系现实型教学。中华民族的优秀传统文化能够一直延续至今，正是因为其有着超越时代的普遍指导意义。对学生进行传统文化教育，不能只停留在课堂与教材上。传统文化教育只有与现实相结合，走出书本，走近生活，让学生将所受到的熏陶教育转化为现实中的行动，学会正确看待自身与正确对待外界事物，用优秀的传统文化来指导自己的行为，才能够真正将知识转变成能力。传统文化也只有与现实生活相结合，才有长久不衰的生命力。

对学生进行传统文化教育，除了让学生在知识与理论上有一定的积淀之外，更要让学生在为人处世上受到影响，才能体现传统文化知识的实用性。

（三）用英语"讲好中国故事"教学

"讲好中国故事"是习近平总书记对外传播工作的系统思想，是我国文化自信的重要价值，是加强国际传播能力建设的积极手段，对有效开展对外传播工作有着十分重要的意义。英语是国际通用语言，语言学习的实质是文化的吸收，英语教学肩负着"讲好中国故事"的重任。《普通高中英语课程标准（2017年版2020年修订）》（以下简称"高中英语新课标"）总目标提出，要培养具有中国情怀、国际视野和跨文化沟通能力的社会主义建设者和接班人。高中英语新课标的这一目标表明，在英语教学中不仅要培养学生运用英语的能力，还要在此过程中弘扬中华优秀传统文化。

高中英语教材中有很多优秀的"中国故事"，但仅仅将其作为一篇篇传授语言知识的课文，学生在跨文化交际中难免出现文化失语状况。在英语教学中，着力培养学生用英语讲好中国故事的能力，有利于落实立德树人根本任务，提升学生英语学科核心素养，弘扬优秀传统文化。

1. 提高文化交流的认识，培养深度理解能力

（1）正确认识文化交流。要讲好中国故事，首先要引导学生充分认识中华民族的文化，不论是古代的还是当代的，中华民族作为五千多年文脉不断的民族，其文化也是从古至今一直延续发展的。因此，要引导学生充分认识到这一点，了解自己国家的文化，树立充分的文化自信，要对我国的文化有足够的了解，这是讲好中国故事的基本前提。在掌握传统文化知识的同时，也要促进

当代学生树立正确的世界观、人生观、价值观。此外，还要积极引导学生更好地学习英语，这是用英语讲好中国故事的重要前提，如果连基本的英语表达能力都不具备，也就没有办法将中国的故事传播到国外，传递给外国人。只有口语流利，符合语法规则，才能够让更多外国人听懂中国故事。尤其注意要生动地讲述，而不是生硬地翻译。在此基础上，我们还要引导学生树立正确的文化观念，尊重各民族文化的差异性，在学习英语的过程中，不可避免地需要深入认识西方国家的文化背景，感受西方语言中蕴含的思想，这一过程中不能一味地排斥西方文化；同时也不能崇洋媚外，以国外文化和思想为主导，而是要在对比的过程中"取其精华，去其糟粕"，通过自己的学习为两种文化之间搭建起沟通的桥梁，促进双方的深入交流与合作，推动共同发展。

（2）培养文化深度理解能力。首先，学生应该对中国的历史、文化和传统有深入的了解。这可以通过学习专门的中国历史和文化课程，了解相关的知识和概念，以及深入研究中国的艺术、文学、哲学等来实现。通过深度学习，学生将能够更好地理解中国的价值观、思维方式和行为准则，从而更好地讲述中国故事。其次，培养跨文化交际能力也是至关重要的。学生应该了解不同文化之间的差异，以及如何有效地传达信息和表达观点；参加文化交流活动，通过与外国学生或外语母语者交流等方式提高跨文化交际能力。学生由此能够更好地理解中国故事的背景，并且能够以更适合目标受众的方式进行讲述。

以"A Taste of China"为例，该课介绍中国的传统食物和饮食文化，帮助学生更好地理解中国的文化背景并讲述相关的故事。学生将学习中国各个地区的特色菜肴和传统饮食习惯。他们将深入了解每道菜肴背后的历史、文化和传统意义，并通过小组讨论、研究和演示来分享所学知识。学生将探索食材的来源、烹饪技巧、饮食习惯以及与每道菜肴相关的故事和传说。学生将通过体验饮食文化，深入了解传统文化背景和故事，并通过分享来展示学习成果。这不仅提高了学生对传统文化的理解和兴趣，同时也培养了他们的跨文化交际能力和讲故事的技巧，使他们能够更好地讲好中国故事。

2. 发挥课堂主渠道作用，培养文化交流素养

（1）通过读写方式，增强教学效果。在教学过程中引导学生阅读一些传统的中国故事，对古代中国文化有充分的掌握，从而可以在看到相应主题的写作内容时有足够的信息和充足的素材。引导学生充分利用课余时间积极参加相应的活动，提升学生的英语口语表达能力和临场应变能力。定期举办"学英语·讲中国故事"的口语展示或演讲活动，提升学生的表达技能。在阅读中，学生可以迅速地感知和把握语言的意义和形式，超越单纯的英语词汇和语法学

习。这样，学生的学习效率提升了，也有了讲好中国故事的基础知识和基本技能水平。

如在讲授"Cultural Heritage"时，课题组通过训练学生的阅读、写作技能，有效提高了学生用英语讲好中国故事的能力和水平。

（2）通过口语交际，提升表达能力。想要让高中学生熟练应用英语进行中国故事的表达，就需要提升学生的口语表达能力。语言一直都是人类沟通交流中重要的工具。用英语口述表达中国故事，不仅可以增强高中学生的英语沟通能力，还可以帮助学生更好地理解国内外文化，为两种文化的沟通架起一座桥梁。为此，就需要学生在学习的过程中，熟练掌握英语表达的技巧、规律以及表达方式。可以在互联网搜索海外华侨或者外国人进行英语表达的相关视频，提供给学生进行参考和学习，有效提升学生的口语表达能力。在教学中，教师可以让学生通过四人小组进行英语口语的训练。第一步，先让学生练习教材上的内容，巩固基础。第二步，找寻符合当下学生水平的语段，让学生在小组中进行训练，几名学生可以分工进行训练。第三步，教师可以针对学生训练的结果进行有效的点评，并提出相应改进意见。通过以上训练，学生的英语口语能力会有一个质的飞跃。接下来，英语教师可以找寻简单的蕴含中国传统文化的故事，让学生以英语口语对话的形式进行练习。教师可以先让学生通过自己的理解进行表达，再根据学生的学情进行适当指导，直到学生可以运用英语进行简单的中国传统文化故事表达。这种教学形式可以达到双管齐下的教学效果，不光可以提升学生的口语表达，还可以让学生学习更多的中国传统文化，自发进行传统文化的传播。比如：课题组在研讨课教学"Teenage Life"中，让学生提前了解不同俱乐部的活动特点和基本内容。接着对本次单元教学中的重点单词和语言点进行重点训练。首先，让学生结合新学单词和语法，进行简单的口语锻炼。其次，组织学生在小组中针对本单元中任何一部分内容进行口语训练。再次，选取适合学生当前水平和认知的中国故事，让学生通过英语的形式进行表达。如掩耳盗铃、画龙点睛、刻舟求剑、自相矛盾、塞翁失马。这些简短的中国故事不仅能锻炼学生的口语能力，还可以很好地对学生进行文化和思想上的熏陶。当学生的能力有所提升之后，教师就可以选取略微复杂、具备一定难度的中国故事，让学生进行训练。学生在训练的过程中，教师需要在旁进行有效的指导，及时帮助学生解决问题，还可以及时了解学生的学情。

（3）改革课程设置，加强课程思政教育工作。新课标将"培养学生面向国际化，讲好中国故事"定位成培养目标。但高中阶段没有专门开设讲好中国故事的课程。因此，应当积极改革课程设置，将思政教育融入英语教学全过程，严格把控中国故事的内容，坚定地阐明中国故事的基本立场，掌握好讲故事的有效方法。

下面是笔者根据实际情况，开展把思政教育融入英语课程的案例：

根据学生的学情和课余可支配的时间，选定人民出版社出版的《用英语讲中国故事（基础级）》作为实践的语言材料，从中精选了23个经典的中国故事，分属于7个主题：①中华民族传统美德（仁：以仁治国，义：季札献剑，礼：孔融让梨、曾子避席，智：孟子论辩，信：曾子杀猪）。②古代四大发明（造纸：一次郊游的偶然发现，火药：与火药有关的故事，指南针：终于找着北了，印刷术：工匠出身的发明家）。③传统节日（过年：合家团圆过大年，端午：端午源说，中秋：嫦娥奔月）。④历史人物（孔子：三人行必有我师，李白：才华横溢的李白，李时珍：李时珍与《本草纲目》，郑成功：郑成功收复台湾）。⑤国家地标（黄河：有关黄河的一则日记，长城：冰道上的石条）。⑥人民歌曲的诞生（《黄河大合唱》：《黄河大合唱》的诞生，国歌：民族之歌）。⑦现代科技成就（青藏铁路：奉献与智慧修成的"天路"，高铁：乘坐高铁去旅行，现代桥梁：屡创"世界第一"的港珠澳大桥）。

以一学期为期限，让学生每周学会讲一个故事。考虑到学生的英语水平和性格特征，将他们4人或6人分为一组，小组成员自行选定组长（建议选英语成绩较好且组织能力较强的学生为组长，由组长协调和监督任务的层层推进）。建立各小组微信群和班级微信群，便于小组成员、学生与教师之间互动与探讨。

在英语教学的过程中融入一些中国传统故事，或者引导学生用英语来介绍中国的英雄人物，积极寻找中国故事与各知识点的契合点，将这些元素有机地融入所讲授的知识点之中，形成英语教学与价值引领相融合的良好氛围，引导学生正确认识中国文化，树立道路自信、理论自信、制度自信和文化自信。

在学科教学中开展社会主义核心价值观教育，既要重视学科知识和技能的传授，又要重视情感态度和价值观的教育，两者不可偏废。在开展社会主义核心价值观教育的过程中，需要大胆创新，深入挖掘、科学整合课程资源，充分利用现代信息技术，进行多媒体、网络在线的现代化教学。不断更新教学方法，组织学生采用专题讨论、问题探究、课堂辩论等方法，让学生在轻松愉悦、民主合作的教学氛围中接受社会主义核心价值观。

基于核心素养的高中语言类学科教学实践

第六章　基于核心素养的整本书阅读课程教学

　　"整本书阅读与探讨"是高中语文新课标提出的具有鲜明特色的学习任务，在学习任务群中的作用和地位举足轻重。本章在探讨整本书阅读教学价值的基础上，从教学主体、教学价值、教学方法等方面分析了其面对的困境，并从主体地位、阅读方法、评价策略等方面提供了路径方法。

　　在语文课程教学中，把"整本书阅读"作为教学内容由来已久。高中语文新课标中将"整本书阅读与研讨"明确列为语文课程内容，并且置于18个学习任务群之首。可见，整本书阅读对深化语文课程改革、转变教学方式、提升学生语文核心素养具有重要作用。然而，受教学理念、教学环境、教学条件等主客观因素的制约，整本书阅读教学的真正要义并未完全落实在日常教学中。因此，为深入推进语文新课改，如何使整本书阅读与研讨任务群真正落实见效是一个亟待解决的问题。

一、整本书阅读教学价值

　　"整本书"是相对于独立文章而言，一般在内容、形式等方面具有完整性和统一性。整本书可以是小说、散文、诗歌、戏剧等文学类著作，也可以是传记、科普、新闻等实用类著作，还可以是论述性的社科类著作。就语文教学而言，整本书阅读主要侧重于让学生通过自主阅读经典著作收获知识、丰富阅历从而提升思想境界和精神高度。由此观之，其作为高中语文首要的学习任务群有较高的教学价值。

　　（1）推动语文学科核心素养的发展。从本质上说，整本书的内容是经典的，无论是思想内容还是语言艺术都值得学习。即便是带有明显娱乐色彩的书目，其内容主旨也应该是高雅、健康、优美的。教师选择文质兼美的整本书，科学有序组织学生阅读，可帮助他们积累语言知识并提高语言运用能力，通过阅读实践和体验形成科学的思维方法、提高思维品质，教师也能潜移默化培养学生正确的情感态度和价值观。同时，整本书阅读教学过程也促使教师不断阅读，培养教师的审美鉴赏能力和创造力，从而提升其语文核心素养。

（2）培育人文精神和道德品质。古今中外的名著，整本书中的名家名篇承载着丰厚的思想，往往能哺育一代甚至几代人的心灵，教化人们求真向善。其中蕴含的中华优秀传统文化、革命文化、社会主义先进文化对厚植学生的家国情怀、维护个人和国家尊严、引导学生认识个人命运和人类命运有独特的作用。阅读可以修炼学生的人文精神，帮助他们形成正确的世界观、人生观和价值观。一本好书渗透着作者的生活阅历、人生思考、道德情感，阅读的过程就是主客体的精神对话交流过程。基于此，学生阅读好书能为他们打好一生的精神底色，有助于塑造健康的人格、高尚的道德品质。

（3）建构阅读经验和学习能力。从教学的实质观照整本书阅读与研讨，意在引导学生通过阅读与研讨的方式提高语言文字运用能力，从而陶冶情操，提升精神境界。在阅读与研讨的方法驱动下，整本书阅读就是突出学生的主体地位，教师采取适宜的方法引导学生阅读。当然，整本书阅读的主旨不仅在于激发阅读兴趣，更重要的是借助整本书拓宽阅读视野，掌握不同题材、文体、体例书籍的阅读方法，积累阅读经验，形成自己独特的读书本领，练就终身学习的能力和品质，不断领略风格迥异的艺术魅力和社会文化的万千气象。

二、整本书阅读教学困境

目前，统编高中语文教材陆续在全国各地投入使用，整本书阅读教学在教学理念、策略与方法、过程与评价等方面较以前有明显的改观，"好读书、会读书、读好书"的氛围正在形成。然而，在实践中受思想认识、教学环境、制度保障等方面的影响，整本书阅读教学的实践还存在一些问题。

（1）教学的主体缺失。在教育教学改革的推动下，虽然教学理念、教学方式、教学评价等教学要素发生了明显变化，但是"教"与"学"的主次关系仍然存在颠倒的现象，特别是学生作为教学主体的地位还落实得不够充分。理论上，"整本书"无论是完整的经典作品还是序列化的篇目组合都注重学生的自主阅读和自我感悟。实践中，"整本书阅读"教学往往急功近利，以教师的讲授代替学生的合作探究与自主讨论；在"整本书阅读"书目的选择上也以教师的硬性指定替代了学生的兴趣选择，尤其是课外阅读书目的选择。由于过分受"教"的限制，学生在整本书阅读中的主体地位不能够充分发挥。

（2）忽视整本书阅读的内在价值。一本好书应该是知识和精神的"宝藏"，对于提升学生的语文素养和精神素养有重要的价值。在整本书阅读教学实践中，教学往往停留在内容概要的归纳、篇章结构的梳理、写作背景的交代等方面，并未强化阅读体验和感知，整本书的思想内核没有真正"读"和"悟"出来。整本书的语言、思想、艺术是丰赡的，阅读的兴趣点不同，对文本的理解则千差万别。实际的教学中，学生的阅读往往被教师的解读所束缚，教师的阅读又被语文教参的分析取而代之。这样导致整本书阅读失去灵动色彩，缺乏个性化的阅读，整本书的潜在价值也就不能充分释放。

（3）教学方法单一。以前，整本书阅读教学虽然受到提倡但很少能持续深入开展，没有受到高度重视。究其原因，日常教学挤占了整本书阅读的时间，加之教育教学评价手段单一，基本没有将整本书阅读教学评价纳入评价检测范围之内。因此，学生对整本书阅读即使有期待，教师也未能深入开掘阅读潜能，教学方法显得单一。惯用的方法只是教师推荐书目，然后学生阅读谈体会，最后就是教师点评。对书中的单篇，阅读课堂上先是零碎分散的解读，然后是埋头盲目"刷题"式的机械训练。这种简单的方法很难驾驭整本书阅读，终将成效甚微。教无定法，贵在得法，适合实际的整本书阅读教学方法才能培养学生筛选与整合、分析与归纳、比较与鉴别等高阶思维能力。

三、整本书阅读教学路径

（一）落实主体地位，凸显本真阅读价值

"以学生为主体"是现代教学思想的核心要义，是设计教学活动的出发点。学生通过阅读整本书可以增进社会认知，提升文学艺术素养，培养健全的人格品质。为达成阅读效果，教师应注重引导学生积累丰富的阅读经验，选择契合学生的阅读期待和阅读兴趣的书目，实现整本书阅读价值。具体来说，可以预先创设"问题"，明确阅读指令，以驱动整本书阅读的行为，而不是用教师的阅读代替学生的阅读体验。

下面是某位教师设计的《论语》整本书阅读导读案例，笔者拟借此探讨整本书阅读教学中主体地位的落实。

《论语》整本书阅读导读案例

教学目标：

1. 落实《论语》整本书阅读，进一步深化对于"礼"和"仁"两个核心概念的理解。

2. 基于《论语》的整本书阅读，转化运用"礼"和"仁"两个核心概念，思辨研读《祝福》。

3. 基于补充文本的深入研讨，进一步思辨《论语》中"礼"和"仁"的关系。

教学重难点：

1. 重点：基于《论语》的整体阅读，转化运用"礼"和"仁"两个核心概念思辨研读《祝福》。

2. 难点：基于补充文本的深入研讨，进一步思考《论语》中"礼"和"仁"的关系。

教学方法：

思辨性阅读、小组合作研讨、师生互动探究。

教学过程：

【阅读回顾，引入概念】

师：各位同学，今天这节课我们对《论语》的"整本书阅读"进行转化运用，我们主要聚焦于一个核心话题——秩序与人。之前布置了预习任务，请大家在《论语》整本书阅读的基础上来找一找《论语》中的核心概念。接下来我随机采访几位同学，请你们说说你们的看法。

生：我认为《论语》的核心概念是"仁、义、礼、智、信"。

生：我认为《论语》的核心概念是"礼"。

生：我认为《论语》的核心概念是"礼"和"仁"。

师：从大家的回答中，可以看出同学们对《论语》整本书的认识已经具有了基本的体系。《论语》博大精深，一堂课确实无法面面俱到。这堂课我们就主要聚焦于"礼"这个概念来展开研讨。"礼"是一个但凡谈到《论语》都避不开的话题，它在《论语》整本书中被提及了75次，且表现为很多具体形态。接下来，请大家一起朗读《论语》中的这六章，并谈谈它们体现出了哪个方面的"礼"。

师：同学们刚才在朗读的时候，有一个字音读得不是很准，在这里"吾不与祭"中的"与"应该读第四声 yù，表示"参与"的意思。接下来，给大家一分钟时间思考刚才的问题，稍后请同学来分享自己的结论。

生：我觉得第一章讲的应该是人与人之间相处的规范，比如说夫妻、父母、君臣、朋友。

生：我觉得第三章和第五章内容是比较相似的，因为"八佾"和"君君，臣臣，父父，子子"都在强调等级关系，是一种社会地位的区分。

生：第二章和第四章我认为都是祭祀方面的礼，第二章从生、死两方面讲了对父母的态度，第四章讲了祭祀的时候应该有发自内心的尊重。如果没有的话，就不如不祭祀。

师：其他的同学还有没有补充？我们一起来看第六章，我觉得大家最困惑的地方可能是"杖者"，什么样的人会拄拐杖？

生：老人。

师：所以第六章想表达一种什么样的"礼"？

生：表现了一种人与人之间地位的区别。

师（追问）：这种地位的区别是怎么来的呢？

生：因年龄而产生的。

师：我们发现"礼"这个概念在《论语》中几乎涉及了各个方面，其实它本身也是有一定次序的，它是由血缘宗法关系的家族推广至国家社会关系的君臣。正如费孝通先生在《乡土中国》中说的"从自己推出去的和自己发生社会关系的那一群人里所发生的一轮轮波纹的差序"。

师：到这里，根据我们对《论语》文本的分析，可以初步建构出一个具备家族宗法、人际网络以及国家社会三个维度的"礼"的评价标准。

其实，在这些标准中，"礼"的本意来自"祭祀求福，礼仪周全"这一项。我们再来看看"礼"的古字形"禮"。"示"字旁在古代都含有"祭祀"的含义，而右边的部分则是某种高脚的盘，类似于"豆"，古代用作祭器，而盘中放着两串"玉"以行祭祀之礼。

"礼"源自祭祀。说到祭祀，我们应该能比较容易联想到鲁迅先生的一篇小说——《祝福》。在当时的学习中，我们一直批判鲁镇是一个"丑恶的吃人的封建社会的典型"，现在我有一个大胆的想法，我们今天能不能用《论语》中"礼"的眼光重新审视《祝福》中的鲁镇社会，看看有没有可能论证出让我们谈之生厌的"鲁镇社会"，其实在相当程度上是符合《论语》中的"礼"的。

【以礼为凭，再评《祝福》】

师：接下来，请大家回顾小说《祝福》，用《论语》中"礼"的标准来审视"鲁镇社会"，看看祥林嫂周围人的言行符合"礼"吗？

生：我发现"礼"在四婶身上有体现，当祥林嫂第二次回到她家的时候，因为寡妇的身份，四婶就不让她参与祭祀，不让她动手，体现了对祭祀的敬畏。

生：鲁四老爷的行为也是符合"礼"的，因为当祥林嫂被婆婆抓走后，鲁四老爷说"可恶！然而……"就体现出了他对于家族宗法中"恭敬尊长"的认同。

生：我找的人物是柳妈，在原文写道，柳妈告诉祥林嫂死后还要被锯开分给两个男人，可见她是相信鬼神、心存敬畏的，所以才会把这个说法告诉祥林嫂。

生：我发现的一个细节是，文中的一句话——"大家仍然叫她祥林嫂"。我注意到这个时候祥林嫂已经再嫁，她的身份发生了变化，但是人们对她的称谓依旧没变，从这种对她身份的不认同中可以看出人们对"婚姻和谐，从一而终"的追求。

生：我觉得鲁四老爷也挺符合"祭祀求福，礼仪周全"这一点的，在文中他不让祥林嫂去洗那些祝福的用具，因为他觉得她是寡妇，她若洗祭祀之物是对神的不敬。

师：经过大家的分析，我们似乎可以得出这样一个结论，鲁镇是一个有"礼"的社会。但是我不禁质疑：鲁镇难道不是一个无"情"的社会吗？因为祥林嫂这个丧夫、丧子又再嫁的可怜女人恰恰死在这个迎接春天到来的祝福仪式上，死在鲁镇这个有"礼"的社会中，这是为什么？接下来，我们尝试对这个矛盾进行进一步的考察。我们刚才分析了祥林嫂周围的人的言行都是符合"礼"的，但这些实质上是外在的表现。接下来，我们尝试探索一下他们的内心想法。

【聚焦矛盾，文本细读】

师：请大家结合小说《祝福》文本，概括分析每个人眼中祥林嫂的不同角色。我给大家举一个例子来说明如何操作。在小说的第58段有一处卫老婆子和鲁四婶的对话，其中说："她有小叔子，也得娶老婆。不嫁了她，那有这一注钱来做聘礼？"以及"现在第二个儿子的媳妇也娶进了，财礼花了五十，除去办喜事的费用，还剩十多千"。从这两处我们可以看到祥林嫂婆婆眼中的祥林嫂似乎完全成了一个可以用金钱来衡量的物件，而我们一般把这种可以用金钱来衡量的物件称呼为什么？

生：商品。

师：接下来，请大家回到小说文本，看看在大伯、鲁四老爷、鲁四婶以及鲁镇其他人眼中祥林嫂扮演着怎样的角色。

生：大伯在文中只出现了一次，就是他来收屋并且赶走了祥林嫂，让她走投无路。大伯其实把她看作自己兄弟的附属品，他的兄弟死了，祥林嫂就没必要待在这个家里了。所以，在大伯看来祥林嫂就是一个累赘。

生：我觉得鲁镇的其他人把祥林嫂当成了笑话，从第87段就可以看出，鲁镇的其他人完全把她的事迹当成一个虚构的故事，当成一个笑话来看。

生：我想补充鲁镇的其他人的看法，在第79段中可以看出他们不仅是将祥林嫂当作一个笑话来看，可能更多的是把她当作满足自己好奇心理的茶余饭后的谈资。

生：我觉得鲁四婶的态度形成了前后的对比。在第34段，我第一次读到鲁四婶的时候觉得她还是有同情心的，虽然知道鲁四老爷的意思，但看在祥林嫂安分守己而把她留了下来，但是后面她则完全把祥林嫂当作了劳动的工具。

生：从文中鲁四老爷说祥林嫂的死"不早不迟，偏偏要在这时候，——这就可见是一个谬种"，可以看出鲁四老爷觉得祥林嫂就是一个破坏祝福仪式的不祥的东西。

师：同学们都说得非常好，老师的观点和大家差不多。那么，大家能不能总结一下，在祥林嫂周围的人的眼中，祥林嫂的角色有什么共同的特点？

生：祥林嫂作为人的一切地位和价值都被抹去了。

师：所以，我们发现，虽然所有人的外在言行都符合"礼"，但是"礼"这个概念在这里仅仅承担了"秩序"的作用，他们的内心似乎都没有把祥林嫂当成一个真真正正的人。讲到这里，我们结合费孝通先生在《乡土中国》中论述的一段话，就会对这种情况产生更深刻的认识——鲁镇的"礼"其实忽视了对人的基本关怀。礼在这里并不带有"文明"，或是"慈善"，或是"见了人点个头"，或是"不穷凶极恶"的意思。礼也可以杀人，可以很"野蛮"……礼的内容在现代标准看去，可能是很残酷的。残酷与否并非合礼与否的问题。

师：那么，什么是对人的基本关怀？两千年前的孔子早在《论语》中给了我们答案，这就是《论语》中的又一个核心概念——在全书中出现了109次的"仁"。让我们再回到《论语》，看看孔子对于"仁"这个概念是如何表述的。下面，请大家来一起朗读《论语》这六章内容，并谈谈孔子认为什么是"仁"。

生：孔子认为"仁"就是要爱别人，关怀他人。

生：我觉得"仁"和"人"也有一定关系，"仁"从字形上看就是"两个人"，它应该指的是人与人之间相处的一种态度，并且"仁"应当是在"礼"的基础上生发的。

生：从第三章中我看出，"仁"应当是对一个人道德品行的综合要求，其中包含了很多优秀的品格。

生：我认为第六章也展现了"仁"的内涵，所谓的"无求生以害仁，有杀身以成仁"就是在强调"仁"的重要性，说明为了追求"仁"可以付出生命的代价。

师：同学们对《论语》文本的分析都很到位。老师来总结一下，从这几章文本出发，我们可以发现其中的"仁"是一种依托个体的自我道德修养，是一种发自内心的对他人的关怀，也是一种值得为之付出生命的追求。总而言之，《论语》中强调的"仁"更多的是来源于自己内心的一种自觉，与我们所说的"礼"的向外的形式是有所不同的。

讲到这里，我们对《祝福》中鲁镇的看法应该有所变化。我们发现祥林嫂生活的鲁镇实质上是一个"礼"有余而"仁"不足的社会。就像同学们刚才说到的，"礼"和"仁"之间其实是存在关联的，这种关联在我们学习过的《〈论语〉十二章》中就有论述，那就是"人而不仁，如礼何"。一个人如果连"仁"都做不到，又谈什么"礼"呢？

从这个角度上来看，"仁"似乎比"礼"更加重要，但是老师要再次推翻大家的想法。因为孔子在《论语》中还有论述："不学礼，无以立"，"不知礼，无以立也"，从这两句来看，《论语》中的"礼"同样具备很重要的意义和价值。回顾《论语》整本书阅读，其中提到 75 次"礼"和 109 次"仁"，作为出现最频繁的两个概念，我想我们有必要来尝试辨析二者的关系。

【溯源经典，思辨研讨】

师：请大家结合《论语》整本书阅读经验以及本节课所学内容，谈谈在当代社会，我们应当怎样看待"礼"与"仁"的关系？

生：我认为在当代社会，我们更注重的是"仁"而非"礼"，比如对于校园霸凌事件，我们出于"仁"的角度，对"礼"产生怀疑，认为霸凌者应当受到惩罚。

师：你说得很好，"礼"作为一种秩序应当考虑到人的需求，只有加入了对人的关怀，"礼"才有它的价值。你的说法让我想起了《论语》中的一句话："人能弘道，非道弘人。"还有没有其他同学想发表自己的观点？

生：我觉得"仁"是由内而外的，"礼"是"仁"的一种外在体现，有"仁"才会有"礼"，"仁"是自发的，而"礼"则是一种衍生物。

师：有同学认为"仁"是"礼"的前提，先有内心的"仁"才会生发出外在的"礼"，很好的观点。

生：我觉得在现代社会中，我们不一定需要一种特别具体的"仁"。因为刚才说到"仁"时提到"己所不欲，勿施于人"，我认为这本身就是一种相当主观的看法。我不"欲"不一定意味着别人不"欲"。那么，这句话就是单从自己的角度来看待"仁"。当代社会，面对更加多元的价值取向，"礼"可以保证双方的不逾矩，而过度的"仁"，可能成为一种对他人的干涉，有损人的发展。

师：这位同学的论述非常精彩。接下来，老师想给出自己的结论，我认为："规范"与"秩序"实质上是"礼"的应有之义，而"爱人"与"成仁"则是"礼"的终极追求。虽然两千年前的孔子并没有实现自己的政治理想，但是他的的确确在《论语》这部伟大的经典中把"礼"从神圣的远古祭祀仪式中解放出来，让"仁"的光芒融化了"礼"的坚冰，自此二者交融，汇聚成中华民族的文化源流。接下来，针对《论语》中"礼"与"仁"的关系，我们再次回顾《〈论语〉十二章》中孔子的又一个重要论述。

【课堂总结，建构方法】

师：最后，总结《论语》整本书阅读的转化运用路径：首先，根据《论语》语录体的特点，我们首先要整体把握其中的核心概念，比如我们今天分析的"礼"与"仁"；其次，根据核心概念对《论语》中的相关章节进行梳理与整合，采取专题式阅读；最后，将《论语》整本书阅读的观点与结论，迁移运用于其他文本以及其他书籍的阅读。

当然，在实施《论语》整本书阅读教学时，教师可以先组织学生搜集有关孔子的趣事，激发学生阅读整本书的兴趣。为便于学生自主阅读，教师可帮助学生选定适合的版本，扫清文字障碍，疏通文义。在理解文意的基础上，定期组织学生讲述《论语》中蕴含的哲理。当然，整本书都有篇幅较长、结构复杂的特点，为避免阅读疲劳带来的厌倦心理，教学时可以渐进式地组织阅读。《论语》中有丰富的人生智慧和深刻的处世道理，在教学时可以组织学生通过辩论、演讲、编剧等形式表达阅读见解、认识，以顺利推进整本书阅读任务。

（二）紧扣文本特点，实施多样阅读方法

新课标中界定的整本书阅读有其丰富的实用价值和深刻的文化价值，与通常所说的书本阅读有根本的区别。从体裁的角度看，有文学名著、文化类典籍、实用类著作等种类；就形式而言，有文集类（如《呐喊》）、系统类（如《史记》）、章回类（如《红楼梦》）、语录类（如《论语》）等。整本书阅读既然纳入课程标准的任务学习群，就不再是简单的自由阅读而是"法定"性的教学行为。在选择整本书阅读教学路径，实施阅读教学行为过程中应抓住"整本书"的内涵，在摸清学生认知水平的基础上，依据文本特点、文本类型采取主题研讨式、任务清单式、项目化学习等方式落实任务学习目标，提升整本书阅读的品质。当然，传统意义上的精读、泛读、批读等阅读方式也不能丢。

下面，以部编版必修下册《红楼梦》整本书阅读教学设计片段为例，谈谈如何紧扣小说特点开展主题式研讨。

《红楼梦》整本书阅读专题研讨：体会小说的主题

【教学目标】

语言建构与运用：基本读懂《红楼梦》，提升语文素养。

思维发展与提升：研读理解《红楼梦》主题，辩证看待原著主旨，提高批判性思维能力。

审美鉴赏与创造：提升阅读鉴赏能力。

文化传承与理解：体会《红楼梦》反映的社会生活之广、之深、之新。

【教学重难点】

能言之有据地阐述自己对《红楼梦》主题的看法。

【教学过程】

一、班级辩论赛

1. 《红楼梦》对生活的反映是全方位的，因此，它表达的主题具有多义性，主要有"爱情主题说""封建家族衰亡史说""自叙传说""赞美女性说""色空说"等。你更认同哪种观点？请确定一个观点，分组进行辩论。

2. 参考资料。

（1）新红学派的"自叙传说"："自叙传说"主题是1921年胡适在《红楼梦考证》中提出来的。他在考证曹雪芹生平和家世的基础上，得出《红楼梦》这部书是曹雪芹的"自叙传"的结论。胡适用"小心求证"的实用主义考据方法，用作品来证实作者的身世经历，比索隐派的考据进了一步，但他忽略了文学作品来源于生活同时又高于生活的创作规律，这也是不正确的。其后，俞平伯、周汝昌等都支持过"自叙传说"。

（2）"爱情主题说"：首倡"爱情主题说"的是何其芳。他在《论红楼梦》中说："贾宝玉和林黛玉的爱情悲剧是《红楼梦》里面的中心故事，是贯穿全书的主要线索。"他进一步说曹雪芹在贾宝玉梦游太虚幻境所听见的"红楼梦"十二首曲子《终身误》里，就告诉了我们这个爱情故事的结局将是不幸的。这支曲子暗示了贾宝玉后来虽然和薛宝钗结婚了，却仍然忘不了林黛玉。这首曲子写得比较含蓄，还只说是"美中不足"，只说是"意难平"，另一首曲子《枉凝眉》就把贾宝玉和林黛玉互相爱恋而不能结合的痛苦写得很沉重，简直是一首声泪俱下的悲歌。之后，他又论证了宝黛爱情的来历、特征，以及宝黛爱情悲剧的原因和意义。

（3）"政治历史主题说"：陈熙中、胡经之、侯忠义在《〈红楼梦〉——形象的封建社会没落史》中说："《红楼梦》是一部政治性很强，艺术性很高的政治历史小说。""《红楼梦》描写的是以贾府为首的封建贵族'四大家族'的兴败、盛衰史。它深刻地反映了封建社会残酷的阶级压迫和阶级斗争，揭露了封建贵族家庭不可救药的堕落和腐朽，展示了它无可挽回的没落和崩溃。""曹雪芹以惊人的艺术笔触、精湛的文学语言，刻画了众多的人物形象，描写了他们的生活和他们的关系，从而做到了对那个封建贵族社会'现实关系的真实描写'。"

（4）"封建家族衰亡史说"：吴调公在《评〈红楼梦〉的爱情主题说》一文中说："《红楼梦》就是这样一部以贾家的矛盾斗争图景作为当时封建社会阶级斗争的缩影的书。封建社会的一系列制度，包括官僚制度、宗法制度、科举制度、家庭制度、婚姻制度、奴婢制度，都触及了，都暴露了，也都批判了。当然，作者因为阶级的局限性和历史的局限性，否定得不彻底，而批判的同时也有所维护，但是从批判的精神和揭露的广度来看，不失为一部封建社会的百科全书。因此我们说《红楼梦》是一部写阶级斗争的书，是以贾家为首的四大家族的罪恶史和衰亡史。"

（5）"反封建主义说"：蒋和森在《一部对时代生活感到痛绝的书》中说："红楼梦之所以伟大，并不是因为它完美无缺（世界上还不存在这样的作品），而是因为作者突破了许多在当时来说是很难突破的时代限制，从而深刻地发挥了全书的基本主题——反封建主义。""是的，反封建主义，这是笼盖《红楼梦》全书的主题。""书中所有的描写，无论是爱情、家庭、社会等，虽然各有其意义，但都服务于这个总的主题，并使这一主题无论在深度上、广度上都在中国文学史上达到空前的成就，以至和近代民主思想取得某种联系和呼应。""因此，《红楼梦》也像其他伟大古典作品一样，在这份珍贵的文学遗产里，'有着没有成为过去而属于未来的东西'。"

3. 总结：《红楼梦》是"无材补天"的顽石在人世间的"传记"。这块顽石幻化为贾宝玉，经历了"木石前盟"和"金玉良缘"的爱情悲剧，目睹了"金陵十二钗"等女子的不幸人生，体验了封建大家族盛极而衰的巨变，从而对社会、人生有了独特的感悟。

二、单元任务

从以下三个题目中任选一个，写作一篇《红楼梦》整本书阅读的鉴赏文章。

1. 赏析某一个经典章回，如：我看"黛玉葬花"、我读"香菱学诗"、细读"王熙凤协理宁国府"。

2. 全面地或选定某个具体角度来评价人物，如：我看黛玉的"小性儿"、大观园中的少女诗人——我看黛玉之才、我把宝钗比花、浅谈晴雯、我看凤姐之"辣"、生存应学薛宝钗，生活当如林黛玉、薛宝钗的"中庸之道"。

3. 把对小说中具体细节问题的探究整理成文，如：贾宝玉为什么赠送给林黛玉旧帕子；为什么黛玉视宝玉为"知己"；红楼梦中的梦境；一对尤物，天悬地隔——尤二姐和尤三姐的比较。

关于《红楼梦》整本书阅读的实施路径，该案例将它分解为"教师读什么""学生怎么读"两个问题。针对后者，教材设置的《红楼梦》整本书阅读任务，即如何依据小说特点把握主题，如何通过单元任务探讨小说主题，提供了具体探讨学生怎么读的典型案例和操作路径。

（三）调动阅读兴趣，构建多元评价策略

评价是检验整本书阅读教学效果的重要手段。科学、有效的多元化评价能激起学生对整本书的阅读兴致，促进整本书阅读教学纵深发展。从阅读行为主体来说，阅读本身具有全民性，因此整本书阅读教学评价除从师生的角度评价外，还应该建立学校、家庭、社会等多方联动的评价激励机制。从评价方式的角度看，可以通过演讲、读书报告会、辩论赛等活动进行过程性评价，也可以写作文章为媒介，通过作文比赛、撰写小论文等形式实行结果性评价，最终以量化指标呈现。无论以何种方式评价，都要围绕阅读目标，依据整本书的核心内容、难易程度和学生的认知特点制定标准，真正实现以评促读、以评促教、以评促学的有机统一。当然，任何评价策略都是以目标的达成、活动的效果、阅读的价值为旨归。

以下以阅读《骆驼祥子》为例，展示了组织学生合作探究时，如何将过程性评价和结果性评价结合起来。

《骆驼祥子》导读课堂实录

师：今天我们一起来上一节《骆驼祥子》导读课。这本书大家都读过了吧？

生（齐）：读过了。

师：读了几遍？

生：三遍。

师：很不错，我现在就来检查一下大家的读书成果。有人说，《骆驼祥子》就是祥子"一个人的攒钱史"，你同意这个说法吗？

（PPT显示：有人说，《骆驼祥子》就是祥子"一个人的攒钱史"，你同意这个说法吗？）

生：我不同意。因为这不只是骆驼祥子的攒钱史，它是不是还描绘了老北京时期的画卷呢？

师：用问句阐述理由肯定是不妥当的。其他同学说说看，祥子这一生是不是在攒钱？

生（齐）：是。

师：请说说你的理由。

生：我觉得不是，他攒钱也是为了完成自己的梦想，所以不能单从表面说这是他的攒钱史。

师：这位同学说他攒钱是为了实现梦想，那么实现梦想的所有行为，难道不是他一生的整个进程吗？还有哪位同学来说说看？

生：这本书讲的不只是祥子为追求自己的梦想而奔波，还讲到了曹先生、刘四爷等人，概括为"一个人"可能有点牵强了。

师：她的意思是说这本小说里面写了很多其他的人，请注意，主人公是谁？

生（齐）：祥子。

师：是祥子，所以这里所说的"一个人"当然是指主人公。而且，作品中也没有写曹先生攒钱。

生：我不同意这个观点。我觉得一个人的人生并不能只用"攒钱"来概括。说"攒钱"有点片面了，因为一个人的生命中并不是只有"赚钱"这一件事情。

师：好，有点意思了。也就是说，这本小说中很多地方写了祥子在攒钱，但是一个人的生活并不是只有攒钱，他还有其他的生活。有道理，继续补充。

生：我是比较同意"这是一个人的攒钱史"这个说法的。因为整本书就是写他一直在经历一波三折，或者是经历磨难的过程，都是跟钱有牵扯的。比如说他被骗钱，或者是跟虎妞纠缠的这段关系中，他最放心不下的还是他那30 多块钱，所以我觉得可以算是他一个人的攒钱史。

师：好的。这位同学是从主要情节的角度来说的，很多情节都是围绕着祥子跟钱之间的关系来写的。我现在想问一下大家，你们知道什么叫攒钱吗？（板书：攒钱）

生：把赚来的钱财积攒起来，为了买某些东西。

师：有这个意思，把能够挣到的钱积攒起来，想着要买一个东西。所以这个"攒"是"积攒"的意思，就是把钱留着不花。但是这部小说中祥子是不是从头到尾一直都没花钱，都是在攒着钱呢？也不是。后面写他也学会了抽烟，学会了要出一个份子……也就是说，他还不完全是攒钱，也有花钱的。所以并不能够完全说这句话是对的，只能说绝大部分情况下这句话还是有道理的。其实我们可以这样说，祥子的命运史几乎就是他的赚钱史。

（PPT 显示：祥子的命运史，几乎就是他的"赚钱史"；祥子的世界观，几乎就是他的"金钱观"。）

师：请注意，老师在这里用了一个"赚"字，"赚钱"和"攒钱"是不是一回事？

生（齐）：不是。

师："赚钱"是什么意思？（板书：赚钱）就是挣钱，付出劳动取得钱。好，祥子的大半生都在想方设法地赚钱买车，赚钱生活。祥子的世界观几乎就是他的金钱观，一个人怎么赚钱，怎么攒钱，怎么花钱，跟这个人的性格有没有关系？

生（齐）：有。

师：有很大的关系。接下来老师给大家 5 分钟的时间，请你去书中找一处你印象特别深刻的祥子与钱有关的语段，然后在这个语段旁边写一写，你从中读到了一个怎样的祥子？

（PPT 显示：本书中，哪些与"钱"有关的语段，给你留下了特别深刻的印象？）

（学生阅读、批注）

师：我们来分享一下。分享的时候请大家先把你印象特别深刻的与钱有关的语段读一读，然后说说你在这个语段中读到了怎样的祥子。

生：我找到的祥子与钱有关的语段是在第 67 页的倒数第一段："祥子用不

着说什么，他的神气已足表示他很佩服高妈的话。及至独自一盘算，他觉得钱在自己手里比什么也稳当。"高妈说可以把钱放出去，就是类似于借给别人，然后把利息赚回来。祥子很佩服高妈，但是他觉得把钱放在自己这里比较稳当。我从这一段可以看出一个稳当、谨慎和小心的祥子，但是反过来想，也是一个不敢冒险比较保守的祥子。

师：她用了一个词叫"保守"，这个词用得特别好。高妈比他聪明，钱能生钱，但是祥子觉得钱要放在自己的身边才保险。这就是一种非常保守的思想。他把钱看得特别重，所以舍不得放出去，唯恐有一丝一毫的闪失。

生：在第70页中间："他决定不再求任何人。就是刘四爷那么可靠，究竟有时候显着别扭，钱是丢不了哇，在刘四爷手里，不过总有点不放心。钱这个东西像戒指，总是在自己手上好。这个决定使他痛快，觉得好像自己的腰带又杀紧了一扣，使胸口能挺得更直更硬。"这里是写祥子给曹家的少爷买了一个夜壶，心里非常得意，这时候他决定攒钱这个事情不求任何人，我看出他有一种踏踏实实、自力更生的特质。

师：请坐，你们找到这个地方了吗？这里是不是表现了祥子的踏实？是的，有一点踏实，还有点什么？

生：还有点顽固。

师：对，很固执。

生：我找的是第27页的下面："'给多少是多少！'祥子想不出别的话。他明白老者的话很实在，可是不愿意满世界去卖骆驼——卖不出去，也许还出了别的毛病。"这里可以看出他对钱是急迫的、渴望的，同时也可以看出他有一些随性。

师：其他的话说得都对，"随性"这个词要推敲，请坐。用哪个词比较好呢？祥子的几匹骆驼是在什么情况下得到的？有说偷的，有说拿命换的，都可以。他是在一种极其偶然的情况下得到的，他觉得这骆驼能卖一个钱是一个钱。所以这里的祥子首先觉得侥幸，其次随遇而安。

生：我找的是第65页的那一段："独坐在屋中的时候，他的眼发着亮光，去盘算怎样省钱，怎样买车；嘴里还不住的嘟囔，像有点心病似的。他的算法很不高明，可是心中和嘴上常常念着'六六三十六'；这并与他的钱数没多少关系，不过是这么念道，心中好像是充实一些，真像有一本账似的。"我觉得这里体现了他现在已经不是主动地去实现他的理想，而是他的理想在牵着他走，他经历过打击以后已经有了一些病态的执着，就让人感觉有一些可惜，有点可怜。

师：有个词我特别欣赏，"病态的执着"。当一个人对金钱有了病态的执着的时候，人就成了金钱的奴隶。好，继续。

生：在第221页，"他的心完全为那点钱而活动着，怎样花费了它，怎样不教别人知道，怎样既能享受而又安全，他已不是为自己思索，他已成为钱的附属物，一切要听它的支配"。下面还有一句是"这点钱，与拿着它们的人，都不敢见阳光"。这一段我觉得和刚刚的同学说的差不多，他对钱的这种态度已经不正常了，就是病态。他已经把自己变成了钱的附属物，没有自己理性的思考，就一直是钱在牵着他走。

师：说的基本上是对的，但是你有没有觉得前面的同学说的是"病态的执着"，他没有去害人。而后面这位女生发现这个时候祥子拿的是一笔什么样的钱？

生（齐）：出卖。

师：出卖别人生命弄到的钱，对吧？沾着人血的钱。我在读的时候发现，"攒钱"从词的感情色彩上来讲，带有褒义。（板书：褒义）你们觉得呢？

生（齐）：有点。

师：它带有褒义的味道，而"赚钱"是一种中性的味道。（板书：中性）而当一个人"病态的执着"到了需要去出卖一个人的生命，沾着人血去赚钱的时候，我们用个什么词比较好呢？（板书：_____钱）

生：骗。

师："骗"太轻了吧？"抢"也不对，没有用暴力。有个成语，叫什么害命的？

生（齐）：谋财。

师：谋财害命，所以用什么词？

生（齐）：谋。

师：对了，谋。（板书：谋钱）谋财，害命，所以它就带有贬义的味道。（板书：贬义）你看，这恰恰也是祥子命运的转变。他到了最后是既谋财又害命。大家看，当一个人成了金钱的奴隶时，是很恐怖的。他会在这条道上越走越远，会由一个人变成一个魔鬼。那么，祥子一生都在赚钱，都在想着买车，在这个过程中有些情节是极其偶然的，比如老师就觉得他把骆驼卖给老者，只卖了三十几块钱，很偶然。假如他能卖到100块钱的话，后面的情节可能会有怎样的不同呢？

（PPT显示：假如三峰骆驼卖到了100块钱，祥子如愿又买上了属于自己的新车，后续的情节可能怎样？）

生：有可能是他又买了辆车，他可能吸取了教训，就稍微谨慎了点。但是因为后来他攒到了更多的钱，就突然放开胆子开始想跑，结果被像孙侦探一样的人敲诈了。

师：好，这是一种可能。有没有其他的设想？

生：他可能买了车，然后还可能像他设想的那样娶了一个乡下姑娘，但是他后来才发现，即使他再拼命地拉车跑，他也负担不起这个家，而且他也失去了一部分拉车的自由，他依然是比较贫穷地度过了一生。

师：这位同学读书读得很认真。她说他可能会娶一个乡下的姑娘，然后会生孩子，可能不只生一个孩子，他这一生就是在拉车养孩子，最后贫穷困苦一生。有没有其他的可能性？

生：他以后也有可能很幸运，真的活成了他想象中的样子。但是当他享受生活的时候，其他的车夫会嫉妒他，并想着陷害他，拉他下水。

师：好的，这位同学想到的是一个车夫稍微富裕一点，其他的车夫都眼红，大家都分别给他使绊子。也有可能，是吧？咱们班同学怎么就没有一个人说，祥子有了自己的新车，然后慢慢地攒了钱，买了第二辆，买了第三辆，后来做了车厂的老板？

生：我觉得其实可以这样说。但是他在当车厂老板之后，一开始是一个善良的人，以后他可能也会变成一个像刘四爷一样的人。

师：你们觉得以祥子的性格他能不能成为老板？

生：不一定。

师：老师读下来，觉得不是不一定，就是不能。做老板至少要具备当机立断的性格，而祥子优柔寡断，一会儿想着要离开，一会儿想想又不行，到外面去我不熟悉，只能停留在这个地方。想走又不走，不走又想走，优柔寡断。一个人的性格有的时候就是一个人的命运。好的，三位同学的设想都很有意思，都符合这本书情节发展的整体走向。好，接下来老师又要来问问大家了，假如没有遭遇孙侦探，祥子的命运是不是就可以改写了呢？

（PPT 显示：假如没有遭遇孙侦探呢？祥子的命运是不是就可以改写了？）

生：不可以。

师：为什么？

生：没有孙侦探，也会有另外的人去敲诈他。孙侦探可能只是其中一个剥削者的典型，或者说是社会黑暗一面的代表性人物。而且，祥子性格非常憨厚老实，很容易受骗。而且，社会对底层人员的剥削是一直都在的。

师：是的，这位同学联系了社会背景考虑。在那个黑暗混乱的年代里，像祥子这样底层的劳动者，即使不遇到孙侦探，也会遇到王侦探、李警察。也就是说，他们始终是社会最底层的人，随时随地都会受到压榨、压迫、敲诈，这是其一。其二，即使没有孙侦探，你觉得他后来能够从刘四爷手里把钱拿出来吗？

生：不能。

师：后来是虎妞把钱送过来了，记得吧？

生（齐）：记得。

师：那我现在要问的是，如果没有孙侦探，祥子自己积攒了100块钱买了一辆车，他就能摆脱虎妞吗？

生（齐）：不能。

师：所以，从这个角度上来讲，在祥子赚钱的过程中，看似偶然的事件，有着必然的结果。他命中注定就是这样的，这就叫"宿命"。（板书：宿命）

师：老师在书中读到了这样一段描写"钱"的话，请你们自由地读一读。

（PPT显示：坐了许久，他偷偷地用那只大的黑手向腰间摸了摸。点点头，手停在那里；呆了会，手中拿出一沓儿钞票，数了数，又极慎重地藏回原处……）

（全体学生自由朗读）

师：请问这段文字是在哪里的？

（全体学生齐声回答）

师：你们读书读得可真认真。好，请翻到此处，读一读这段文字后面的2~3段文字，告诉我这一处祥子的钱是怎么来的。

生：他出卖了人。

师：再稍微详细一点。

生：出卖了阮明。

师：还要再加一句话。第二句话应该怎么说？

生：得到了60块大洋。

师：得到了60块大洋，是什么钱？散钱，对吧？好，第三句话应该怎么说？还有很重要的一句话没说。第三句话应该是写祥子还是阮明？

生（齐）：阮明。

师：阮明怎么样？被处决，是吧？不说这句话，钱的血腥味儿就体现不出来。把这三句话连起来，自己对自己讲一遍。

（全体学生自由说三句话）

师：阮明是混进革命队伍里的一个人，他从组织那儿拿了钱，开始发展新的成员，他就发展了祥子。书中有一句话，阮明本来未来有可能也要把祥子豁出去的，你们有没有看到这句话？

生（齐）：有。

师：但是祥子比他出手更快。所以这些人是没有信仰，没有主义的，他们的心里只有什么？

生（齐）：钱。

师：对，只有钱。现在老师给大家布置一个任务。

（PPT 显示：祥子会怎么花这笔钱？请你写一段他花钱时的动作细节和心理活动。）

师：假如有一天祥子要花这笔黑心钱了，他会买什么呢？这是其一。其二，他在花钱的时候，有怎样的动作细节？有怎样的心理活动？请你写一段话。

（全体学生写作）

师：同学们写得真好，我们来分享一下。如果写得好，咱们就给他掌声；如果写得有问题，我们就举手提出来。

生：我写的是祥子去买酒。祥子的手向黑暗的口袋伸去，私下看看，飞快地摸出一沓钱，捂在胸前的小褂上，向柜台上一推，又看了看周围，小声地说"来一碗酒"。钱花出去，祥子觉得似乎可以大胆一些，便把身子挺直了些，接过酒碗拖着脚一步一步踏到店门口。一仰脖，喉咙里火辣辣的感觉，祥子觉得……后面还没有写完。

师：写这么多已经很好了，我们要不要给她掌声？

（全体学生鼓掌）

师：第一，买酒这个情节是合理的。第二，买酒的细节她写得很好。"看了看周围"，是因为他花的是昧良心的钱；"摸出一沓钱"，这是细腻的动作描写；把酒喝下去，"火辣辣的"，写得特别好，他要用酒来麻醉自己。好，再请一位同学展示。

生：祥子站在那处破旧的转角，向店里小声招呼了两下："鸦片还有余货吗？"他说这话时反复左右打量，好似生怕有警察奔出来。当然祥子并不怕这个，就是警察来，拔腿跑不过，塞几根烟便是了。他是不忍看到手中的钱，他清楚这来历，不过又何妨呢？阮明又不是个好货色。尽管这样想着，祥子拿着钱的手却依然颤抖着。

师：好不好？

（全体学生鼓掌）

师：我也很欣赏这位同学所写的文字。祥子的心理很复杂，既有害怕，又要为自己开脱，觉得阮明也不是好东西，谋了他的命，是不该有心理负担的。他把祥子那种微妙、复杂、矛盾的心理写得很透彻。刚才我看到有位同学写的是买棺材，请你分享一下。

生：祥子指着一个木棺材说："我要，65。"老板没抬眼："60。"祥子把钱往桌上一扔。老板斜眼看了看祥子，叹了口气，说"行"。祥子已经不怕阮明的鬼魂，他就要死在这个用出卖阮明赚来的钱买的棺材里。阮明的鬼魂要来就来吧，反正他也没什么可还阮明的，他现在是个身无分文的无赖。

师：怎么样？

（全体学生鼓掌）

师：在我老家以前也有这个风俗，人还没有死的时候，老人会把积攒一辈子的钱拿来买一口好一点的棺材。我们再来找一位同学分享。你写祥子买了什么？

生：烟酒。

师：来，请你读一读。

生：祥子有些犹豫，他几次摸到了纸币，又像是烫手般缩了回来，手心上全是黏腻而温热的汗，这让他想起阮明被处决时溅出的鲜血。"这……这不能怪我……"祥子已经疯魔地喃喃自语道，"他以前也是这么做的，对，他出卖了那么多人，就要做好自己也被出卖的准备"。于是祥子冷静下来了。"有这么个下场是他活该，如果我不提前下手，叫别人抢了先才是吃亏，我没什么可害怕的……"他自我催眠道。这钱终是心安理得地花了出去。

师：好不好？

生（齐）：好（鼓掌）。

师：同样是写买烟酒，但是她更多地写了祥子的内心独白，表现了他由恐惧到心安理得的心理变化过程。有没有哪位同学写祥子拿了这钱去小树林的？我觉得这也是合理的。如果有同学写祥子拿这钱给老马再买10个羊肉包子，合不合理呢？

生（齐）：不合理。

师：不合理。祥子有没有买过？

生（齐）：买过。

师：为什么那个时候是合理的？

生（齐）：善良。

师：那个时候的祥子良心未泯，对吧？咱们班同学设计的"花钱"情节，真好。接下来我们来看，在祥子赚钱的经历中，哪些人影响了他攒钱买车的理想？

（PPT 显示：哪些人影响了祥子"攒钱"的理想实现？）

师：大兵，算不算？孙侦探、虎妞算不算？

生（齐）：算。

师：还有谁？

生：曹先生。

师：曹先生影响了他，有吗？曹先生是帮他的，不能算。还有谁？

生：夏太太。

师：我们这里所说的影响是指负面的影响。刚才谁说小福子了？来，说出理由。

生：如果小福子没自杀，他可能还会买车的。

师：如果小福子没有自杀，祥子生活就有了奔头，他会跟小福子在曹先生家里面一起生活，重新燃起生活的希望，是不是这样？

生：是。

师：你们有没有注意到，祥子人生的分水岭是什么？就是小福子死了。之前的祥子是怎样的，后来的祥子又是怎样的，请你结合书中内容填一组反义词。

［板书：之前的祥子，＿＿＿＿＿＿；后来的祥子，＿＿＿＿＿＿。（反义词）］

（全体学生填词）

师：好，我们来分享一下。

生：我还没想好。

师：要不要老师来填前面一个？之前的祥子善良，后来的祥子怎么样呢？邪恶、凶残、残忍，是不是？好，就这样填。

生：之前的祥子上进，后来的祥子堕落。

师：很好，"上进"和"堕落"是反义词。

生：之前的祥子勤劳，后来的祥子懒惰。

师：很好，勤劳与懒惰。如果说之前的祥子坚忍，为了攒钱买车可以吃很多苦，后来他是连多拉一步都不肯了。那么，"坚忍"的反义词是什么？

生：懈怠。

师：可以的。好，继续。

生：之前是体面的，后来是邋遢的。

师：可以的，还有吗？

生：之前的祥子是有爱的，后来的祥子是无情的。

师：有爱与无情，很好。我们现在说了几组了？

生：6 组。

师：好，请用一分钟的时间把这 6 组反义词写下来。我估计有个词你们写不出来。

生（齐）：邋遢。

师：有没有哪个同学会写的？不会写的，用拼音代替，回去自己查。最后老师想问一下大家，谁应该为祥子的堕落负责？

生（齐）：社会。

师：社会要为他负责，因为社会上的坏人太多了，让穷人没有了活路。除了社会，还有谁应该为他负责？

生（齐）：祥子自己。

师：为什么祥子要为自己的堕落负责？

生：虽然社会对祥子的堕落有一定的推动作用，但最根本的还是他自己的堕落。

师：对，社会再黑暗，人心再险恶，但是一个人只要有正直、善良的坚守，是不至于堕落到这种地步的。所以，这本书在揭示一个车夫、一批车夫、所有底层人的宿命的时候，它指向的其实是两个层面的内容。

（PPT 显示：匹夫兴亡，天下有责。一个人堕落的道路，总是自己一步一步走下去的。）

一是"匹夫兴亡，天下有责"。一个人堕落了，社会是要为他负责的。二是"一个人堕落的道路，总是自己一步一步走下去的"。祥子的堕落轨迹留给我们很多思考，既有对当时社会的思考，也有对他这一个人的思考。所以，老师在"宿命"的下面，还要写一个词——性格。人们常说，性格决定什么？

生（齐）：命运。

师：命运。祥子的初心是到城里来凭本事堂堂正正做人，堂堂正正挣钱，但是他没能够坚守自己的内心。好了，今天这节课我们就上到这，下课。

择取整本书中的一个场景，进行课本剧表演，对表现出色的学生加以奖励；选取感兴趣的片段（专题），探究性阅读后，现场限时撰写专题小论文，从阅读过程、语言表达、论文结构、思想内容等方面量化评价，可有效激发学生阅读兴趣，提高语文素养与语文综合能力。

整本书阅读作为新课改的鲜明特色深受学界和一线教师的热切关注，涌现出的研究和实践成果相当可观。在阅读方式、阅读过程、阅读策略等方面做了有益的探索，出现可喜的局面。避恶扬善是阅读的最终目的，也是伴随学生发展的终身"大事"。教师在提高自身阅读能力的前提下，遵循阅读规律，创设整本书的阅读教学情境，师生共同走向真实的阅读状态，体验阅读带来的审美愉悦应该是整本书阅读教学的不变追求。

第七章 基于核心素养的课外阅读教学实践

阅读是个体提高认知水平的一个重要过程，个人文学素养的提高离不开阅读。根据阅读的环境可以将阅读分为课内阅读和课外阅读。课外阅读是高中语文教学活动的重要载体，是进行素质教育的重要渠道，课外阅读能有效提高核心素养，促进学生的全面发展。

阅读是提高一个人语文能力与素养的最主要的方式，学生通过大量的阅读，可以不断进行思考，从而认识自我，提高自我，也可以更好地了解社会，认知世界。可以说，有了阅读才找到了教学的核心，才有了学习的灵魂。但学生仅凭课堂教学的阅读量，并不能达到提高整体水平的目标，还需要一定的课外阅读。课外阅读即在平常教学外，学生根据自身发展或兴趣需求自觉进行的一系列阅读，课外阅读包含的范畴较广，既可涉及自然地理等自然科学，也可包含文史哲等社会科学。通过课外阅读，学生在潜移默化中使自身道德修养及文学造诣有不同程度的提升，为全面发展打下了坚实的基础。

一、课外阅读教学的意义

1. 增加课外阅读有助于学生更好地提升自我

阅读是自我认知、自我审视的一个过程，在阅读中，我们可以使自己的内心情感得到极大的释放和丰富。通过阅读，学生可以更好地了解世界、思考世界，从而养成内省和深思的习惯。学生语文素养的提高离不开平常阅读的加强，学生通过阅读对文本进行鉴赏，获取知识，通过反复研读与鉴赏以提高感悟能力，最终以写作的方式来展示自我。课外阅读是对课内知识的拓展，让学生在课内活动之外审视自我，在阅读中对未知世界进行积极的探索，感受一切美的东西，并学会鉴赏有欣赏价值的事物，从而达到陶冶性情、提高语言表达能力的目标，使学生快乐学习，乐于学习，乐于提高，逐步提高自身修养。进行课外阅读的出发点和预期目标总是良好的，但在具体的实践中，学生在书籍的选择及阅读行为落实中却总是不尽如人意。他们更乐于选择消遣类的文本，如网络文学，在阅读中未能达到提高自我的目的，而使自己阅读的品位生活化甚至庸俗化。因此，课外阅读选择的作品也非常重要。

语文学科重在对学生进行审美教育，如果只依靠课内阅读活动而忽略了从课外活动中汲取知识，就很难达到审美的要求。我们耳熟能详、为社会大众所接受的名著大都符合大众的审美要求，无论是在语言、内涵上，还是在形式上，无不体现出美的特质。这些优秀的、不落俗套的作品，是人类文化的结晶，是长期积淀的成果，如果细细品味会给我们带来一定的启迪并净化我们的心灵。通过阅读，学生能体会到阅读的快乐，感受到美的存在，这些都将促进他们的情感与思想向更深处漫溯。在课外给学生安排阅读，并给他们提出一定的要求，他们会得到不一样的审美体验，正如平常我们所说的"一千个读者，就有一千个哈姆雷特"。这些作品将给学生的想象提供更广阔的空间。在平常的阅读活动中，学生凭借大胆的想象，结合自身的经历与独特的感受对作品进行深加工和再创作，就会像播放影视作品似的在脑海中呈现出一幅幅画面，这是对文学作品的再创造活动，不受客观条件的限制。与课内部分作品不同的是里面有学生的主动参与，不是被动接受。课外阅读能够使学生获得美的享受，并使学生养成自觉的阅读习惯。

一个人的文学素养有多高，关键在于积淀程度，当这种积淀达到一定量，就会形成个性化的文化底蕴。文学水平的提高，课内教师讲授占三成比例，而其余的七成来自课外阅读，课外阅读是提升自我的必要手段，改善高中生课外阅读有助于学生更好地提升自我。

2. 改善高中生课外阅读是提高国民素质的必要手段

"我一直认为，一个人的精神发育史实质上就是一个人的阅读史；而一个民族的精神境界，在很大程度上取决于民族的阅读水平，在一定意义上，读书就意味着教育。"中国教育学会前副会长朱永新的这段话，从根本上告诉我们，阅读经典可以提高个人修养，也可以促进学生的全面发展，还可以促进教育的发展。教育不仅可以提高一个人的精神境界，更关系着我们民族的发展。民族的振兴、社会的发展离不开国民素质的根本提高。

一个民族的精神境界取决于阅读的水平。阅读是消灭无知、贫穷与绝望的终极武器。世界上最伟大的思想在书本里。我们纵观世界各国，那些重视教育、重视阅读的民族，国民的素质普遍较高，而这又促进了国家经济的发展，使国家屹立于世界强国之林。不读书的民族在精神上是贫瘠的，是没有希望的。

历来我们认为"腹有诗书气自华"，读书是提高个人修养与文学品位的手段。如今的中国却被国民的低阅读现状所困扰。

我们生活中的种种现象都体现出"不阅读"已经成为当下国人的现状。据相关数据表明，2023 年，我国人均读书量为 4.75 本，14～17 周岁青少年的课外书阅读量为 13.71 本。① 不仅中国，纵观国际，国民阅读率都出现了不同程度的下降。② 曾有学者慨叹，若阅读量持续下滑，国人将失去精神归依，整个民族将浅薄、无根。青年是国家的栋梁，担负着中华民族伟大复兴的使命。中华民族伟大复兴需要传承历史优秀文化，需要我们将那些代表国之根本的经典文化进行传承。年青一代，要肩负起继承民族遗产、弘扬民族精神的使命，提高高中生课外阅读量刻不容缓。

3. 高考课程改革及语文课程标准的要求

高中语文新课标提出："高中语文课程应进一步提高学生的语文素养，使学生具有较强的语文应用能力和一定的语文审美能力、探究能力，形成良好的思想道德素质和科学文化素质，为终身学习和有个性的发展奠定基础。"高中语文新课标在课程性质的设置上首先对学生高中课程学习提出了整体性的预设，希望在提高学生语文素养的基础上培养其个人能力，通过高中语文学习为其今后的长远发展打下坚实的基础。在高中学习阶段，提升语文素养的最直接的方式即阅读鉴赏，陶冶性情。另外，在高中语文新课标中也提出了阅读的直接目的，即深化热爱祖国语文的感情，体会中华文化的博大精深，追求高尚情趣，提高道德修养。

高中语文新课标也提出了立人的根本目的，希望高中生能通过课内外阅读提高自身对文本的鉴赏能力，使自己的文学造诣得到提升，并丰富个人的精神世界，以达到完善自我、完善人格的需求。学生只有提升了各方面能力，才能更好地对现实的社会、自然问题进行思考，才能担负起建设祖国的重任。

受应试教育的影响，社会、学校和家庭的眼睛多是盯着文化知识教育，把心思用在如何让孩子提高成绩、考进名牌大学上，过多关注"知识世界"，而

---

① 中国新闻出版研究院. 第二十一次全国国民阅读调查成果发布［EB/OL］. (2024 - 04 - 23). https: //www. nationalreading. gov. cn/wzzt/2024qmyddh/cgfb/desycqggmyddccg/202404/t20240423_844549. html.

② 全球人均阅读率的变化和出版社的未来之路［EB/OL］. (2024 - 06 - 03). http: //www. cptoday. cn/html/news/20240603/1717409270710_190. html.

鲜少关注学生的"生活世界""个人世界",以致学生体验不到学习对于他们个人的意义。然而,处于高中阶段的学生,各方面的发展都是不完全成熟的,面对良莠不齐的课外图书,受自身心理特点的影响,课外阅读仍然存在着不少问题。作为语文教师,我们应在课程标准的指导下,重视培养学生的阅读鉴赏能力,关注学生的生活世界,为学生终身学习打下基础。

二、课外阅读教学的现状

(一) 教师在课外阅读上的认识

1. 教师阅读指导要贴近学生

韩愈在《师说》中说:"师者,所以传道受业解惑也。"这从根本上总结了教师的作用。新时期的教师除了给学生传授道理、解除疑惑外,还要促进学生的全面发展,并给予学生一些适时性的建议,引导他们在终身发展上有所进步。语文教师本身的素质对学生整体的语文学习具有深刻的影响。在平时的教学中我们可以看到一些文学造诣高、通读史书、博采众长的教师深得学生喜欢。这些教师阅读量大,在课堂上给学生进行不同程度的课外延伸,带领他们了解自己所不知道的一些奥秘。学生像仰望明星一般敬佩这些教师,也喜欢这些教师的课,他们每次都是迫不及待地等候教师到教室上课,对教师布置的课外阅读更是求知若渴。而这些课外指导,更好地指导了学生的认知。

语文教学是一门高深的艺术,它不仅需要语文教师把课堂知识传授给学生,更需要教师在无形中用自己的睿智和渊博感染学生,让学生爱上语文,爱上阅读。

在平常的教学中,如果教师可以对学生进行适当的引导,学生会有意想不到的收获。但由于考试排名,学校时不时在成绩分析会上对教师进行通报,教师心理压力大,加之名目繁多的兴趣小组、竞赛辅导、征文辅导、中心活动、进修培训等,使得教师不能静心读书。久而久之,教师自己不读书,无法使自己的能力及业务水平得到提升,哪会有课外阅读指导能力?

2012年新课程改革以来,教师在很大程度上认识到了教与学的关系,但每年高考升学任务繁重,需辅导学生数量较多,所以语文教师往往心有余而力不足。在平时的语文教学中,教师往往在课本知识外给出相应的拓展链接,让学生在课外进行阅读。而这些读物,大多只是简单的速读材料,且在阅读中教师指导不到位,使学生浅尝辄止,并未达到预期目的。

2. 应试教育使教师对学生课外阅读不够重视

当代教育提倡素质教育，但通观宁夏，应试教育仍占据着高中教学的主流。家长、社会关注的目标只有高考，以高考分数评判一个人优秀与否。在这样的指挥棒下，教师将教学的目标放在了如何在三年有限的时间内将高中教材教完并尽早进行专题复习，以拉开差距；或采取题海战术，使高考语文成绩大幅度提高。通过沟通交流，笔者了解到语文教师更多的是对教材抱有极大热情，毕竟选入课本的文章都是经过专家层层筛选的。在讲授课本知识时语文教师大都是倾尽自己所学，引经据典，侃侃而谈，这极大地调动了学生的学习热情。但教师只对课本知识抱有热情，对课外阅读却格外漠视，没有给予学生相应的指导和帮助。究其原因，他们认为学生学好课内知识即可，没必要在课外投入太多。学生除了面对语文课本，大部分时间都只是在做试卷或者阅读教师印发的作文素材，以直接为高考作文服务。有些学生也会在教师的提醒下进行相应的课外阅读，但这毕竟只是少数。长此以往，学生快餐式地阅读书籍，缺乏创造性的观点，不求甚解，进而成为无思想之人。课堂阅读与课外阅读应是相辅相成的。教师在引经据典时教给学生的是对文学作品的鉴赏方法，而课外阅读是实践这些鉴赏方法的过程。语文教学，本就旨在提高学生的语文素养，使学生具有较强的语文应用能力和一定的语文审美能力、探究能力，形成良好的思想道德素质和科学文化素质，为终身学习和有个性的发展奠定基础。只有课内外兼顾，才能使学生透彻地关注现实，感悟人生。

3. 教师自身的局限性

教师给学生一杯水，自身必须有一桶水，这样才能更好地给学生指导和讲授相关知识。笔者对身边的中卫中学、中卫一中任教的语文教师展开访谈调查，通过对两所学校教师整体专业程度的调查发现，两所学校的语文教师大多存在一定的问题。一是教师自身阅读书籍较少，平时忙于批改作业、备课、上课以及书写教案，到年终时又有大大小小的检查，单是这些已经让教师疲于应付，他们已无时间阅读书籍。书是人类的精神食粮，不读书则无思想，教师如果不读书更是可怕的。自身读书越少，他们给学生传授的知识就越局限，学生获得的知识就越贫乏。二是有很多教师专业水平不高，由于本地师资短缺，所以每年都会从高校应届毕业生中进行招考或从其他学校进行选拔。在选拔的过程中，有部分教师并非汉语言文学专业，对语文学科知识了解较少，在给学生讲授时自然欠缺细节，尤其是情感上的传达不到位。教师自身的知识局限，无形中制约了自身发展，同时也无法传授给学生应有的知识。

（二）学生在课外阅读中存在的问题

学生的求知欲是旺盛的，他们对未知的世界总是充满好奇，这就促使他们利用各种方式探索。我们在校园里总是能看到很多学生在借到一本书后废寝忘食地阅读，他们利用学校媒介资源查阅信息，通过和教师的交流使自己心中的疑问得到解答，从这些方面看，学生是乐于进行课外阅读的。但随着升入高中，家长、教师以及社会寄予他们太多的期望，这些期望使他们不得不忍痛割爱，暂时放下课外阅读，投身于高考备战中。另外由于部分学生升学时成绩较差，他们抱着自暴自弃的态度，对学习及生活漠不关心，出现了较多问题。以下略谈一二。

1. 学生升学压力大，被动接受教师所讲内容

高考相对于中考，选拔性更强，且对学生各方面的要求也更为严格。一旦学生进入高中，他们就要面对来自学校和家庭更为严格的学习要求。长期的应考训练，使学生对教师所讲的内容被动接受，课外阅读量过小，甚少与外界取得联系，使他们生活的圈子过于呆板、单调，若进入社会将难以适应纷繁复杂的外在环境。

2. 学生对课外阅读的认知错误

（1）课外阅读为消磨时间，无目的性。部分学生因课业负担重，在闲暇之余选择课外阅读来排解内心的压力。他们的阅读没有明确的目的和计划，只是为了消遣，而且他们在阅读时对于语文教师推荐的书目在心理上较抵触，认为课外阅读就应看自己喜欢的，是一种个人行为，教师不应该干预，一旦教师干预，他们就感觉读书不纯粹，压力倍增。这时他们大多会从同学那里借阅感兴趣的书刊。而《故事会》《小小说》《青年文摘》等浅显而带有趣味性的书刊就成为首选。消遣时间成了他们阅读的主要目的，这些造成了阅读内容的通俗化，不利于文学素养的提升。

（2）课外阅读为提高语文成绩。很多教师上课时都会给学生强调语文成绩的提升在于日积月累，非一日之功。这使很多学生为了加强自己的语感，在闲暇时阅读一些书籍来增加自己的素材积累，而这些素材大多为人物传记。人物传记具有语言通俗易懂、叙议结合的特点，并无多少美感可言，部分更无欣赏价值。学生从中只是锻炼了提取材料信息的能力。而这些，只能教会他们应对考试，使课外阅读失去光彩。

（3）网络、手机等新兴媒介使学生的认知浅薄化。在新兴媒介异军突起的当今社会，从牙牙学语的孩童到白发苍苍的老者，几乎都在无形中受到网络

等媒介的影响。而新兴媒介对高中生最直接的影响体现在阅读方式的转变上。

高中学生渴望摆脱学校、家长的束缚，到外面去了解世界。他们追求另类，渴望受到他人追捧。又由于网络、手机等使得他们阅读接受信息方式多样化，而传统的纸质书籍阅读对阅读环境要求较多，学生更倾向于网络、手机等新兴媒介。他们以此浏览信息，看电子书，极大地满足了好奇心。从接收信息方便快捷性上来讲，网络、手机阅读确实较好，但由于青少年心理的浮躁及认知的不足，他们容易沉溺于"平面化"的文化，囫囵吞枣地浏览网络小说，沉迷于网络视频，甚至网络游戏。在这样的大众文化的熏陶下，很多学生失去了评判的标准，只是习惯于接受一些时尚的、流行的元素而开始拒绝经典阅读。

传统的纸质书籍使学生在阅读时有充分的思考时间，并带进自己的审美体验，与作者产生共鸣，从而受到熏陶。但新兴媒介，尤其是网络、手机，使读者在不断刷屏中快速地接受信息，捕捉信息时间短，不给读者留下思考的时间和空间。长期下来，学生将丧失独立思考的能力，对语言的感知力也会退步。直观的文字、图片信息带来浅层的阅读体验，学生将无处感知"言有尽而意无穷"的境界。

针对学生手机阅读的盲目性，作为语文教师的我们，必须与家长认真分析学生此种状态的根源，适时地对他们进行相应的指导教育，找到对策，迎刃而解，使他们系统化、有选择地进行阅读，从而提高学生的课外阅读质量。

（三）家长对学生课外阅读的影响

1. 父母对学生课外阅读不够重视

家长素来把学习视为孩子今后获取谋生手段的唯一依仗，从小教育孩子"书中自有黄金屋"，谨遵"学而优则仕""唯有读书高"的训诫。加上宁夏中卫处于中国西北地区，经济相对落后，近年来又有许多居民搬迁到中卫市区，加大了高考竞争压力。中卫地区居民大多以农业为生，很多家长认为孩子要想走出农村，摆脱种地的命运，只能靠考大学这条路。城镇学生家长也大多是上班族，生活压力较大，将希望完全寄托在孩子身上。因此，家长对孩子的要求极为明确，那就是好好学习，上名牌大学。所以学生学习的目的也很直接。很多家长在家长会上反复叮嘱老师严格管理孩子，多布置作业，提高成绩，可谓"爱之深，情之切"。除了学校订发的资料外，家长又给孩子订阅了很多写作类书籍，如《意林作文素材》，可谓人手一本。而那些课外阅读书籍，因为会占用学生较多的时间而被家长没收，并动员学校、班主任严加防范。在与家长的访谈中，很多家长反映学生写作干巴巴，没有文采可言，殊不知仅凭语文课堂所学知识对于学生语文素养的整体提高可谓杯水车薪。

2. 父母阅读趣味对孩子的影响

家庭是孩子生活时间最长的环境，每个人接触时间最长的人是父母。父母做人做事的风格也会体现在孩子身上，父母是严谨慈祥的，那么孩子做事也大都是井井有条的。所以说，父母是孩子最好的老师。在喜欢阅读的父母长期影响下，孩子也会培养阅读习惯，爱上阅读，爱上学习，在今后的学习道路上少走弯路。

法国著名学者罗曼·罗兰一岁半时，父母就有意识地教他看书，3 岁时，父母把他送进一所以教孩子认字为特色的幼儿园。5 岁时，他就能独立阅读儿童文学作品，成了当时的"神童"。在以后的学习生涯中，他一直保持着阅读的习惯，学习成绩一直名列前茅。他对事物的认识、分析能力明显高于同龄孩子。书是他一生的良师益友，他曾自豪地说："我之所以有今天的成绩，主要原因是从牙牙学语时，父母就训练了我的阅读能力。"阅读的益处不仅在于训练学习思考能力，更重要的是在潜移默化中使性情和志趣受到良好的熏陶。

父母是孩子的第一位教师，家庭是孩子接受信息的最早环境。父母都希望孩子从小喜欢读书，并买来大量书籍让他们阅读，殊不知亲身示范强于对孩子强制式的要求。学校教育和家庭教育应保持一致，共同培养学生的良好阅读习惯。如果没有家庭教育，教师是很难教会学生阅读的。如果家长的言传身教在无形当中感染着孩子，他们又怎么会不喜欢静下心来和家长一起读书呢？笔者在对喜欢语文且语文功底好的学生的摸底排查中发现，父母对阅读的兴趣越高，孩子越喜欢读书，对文字敏感度越强，孩子各方面也更优秀。反之，父母不读书，却一味强迫孩子每天读书，孩子往往会很反感，甚至厌恶读书，长此下去与父母的关系也越紧张。"书，可以使一个人高尚起来。"只要家长充分认识到课外阅读的地位和作用，高度重视培养孩子良好的课外阅读习惯，引导孩子多读书、读好书、好读书，孩子就能在知识的滋润下变得阳光起来，他们的文学素养也一定能得到提高。

三、课外阅读教学的策略

（一）结合高中课外必读书目，提高学生的文学水平

课外阅读活动是阅读教学的重要组成部分。教师为了有效提高学生的文化素养，应根据不同学生的具体情况，适时推荐文化品位高、难易程度适当的课

外读物。这些读物一方面要与课本相衔接，是课本内容的拓展延伸，或是学生感兴趣的作家作品，增强学生阅读的趣味性；另一方面，课外阅读的推荐应在于精，而不在于量，对于有些学生难以理解或落后于时代的作品，可以做相应的取舍。为了进一步提高高中生文学素养，为课外阅读提供选择和参考，教育部推荐了《论语》《三国演义》《红楼梦》等二十部中外名著。这些作品有的是中国传统文化经典，有的是陶冶性情、富有阅读美感的散文，为学生写作以及表达提供了良好的范例。还有一些是外国名家如莎士比亚的作品，让学生在品读的同时，了解中西文化的差异，有助于学生更好地发展本国文化，促进了文化之间的交流。为有效开展课外必读书目的阅读，教师可以从以下两个方面实施。

其一，教师可以根据课程标准的要求，并结合本班学生的实际情况，对照必读书目将这些书籍介绍给学生，让学生有选择性地读书。教师在开学初可选择 2～3 本与本学期教学有关的书籍进行推荐，并制订阅读计划，要求学生在阅读课或作文课进行阅读。为了交流上的便利，教师可以与学生同时阅读，并进行检测与指导，引导班内小组交流。如果学生读完，可以推荐其他相应的优秀书目，如史铁生《我与地坛》、沈从文《边城》等优秀散文、小说。但是在给学生选择课外必读书目时，不能贪多，使学生只顾阅读量而忽略了品味情感，渐渐养成不好的阅读习惯，所以要求学生阅读要有收获，要写成阅读心得。在周末或假期也可以布置一些相应的阅读任务，使学生更好地利用课余时间。

其二，这些名著大都与课本相衔接，例如，语文版高中语文教材必修五节选《论语》20 个选段，以《论修身》为篇名，意在让学生感受儒家经典文化的博大精深，及整饬自身修养，使自己达到君子的标准，理解孔子"仁"的思想。这一课结束后，教师可让学生集体到图书馆借阅《论语》，进一步了解孔子"仁者爱人"的思想学说，使学生受到儒家文化的熏陶。

（二）改变教学方法，提高学生课外阅读兴趣

1. 做好课内知识与课外读物的有效衔接

学期伊始，各学校会根据考试大纲要求安排教学活动，确定一学期教学进度。但语文教师普遍未在教学计划中列出课外阅读的内容，只是随堂在相关知识点上给学生提示，这并没有引起学生足够的重视。课堂教学旨在让学生对一些经典文学作品选段进行赏析，提高鉴赏能力，这只是阅读的基础。学生要想达到"内外兼修"，还需重视课外阅读，注意课内外阅读的有机结合，这就要

求语文教师兼顾课内阅读与课外阅读，促使学生积累阅读量，为今后文学修养的提升打下坚实基础。

语文教师在平时的授课中，可以相应地"不作为"，即让学生自行解决那些可以在课外阅读中通过思考，或发挥个人主观能动性查找资料就能够找到答案的问题，给学生展示的空间。这就相当于美术作品中的"留白"。在讲到必修四"人生如舞台"这一单元中的《雷雨》时，在课内，笔者主要让学生通过分析判断周朴园五个语气词"啊"的声调，来揭示其性格。通过讲述家庭、婚姻、爱情、责任对一个人最起码的要求，让学生明白社会对于每个人的道德标准要求和为人处世的原则。课文开篇有对前两幕的简单剧情介绍，但学生依然难以理解周朴园对待萍态度不断转变中流露出的绝情。这时候可以鼓励学生课下阅读《雷雨》整部剧本，让他们自己寻找答案。在教学中，正是因为教师的这些"不作为"，才让学生动了起来，还课堂一池活水。

2. 指导学生制订切实可行的读书计划

"凡事预则立，不预则废"，这就要求学生在平常的课外阅读中要制订切实可行的读书计划，以使自己的阅读科学有序地进行。学生语文素养的提高，除了需要平常在课堂上积极预习、听课外，还需要在课外进行阅读拓展，这是一个漫长的积累过程。课外阅读不能靠一时兴起，不能一曝十寒，需要我们语文教师根据学生程度的不同给予相应的指导，制订切实可行的计划方能积极开展并取得实效。这些计划要根据平时的教学任务分周进行，在假期时加以补充，达到循序渐进的效果。

由于笔者所带两个班级学生程度的不同，在给学生制订读书计划时也要有所侧重。每周一的早读，依照本周课时进度以及写作需要，笔者都会给学生列出一周的读书计划，并让他们在阅读后写五篇读书笔记，以更好地积累语言素材。如在讲到欧阳修的《与高司谏书》时，主要讲解古代谏官公正无私、敢于直谏的正直品质。为了让学生了解更多的关于古代官员耿直刚毅、不畏权贵、敢于直言上疏的优秀品质，以及谏、疏、表一类的文体特点，笔者又给学生推荐了贾谊的《论积贮疏》、诸葛亮的《临终遗表》、包拯的《乞不用赃吏疏》、岳飞的《南京上高宗书略》。在读书笔记感悟中，学生大都从这些历史名人身上看到了公正无私的品质以及"先天下之忧而忧，后天下之乐而乐"的气魄和胸襟，学生不仅积累了更多的人物事迹，更在阅读中树立了正确的价值观，明确要做一个正直有道德的人，这样才能在社会上立足。阅读与感悟同时进行，课外阅读才起到育人和拓展的功效。

在国庆或比较长的假期中，笔者会给学生在读书计划中列出一些短篇小说及散文，供他们在假期选择性阅读。在寒暑假，由于假期较长，学生读书意愿较强烈，可以让他们读一些中长篇小说。如在语文版必修五中有钱钟书先生的《谈中国诗》，学生学习后对钱先生学贯中西的渊博知识佩服至极，这时可以鼓励他们在寒假时阅读《围城》。学生刚开始读时有许多地方不大明白，等到开学时班内小组交流，他们就会发现症结所在并尝试解决。学生在分享时为其中的语言风格所吸引，并进行借鉴和引用，这对他们写作技能的提高起到了较好的作用。

另外，我们要重视经典阅读，在给学生指导、制订计划时要考虑到经典作品的阅读和渗透，在平时课下相应布置一些章节阅读，更要注重把周末利用起来，使阅读连贯，引导学生长期阅读。这样，将平时的课下阅读、周末阅读和寒暑假的大阅读融会贯通起来，坚持不懈，日积月累，到一学期结束时，将他们所有的习作放在一起对比，会发现学生在表达上有了质的飞跃。

3. 指导学生在读书时要进行选择

古人常说"开卷有益"，但反观我们身边琳琅满目的书籍以及学生阅读的现状，我们却发现现实与理想之间的差距。好的书籍能开启智慧，助人成长；对思想有腐蚀性的坏书却能使学生在阅读中陷入迷途，跌入深渊，不能自拔。因此，我们语文教师要指导学生有选择性地读书，不能让学生随波逐流。在平时的阅读指导中，家长与教师应给学生更多的关注，让他们远离那些浅陋且无欣赏价值的书籍，如一些蹩脚的言情小说和市面上流通的盗版或不健康书籍，并杜绝这些书籍在班内"流通"。报刊类可选读《读者文摘》《特别关注》《杂文选刊》《意林》《语文报》等；名著类中的中国四大文学名著是必读；散文类书籍如史铁生《我与地坛》《合欢树》，钱钟书《写在人生边上》，余秋雨《文化苦旅》以及贾平凹《贾平凹散文选》等，外国文学名著如莎士比亚《哈姆雷特》，歌德《少年维特的烦恼》，应在学生不同阶段，根据其接受能力进行推荐阅读。

另外，在指导学生阅读的同时，我们要培养学生的思考能力，不能让学生在阅读时毫无思想的火花，只是无条件接受硬灌输的知识；我们要帮助学生改正阅读时仅追求娱乐而不加思考的习惯，让他们爱上阅读，有选择阅读且读中有所得。

4. 培养学生养成科学、良好的阅读习惯

（1）学生在阅读时要"动"起来。阅读是调动人体各个感官的过程，它不仅要求我们用眼睛看，还要我们调动自己的思维进行思考，在阅读中遇到"拦路虎"时要翻阅工具书进行查阅。常见的工具书有《汉语大词典》《古汉语常用字字典》以及《中学生知识手册》等，查阅方便，释义详尽。通过查阅这些常见的工具书，学生不仅能解决疑难问题，还能对这些理解性的知识有更深层的记忆。

（2）根据内容安排有所取舍。在课内阅读时，教师会根据课文教学要求，指导学生采用不同的阅读方式进行阅读，如第一遍阅读时大都会让学生齐读、放声读，以发现学生朗读时在停顿及语气等方面的问题，给予指正；遇到美的、精彩的文句时会要求学生细读，积累赏析；理解性的句子则需要速读，更好地筛选整合信息。在课外阅读时也一样，学生要根据阅读需要，有所取舍。对于有价值的内容要反复研读，增加自己的词汇量及课外知识，对于不重要的信息可跳读，以提高阅读效率，有取舍才能提高阅读效率。

（3）开展多样的阅读反馈活动。常见的反馈活动有做摘抄、写读后感以及课堂交流。做摘抄常见的方式有摘抄美文佳句，在书上做相应的批注和诠释。人们常说"眼过千遍不如手动一遍"，就是说读书不能只依靠眼睛，还要手动起来，摘抄积累，为今后的写作与应用提供素材。写读后感可以调动学生的思维，让他们在阅读的基础上有感而发，并联系实际进行拓展，既能积累文化知识，又能思考社会现象，对提高语言表达能力及文化素养起到了很好的作用。课堂交流环节，可以让学生在课前三分钟以演讲的形式与同学、教师分享最近所读的书的内容，并谈谈个人感想，既可增进口才，又可提高阅读的效果。之后教师随机点出同学进行点评，教师最后做总结。这样的分享既有阅读反馈，又加入了教师的评价机制，给予学生及时的指正和延伸，让学生有阅读的成就感。

最后，需要指出的是，一位爱读书的教师，才能培养出好读书的学生。教师对学生言传身教的榜样示范作用是不可小觑的。教师自身注重文学修养提升，在课堂引经据典，文质彬彬，才能够引导学生向其看齐。所以平时语文教师首先自己要读书，做有思想的语文教师，才能用自己的阅读热情感染学生，让读书之风流动起来。

5. 借助课堂读书活动，交流个人读书心得

为提高学生鉴赏与写作能力，中卫中学、中卫一中在安排课程时，每周给高一、高二年级每个班安排两节大课和一节阅读课。两节大课在双周用于写作，在单周主要让学生分享读书心得。高一、高二的学生年龄大都集中在15到17岁，普遍具有强烈的求知欲望，渴望展示自我。如果给他们相应的展示平台，将会极大地调动其阅读兴趣。每周阅读课上，教师会提前根据研究性活动安排，给学生布置相应的任务，组内成员在教师的统一要求下，利用两节大

课中的第一节到阅览室选择相应的书籍阅读并做好摘抄，并从一个或多个角度简写自己的发言材料，之后在第二节课的课堂读书活动上，交流个人读书心得。课堂读书活动和交流环节，既锻炼了学生的语言组织和表达能力，又培养了他们对文本的感悟能力，是对课外阅读的具体落实和巩固。它给了学生相应的展示平台，能促进学生阅读速度的提升，有利于学生总结和自我反思，并极大地提高了学生展示自我的欲望，让他们在阅读与交流中碰撞出思想的火花。

（三）整合媒介资源，推动高中生阅读现代化

1. 通过网络阅读拓展课外名著阅读

与传统的纸质文本阅读相比，网络阅读具有方便快捷、易于接受、信息内容丰富等特点。在平时的教学中，教师可以利用多媒体、超文本等新兴网络媒介来全面调动学生的阅读感官。这从一定意义上可以让学生极大地投入课外阅读。

通过网络阅读，学生可认识名著的内在魅力。高中语文课本在进行编排时，大都选择了一些名著片段，意在让学生增强文学修养。教师可引导学生凭借网络阅读，加深对名著的多角度认识，拓展阅读。在组织学生学习《林黛玉进贾府》这一课时，笔者要求学生利用信息课，从网上查找该课文的时代背景、人物评价，以及名家对《红楼梦》的点评。通过小组合作、信息整合等方式，学生最后在课上对自己总结的知识以幻灯片的形式进行了分享，这一过程极大开阔了他们的眼界，激发了他们的阅读兴趣。经过四课时的课内网络阅读引导，学生在国庆假期时大部分已完成了《红楼梦》的课外拓展阅读，真切地感受到"满纸荒唐言，一把辛酸泪"。

2. 通过电视讲座及影视作品拓展课外阅读

经典名著以及国外优秀作品，由于作者深刻的思想积淀，高中学生理解起来具有一定的难度，给他们带来了一定的困扰。这时，我们可以利用一些优秀的电视讲座及影视作品适时给予学生引导，让他们在浅层感官的基础上更深层地去挖掘作品本身内在的魅力。正如赵志伟老师所说的："影视文化是一把双刃剑——它既可以占学生的阅读时间，也可以促进学生的阅读。"在学习曹操《短歌行》时，学生从诗中了解到曹操是一个拥有政治抱负、重视贤才的政治家，当时对他的评价却是"治世之能臣，乱世之奸雄"。何为"奸雄"，学生有很大的疑问。这时笔者在教学中引入了《三国演义》原著。《三国演义》是章回体小说的代表，在初中时学生接触过"诸葛亮挥泪斩马谡"，对此书有很大的兴趣。但由于高一学生文学积淀不足，读起来甚是费力，这时可以引入电

视讲座来给予学生一定的引导。例如《易中天品三国》，它以形象的语言再现原著中的精髓，让学生产生浓厚的兴趣。在此之后学生利用暑假阅读《三国演义》就更加轻松，且在品读中对曹操有了新的认识。

影视作品相对于传统的纸质作品具有更形象、直观的特点，它通过演员逼真的演技让学生"喜闻乐见"，同时也激发了学生阅读原著的兴趣。"影视其实是一种资源，在商家看中其商机的时候，我们教师为什么不捕捉其中能激起学生阅读兴趣的契机呢？"教师可以在上课时播放一些名著改编的影视作品的片段，以视听语言让学生产生浓厚的兴趣，并设置问题，鼓励他们追本溯源，到原著文本中去找答案，让生动的影视作品代替教师对复杂情节的讲解。

3. 合理运用网络与手机等新兴阅读方式，为阅读开辟新渠道

日趋发达的网络与手机阅读，对高中生而言是一把双刃剑，不加选择的阅读会令学生受到信息的污染，合理运用则会收获颇丰。手机阅读相对于传统阅读而言，对阅读环境要求少，信息量大，使学生的视角不再局限于校内课本知识。在课堂上，当学生接触到一些感兴趣的知识点时，他们会在信息课上访问网络，获得更深层的理性认知。或者当教师给他们推荐了相应的书籍时，他们会在家里在家长的允许下用手机进行阅读。网络和手机阅读已逐渐成为影响学生阅读的最主要的阅读方式。

利用网络和手机开展课外阅读主要集中在课内知识拓展和研究性阅读上。当课内知识点需要拓展时，教师可以按问题划分小组，让组内成员合作搜索信息并做好 PPT 展示知识点，利用阅读课进行班内分享，激发学生阅读兴趣。当学到语文版必修三《宝黛初会》这一课时，笔者先引导学生阅读并分析课本中关于林黛玉、贾宝玉和王熙凤三人人物描写的句子，总结出学生眼中三人的性格。然后运用班级多媒体平台给学生放映了 1987 年版《红楼梦》电视剧第一和第二集，学生看到三人出场不同的表现时更加大了疑惑。为什么三人会有这样的表现？笔者让学生带着这些思考，利用网络读了很多名家对《红楼梦》的点评。学生在搜集信息的同时，不仅对人物有了深入的了解，更对作者曹雪芹有了全新的认识。

（四）转变家长观念，积极指导孩子参与阅读

颜之推说："同言而信，信其所亲；同命而行，行其所服。"家长对孩子的言行举止起着积极的引导作用，同样，在阅读上，有着较高文学修养的父母，对孩子的引导示范作用是至关重要的。

通过调查问卷，我们发现，大多数城镇父母对孩子期望值较高，对孩子投

入较大。家长若在小学、初中时期给孩子买大量书籍并以身作则，经常督促孩子阅读，做好积极沟通，在长期的引导下，孩子能够做到整体文学修养较高，且阅读习惯较好。一般农村家庭的家长，对孩子在阅读上重视程度明显不足，但对学业较看重，他们从小就给孩子灌输"学而优则仕"的思想，孩子整体上能认识到学习的重要性，但只能从平时上课听课中获取知识，其他知识获得途径较少。在升入高中时，学生的整体水平差异在语言与书面表达上表现得比较明显。随着孩子升入高中，学习压力增大，家长对孩子的课外阅读干预较多，让孩子失去了自主阅读的机会，孩子从心理上难以接受，他们开始与家长对峙，以厌恶的情绪投入学习与生活中，这对长期的发展极为不利。笔者以六年高中语文教学及班主任经历，积极地与家长就此问题进行讨论，取得了较好的成效。

其一，要引导家长意识上的转变。课内阅读只能帮助学生理解性地认识一些知识，而若想让学生在高考中有更好的发挥，使学生在今后的成长道路上有长远发展，必须重视课外阅读。家长在孩子上高中期间，除了给孩子更多的学习方面的关照，还可以利用周末或假期，结合语文教师要求，与孩子一起制订切实可行的阅读计划，并和孩子一起实施，起到更好的示范作用。这样既可以缓解孩子的学习压力，又让他们内外兼顾，活跃思想，活跃与家长的情感沟通。

其二，家长必须认识到网络对当前阅读方式的影响。不能一味制止孩子进行网络阅读，这样只能使孩子叛逆心理加重，站在家长的对立面和家长对着干。家长可以让孩子利用网络媒介或手机阅读一些有用的电子书籍，增长其见识，同时也让孩子对信息有甄别判断意识。在这些阅读互动中，孩子不仅对外在诱惑和不良信息有了甄别判断能力，更能缓解叛逆期与家长的情绪冲突，为更好投入学习和情绪稳定奠定了基础。

（五）充分利用学校资源，做好课外阅读的环境建设

高中生从心理上普遍具有渴望他人认可的欲望，他们因此而更加努力积极探索，希望自己变得更加睿智，充满了强烈的求知欲。他们面临着严峻的高考挑战，甚至在压力面前，家长和学校为了成绩的提升而禁止他们阅读课外书籍，阻碍了他们与外界的联系。苏霍姆林斯基说："学校教育的缺点之一，就是没有那种占据学生的全部理智和心灵的真正的阅读。没有这样的阅读，学生

就没有学习的愿望，他们的精神世界就会变得狭窄和贫乏。"① 除了家庭，学生活动得最多的空间就是学校，如果学校不能满足学生的求知欲望，对他们无疑是一种伤害。因此，学校要努力发掘潜在资源，为学生课外阅读做好环境的创设工作。

首先，学校要根据各年级学生发展需要，合理安排学生的课程，减少学生课时量，让学生有时间安排自己的阅读计划，让学生爱上阅读，使阅读成为学生学习生活的一部分。在中卫中学，学校每学年会举办一次"读经典，诵经典"活动，让学生以演讲的形式分享他们读过的优秀书籍；并且学校会每学年举办一次"鸣钟文学作文竞赛"，考查学生课外知识积累。这些课外活动的举办，更好地促进了校园文化建设，营造了浓厚的读书气氛，创设了良好的书香校园。

其次，学校应在图书馆的管理与开放方面做好协调工作，为学生提供阅读的场所。图书馆是每个学校必备的硬件设施，是反映一个学校教师资源的标准，它收藏了各类图书，是人类知识的宝库。学生通过图书馆可以汲取到更多的课外知识，加强自身知识的研修与积累，逐步培养自我约束能力与自学能力，为长远发展奠定基础。近几年，我国加大中小学学校硬件设施建设力度，极大地推动了中小学图书馆发展。从小学到中学，大部分教师都会给学生安排相应的读书活动，让学生到图书馆学习，提高阅读量。但到了高中，由于课时安排紧张，难以落实读书活动。中卫中学有两个图书室和两个阅读室，里面配备了丰富的书籍和杂志。高一时每个班在双周可以去上一节阅读课，到高二，由于课业负担及课程的增加，就不再开设阅读课。再加上图书室配备教师不够多，一旦教师请假或学校安排其他工作，这堂课将成为自习课。一学期下来，学生上的阅读课不超过五节，使学生的阅读量大打折扣。学校图书馆是为学校教学和教研服务并提供便利的，对学生自我提高和自主学习能力的培养有着至关重要的影响，发挥好其作用，将使学生获益颇多。学校应充分发挥图书馆的作用，让班级每周借阅书籍，并合理安排阅读课，让学生更好地自修研习。另外，图书馆也应根据时代的发展变化，及时更换和增加书籍，满足学生学习的需要。

最后，学校应根据各年级学生发展需要，积极组织学校语文教师研讨，开展富有特色的校本课程。覆盖面广、富有特色且专业性强的校本课程可以满足

---

① 苏霍姆林斯基. 给教师的建议：修订版［M］. 2版. 杜殿坤，编译. 北京：教育科学出版社，1984.

学生学习的需求，极大地满足他们的求知欲望。校本课程对教师而言是一种大胆的尝试，也是对自我的一种挑战。教师应根据自身专业化特点，结合本校学生特点，固本开源，对教材知识外的相关内容进行积极拓展，将课外阅读纳入日常的语文教学活动。学校可根据学生意愿，安排学生利用下午自习课进行集中性学习，极大提高他们学习语文的兴趣。校本课程是对课内知识的拓展和应用，可以促进学生更全面的发展。校本课程可以以研究性学习方式开展，如探究、合作、交流等。如根据宁夏本地特色可开展民俗文学探究，推荐学生阅读《穆斯林的葬礼》，让学生浅层了解书中的一些习俗和主人公的情感。教师再采用引导探究的方式讲解回汉习俗之间的差异，使学生对回族同胞的习俗做完整的了解。我校教师开设的诸子百家讲评课，通过对孔子、孟子等大家的生平及作品讲解，让学生深刻地感受到了古代大家在修身、治国方面的严谨和自我约束，让学生明白做学问前先学会做人，懂得君子应该有的道德规范。

课外阅读是高中生发展自我，提高自我的主要阵地。高中生若抓住了这块阵地，将在语文素养方面有极大的提升，为在当下激烈的高考竞争中脱颖而出提供先决条件。在新一轮的高考改革浩浩荡荡进行的背景下，家长与学生对学科的关注程度加大，他们的期望值也更高。但是，若想真正提高学习能力水平，阅读量至关重要。如果只是单纯关注分数，容易只见树木、不见森林。所以，在平常的教学中，教师应专注抓好学生的阅读引导工作，努力提高学生整体学科素养；家长应该认识到阅读的重要性，只有将课外阅读量提上来，学生才能提高语感，才能发挥自己的才智，在写作与素养上有真正的提高。高中是培养学生独立人格、发展学生素质的关键时期，阅读在促进学生自我发展方面也发挥着重要作用。我们应积极引导学生，关注课外阅读，并采取相应的策略与学生共同努力，携手共进，提高高中生课外阅读质量。

第八章　基于核心素养的审美课堂构建

语文学科充满人文色彩，审美教育是语文课堂的重要任务。语文审美课堂具有学科性、文学性、个性化等特点。在教学实践中，语文审美课堂要通过阅读与鉴赏、表达与交流、梳理与探究等活动，通过诗意阅读、创意表达、趣意探究等方式培养学生审美能力，从而提升学生语文学科核心素养，促使学生全面而有个性地发展。

高中语文新课标在"学科核心素养"中指出，在语文学习中要加强审美鉴赏与创造，即在语文课堂中学生要通过阅读与鉴赏、表达与交流、梳理与探究等语文学习活动掌握基本的审美知识，树立正确的审美观点，培养健康的审美情趣。可见，语文审美教育是培养学生学科核心素养的内在要求和重要内容。事实上，语文审美教育或者说语文美育是语文课堂的基本属性和重要使命。然而，现实中的语文审美课堂在教育理念、教育方法、审美素养等方面存在不尽如人意之处，需要不断改进。特别是高中阶段，学生正处于人生的转折时期，在语文课堂上培养正确的审美观、提高审美能力，就显得非常重要。

一、审美课堂概释

1. 审美的内涵

审美从词义的角度解释，就是由"审"的主体和"美"的客体构成。它是在理智与情感、主观与客观上认识、理解、感知和评判世界的存在的过程。从本质上讲，美是客观实际与主观感受的具体统一，是事物和谐发展的客观属性与功能激发出来的主观感受。美的形式很多，分为自然美、创造美、心灵美、行为美、内在美、外在美等。审美是一种主观心理活动过程，是人们根据自身对某事物的要求所生成的一种对事物的看法，当然也具有很大的偶然性。

因此，审美是理智与情感、主观与客观的具体统一，它具有直觉性、情感性、愉悦性等特点。人们理应追求真理，追求发展，不断追问自己的心灵，不断提高自己的审美情趣。

2. 审美课堂的内涵

语文审美课堂就是以知识习得为基础，以审美鉴赏与创造为目的的课堂。具体而言，它是指以语文课堂教学为载体，通过听、说、读、写及其他语文教学活动，教师引导学生进行审美体验，形成正确的审美意识，提升审美情趣与审美品位的过程，其目的是促进学生综合素质的提升，提高学生语文学科核心素养。

二、审美课堂意蕴

语文审美课堂与其他课堂迥异，有其特殊性。在语文教学中，要在讲授语文知识的基础上，立足学生实际，尊重学生差异，面向全体学生创造性地开展审美教育活动，提高学生认知美、欣赏美和鉴赏美的能力与水平。

1. 审美课堂要具有学科属性

工具性与人文性的统一是语文课程的基本特点。语文课程的内在规律决定语文审美课堂应引导学生通过创设语言运用情境，提高语言文字的综合运用能力，体悟语言文字的魅力，培养热爱祖国语言文字的深厚情感。同时，语文审美课堂要通过多样化的综合实践活动，深度挖掘丰富多彩的课程资源，提升学生的思维品质，培养学生高尚的审美情操。语文课堂又是传播优秀文化的重要载体之一，语文美育要贯穿语文课堂教学的始终，通过夯实文化底蕴，使学生深刻理解文化的差异性和多样性，弘扬社会主义先进文化，切实增强文化自信。普通高中课程有别于小学、初中阶段的课程，它是义务教育阶段的拓展和深化。高中语文审美课堂要结合学生实际，抓住教育契机，彰显其独特功用，提高学生审美综合素养，为传承和发展中华优秀传统文化，增强学生民族凝聚力、自尊心、自豪感与创造力发挥强大作用。

2. 审美课堂要具有文学性

在课堂教学中陶冶美的情趣、培养健康高尚的审美观，历来是语文审美课堂追求的目标。毋庸置疑，无文学不语文。文学是一种人文关怀，给人以心灵慰藉。文学更多地侧重于情感教育，是实施美育活动的重要艺术形式。文学作品在语文教材中占据相当大的比重，具有天然独特的审美价值。文学是以情动人、以情化人的语言艺术，古今中外优秀的文学作品中蕴含的美育元素可以陶冶情操，净化心灵，塑造健全人格。语文教师要引导学生从文学作品中挖掘美育元素，采取灵活多样的方式实施美育，提高学生欣赏美、创造美的能力，促进学生全面而有个性地发展。语文课堂缺少美育，很难激起学生情感的共鸣；没有文学教育的语文课堂不是真正的语文课堂。因此，文学性应成为语文审美课堂的应然选择。

3. 审美课堂要具有特殊性

语文课堂不同于音乐、美术、体育等艺术课堂，有其特殊的地方。体现学科特质的语文审美课堂具有其特殊性。在语文教学中，教师通过剖析语言文字的美，引导学生在认知过程中调动与审美相关的心理功能及情感体验。语文教育中众多的审美因素具有鲜明、生动、形象的特点，如汉字的结构美和书法美；词汇的不同色彩、情调和情感；文章的语流、节奏和韵律美；诗歌的形式美、形象美、意境美等。语文是文化的载体，教育教学内容包罗万象。蕴含在语文学科中的美育资源是语文资源宝库中的重要组成部分。语文审美课堂的教学方法、审美因素、教学对象均与其他人文学科有所区别，因此语文教师在教学中应注意体现其特殊性。

三、审美课堂实践

（一）诗意阅读

阅读教学是语文审美课堂的重要内容，能够促进学生知、情、意等审美方面的发展。经典文学作品在语言表达、思想内容等方面都具有诗意的美感。在开展阅读教学时教师要引导学生依据文本特征挖掘教材中的美学价值，可通过多文联读方式培养、提高学生审美感知力、审美鉴赏力及审美创造力。

《蜀道难》《蜀相》联读教学设计

【教材分析】

《蜀道难》《蜀相》出自统编版高中语文教材选择性必修下册第一单元。高中语文诗歌阅读的目的是增强学生的审美情趣，提高其文学品位，培养其对诗歌散文的理解能力。本单元学习目的是"诗意的探寻"，通过引导学生对诗歌情感的理解，让学生有感情地诵读作品，深刻领会作品蕴含的情感。

学生对于李白、杜甫比较熟悉，这节课应引导学生挖掘两人身上共同的家国情怀。学生一般对诵读比较感兴趣，但是对于诵读的技巧没有系统性的了解，需要教师进行指导，引导比较不同体裁的诗歌在节奏韵律、表现手法、艺术风格等方面的异同。

【学习目标】

1. 鉴赏李白、杜甫诗歌的艺术风格；

2. 理解以李白、杜甫为代表的中国文人精神。

【教学重难点】

李白、杜甫所代表的中国文人精神。

【教学过程】

1. 导语：中国诗歌史上有两座高峰，他们就是唐朝的李白和杜甫，"李杜文章在，光焰万丈长"，韩愈的诗写出了这两位诗人对中国文学的影响，今天，通过解读《蜀道难》《蜀相》，让我们一起来感受他们笔下不同的精彩，感悟他们相同的精神。

2. 展示教学目标：鉴赏李白、杜甫诗歌的艺术风格；理解以李白、杜甫为代表的中国文人精神。

3. 学习活动一：诵读感受李白、杜甫诗歌不同的艺术风格；随机请同学从对诗歌的理解与把握、句子轻重缓急的处理、停顿的节奏等方面进行点评。

活动预设：让学生在诵读的过程中感受诗歌的魅力，感受乐府诗与律诗的不同诵读方法，学习朗诵的基本方法，停顿的节奏、句子轻重缓急的处理、诗歌内容的理解和把握，提高学生的审美能力，体会文字的魅力。

活动设计：学生分小组进行朗诵比赛，每个小组选出最优的一名与其他小组比拼，每个同学都要参与进来，要在活动中有所收获，在课堂上进行展示。

活动效果：理解不同的艺术风格。《蜀道难》想象奇特、夸张大胆，多用神话故事入诗，以多种修辞手法引发我们对雄奇险峻的蜀道的想象，读来有豪放飘逸之感。《蜀相》以历史人物入诗，引发我们对现实的思考，诵读让人感觉沉郁顿挫。

4. 学习活动二：这两首诗表达了作者怎样的情感？要求有理有据，从原文中找出你觉得能表达作者情感的句子。

活动预设：学生从诗中找出重点句子及能表达作者情感的句子进行赏析，理解诗歌的情感。

活动设计：上节课已经布置了预习任务，给学生1分钟时间准备，1分钟后随机点名学生进行交流。要求回答有理有据，不能脱离文本。

活动效果：锻炼学生的理解赏析能力。

设计追问：这两首诗在情感上有没有相同之处？

活动预设：引导学生找出两位诗人在情感表达上的相同之处，追问：壮志难酬，是什么样的壮志？蜀道之难，难在哪里？

展示：李白和杜甫这种自己身处困境依然爱国爱民的情怀，在其他作品中也有体现，如：

李白：《子夜吴歌》《丁督护歌》《登凤凰台》。

杜甫：《茅屋为秋风所破歌》《春望》《岁暮》。

李白出蜀，为的是大济苍生的抱负。尽管经历磨难，深陷困境，却改变不了他的一身傲骨和满腔豪情，消磨不了他的济世壮志和爱国热忱。

杜甫入蜀，为的是忠君爱国的理想。一路颠沛流离，几番身陷囹圄，一生贫困潦倒，但仍改变不了他心系苍生、胸怀国事的儒家情怀。

人们用"诗仙""诗圣"来称呼李白、杜甫，除了是对他们文学成就的仰慕，又何尝不是对他们始终将目光投注在苦难人民身上的一种赞颂？

5. 学习活动三：结合自己对李白、杜甫所体现的中国文人精神的理解，回顾历史，为你喜欢的历史名人写一段文字。

文段展示：在我国历史上，还有许多像李白、杜甫一样无论在怎样艰难的境遇下仍心怀家国天下的文人。孔子辗转于各国，风餐露宿，遭尽冷眼，难不难？难！可无助的人民、战火延绵的国家让他无法停下奔走的脚步。苏轼，一位志在辅国济民的文人，却在丑恶的官场倾轧中被一路贬到天之涯的海南，受尽屈辱，难不难？难！可他身上流淌的文人济世报国的血液让他忘记了自己的苦痛，只看到人民的苦难。

【布置作业】

1. 必做：修改完善今天所写的文段。

2. 选做：文化需要传承，作为新一代的青年，你认为应该如何传承这种文人精神？写一段文字，要求有文采、有思想。

要在诵读《蜀道难》《蜀相》中通过对意象的揣摩和对意境的体察，把握诗歌的主旨，借助想象，置身诗境。《蜀道难》通过写实与想象交织的手法，写出蜀道之"难"，形成迷离惝恍、奇丽峭拔的诗歌境界。《蜀相》以历史人物入诗，抒发了诗人对诸葛亮才智品德的崇敬和对其功业未遂的感慨。学生通过学习，培养民族审美趣味，增进对中华优秀传统文化的理解，提升对民族文化的认同感、自豪感，增强文化自信，更好地继承和弘扬中华优秀传统文化。

语文教材中除诗歌之外，小说也蕴含着独特的审美元素。小说在人物、环境、情节等方面都富有美感，需要深度挖掘。特别是在塑造人物形象方面，小说具有独特的优势。经典小说在塑造人物时往往综合运用多种手法，其中的人物性格也是多面、复杂的。教学中，对小说文本实施审美教育时要在阅读故事的基础上引导学生全面把握人物的形象，客观准确地评价人物性格特点，提高学生鉴赏美的能力。通过分析鉴赏人物形象，培养学生辨识美与丑、善与恶、悲与喜、勇敢与怯懦等两极性格的能力。如托尔斯泰的《安娜·卡列尼娜》通过安娜的爱情、家庭悲剧寄寓了作家对当时动荡的俄国社会中人的命运和伦理道德准则的思考。安娜既有挑战道德准则的一面，又有妥协的一面；既有抗争世俗观念的一面，又有投降的一面。在评价鉴赏人物时，要引导学生辩证思考，树立正确的审美观。人物情节启迪人们，要歌颂人的生命力，赞扬人性的合理要求。

当然，散文、戏剧等文学形式也是巨大的美育资源宝库，在语文审美课堂中，教师要结合文体特点，选择有利时机，创设适宜情境，培养学生审美鉴赏力。

（二）创意表达

语文学习中通过表达与交流活动，能够提高学生运用语言文字的能力，检验其阅读与鉴赏的能力。表达既有书面写作也有口语交际，富有创意的表达可以培养学生批判与发现的能力，增强其思维的逻辑性和深刻性，提高学生辨别是非、善恶、美丑的能力。在写作方面，不能束缚学生写作的手脚，要鼓励学生尝试开放式写作，尝试通过文学类、实用类等文本形式，以鲜活的视角和独特的艺术手段表达对"真、善、美"的追求，引导他们创作出具有较高审美感受的作品，培养学生独特的想象、鲜明的个性、新奇的构思以及诗意表达的能力。例如，为训练学生想象力，可出一道作文题，以"当落叶铺满我的心房……"为题材，展开想象，写一篇文章。指导写作时，要分析材料中隐含的意义，有明确的层次意识，让学生明了写作方向与路径。"落叶"有物质意义，这是第一层次；也有精神意义，即凋、死、萧、衰、失，或是希望、奉献、新生、转机等，是事物暂时衰落，走向另一种辉煌的标志或阶段，这是第二个层次。第三个层次是哲学意义上的"落叶"，即"心惧一片落叶，可以更加珍惜生命；心怀一片落叶，可以更加淡定从容"，明确揭示出"落叶"所具有的象征意义。三个层次由浅入深，准确把握材料的实质，立意为文。这样具有创新立意的作文就具有审美内涵和文化底蕴。

在口语交际方面，通过演讲、辩论等综合实践活动培养学生分析与综合、判断与推理、概括与归纳等思维能力，提高学生分析问题和解决问题的能力、实际操作能力、创造能力等。显然，口语交际不是简单的听话与说话。教师要创设交际情境，在民主和谐的氛围中用极富感染力的语言，调动师生间、生生间真实的情感体验，交流自己的观点，表达自己的思想，体验审美愉悦。

　　统编版高中语文教材必修下册第五单元要求学生写作演讲稿。该单元课文展现了革命导师和革命先烈对时代使命的深刻理解，表现了他们将个人抱负与时代要求相结合的人生选择。笔者所在学科组在教学时组织学生以小组为单位，从本单元中任选一篇课文做进一步研读，引导学生体悟其中展现的精神品质和主人公的人生选择，思考"抱负与使命"这一话题对他们有何启发。要求学生联系当下社会生活，以"我们的责任使命"为主题写一篇不少于800字的演讲稿。

　　下面是三篇教师示范文、学生优秀作文，以作教学成果展示。

【教师示范文】

守好教育初心，担当育人使命

王雅洁①

亲爱的老师们：

　　大家好！今天我演讲的题目是"守好教育初心，担当育人使命"。

　　今年，是中国共产党建党100周年，以习近平同志为核心的党中央，高屋建瓴，在全国上下掀起了轰轰烈烈的"学党史、守初心、担使命"活动。

　　回望历史，悠悠百年不过是历史长河中的一滴水，却融进了中国共产党艰苦卓绝的奋斗历程与殊勋茂绩。自1921年在浙江嘉兴的一只小船上共产党成立开始，这小小红船就承载着人民的重托、民族的希望，越过急流险滩，穿过惊涛骇浪，成为领航中国行稳致远的巍巍巨轮！无数革命先烈们在最艰苦的岁月，无私地开辟了一条"可为"之路，他们向死而生，一个人就是一面鲜艳旗帜，一堵铜墙铁壁。今天，党的百年诞辰，当我们高唱着《义勇军进行曲》，凝望着国旗美如画，我们可以自豪地告诉先辈：这个盛世，如你们所愿。

　　习近平总书记说，每一代人有每一代人的长征路，每一代人都要走好自己的长征路。从梁启超的"少年强则国强"到周恩来总理的"为中华之崛起而读书"，从毛泽东主席的"孩儿立志出乡关，学不成名誓不还"到如今提倡的"教育兴则国兴，教育强则国强"，一路走来，历史充分证明教育是兴国之要，而教育之基础则在于教师。

　　但初心易得，始终难守。考验教师的，不仅是专业技能的精进，更是这个不言苦、不言累的环境，是挑灯备课催老的数不清的青春面孔，是讲台上的坚

---

　　①　中卫中学语文教师。

守消耗的多少难补的精力，是部分家长的不理解与指责，是被长年累月枯燥工作磋磨的初心……

可我依然看到在平凡岗位中有这么一群甘于担当、乐于奉献的教师，他们追随先驱精神，努力求索一份属于自己的"可为"之机：陶行知老先生就一辈子投身于教育，"捧着一颗心来，不带半根草去"，给我们留下了宝贵的财富；支月英前辈把一辈子的光阴都耗在了大山里，却让希望之花开遍了山间田野；在我身边有一丝不苟、兢兢业业的刘志军老师，用他的话说"我们就是吃这碗饭的"，只有爱孩子，才能教育好孩子；有勤勤恳恳、不知疲倦的贾宝忠老师，三十年如一日，奋战在教育第一线，工作室里，他与同事们研讨的神情依然专注，课堂上他给学生讲解辅导的姿态依然潇洒而认真，激情不减；也有旁征博引、信手拈来的范春荣老师，每堂课都全身心投入，走进教材与文中的人物同悲同喜，身临其境，先感动自己，再向学生播撒感情……这样的教育工作者还有很多，他们不断用积极的思想感染着身边的每一个人，也引领着我大步向前。

新世纪，新征程。"请党放心，强国有我"绝不仅是一句口号，而是一种发自内心的宣誓。作为一名青年教师，我一定会循着先辈的足迹，立足岗位职责，用变秋天为春天的精神，把学生心中的荒原，耕种成为美丽的园林！我愿用变秋天为春天的精神，做一颗火种，让学生的远方有灯、脚下有路、眼前有光。百年伟业恰是风华正茂，未来建设仍需我们风雨兼程！

【学生习作1】

不负韶华，我辈自强

申　可

亲爱的同学们：

大家好！今天我演讲的题目是"不负韶华，我辈自强"。

世代更迭，"我辈"固存；砥砺前行，青春无悔；壮哉中华，吾辈自强。

穿越时空，"我辈"从不缺席；谱写盛世华章，"我辈"永远是主力，因为"我辈"有着当仁不让的责任，有义无反顾的心态。即将接过时代火炬的吾辈青年，当砥砺自我，心怀责任，力绘中国蓝图，不负韶华。

心存理想，我辈自强。

前有古人李白诗云"仰天大笑出门去，我辈岂是蓬蒿人"。没有经历风暴的海洋是泥潭，没有理想支撑的灵魂是木偶，吾辈青年当心存理想，一力践行。曾有周恩来总理"为中华之崛起而读书"的豪情；有为保家卫国致力于核潜艇事业的黄旭华之坚守；有建筑行业陈从周的三十余年深耕。今天，便应有向先辈学习的新时代青年，我们应立鸿鹄之志，向前进发。

砥砺坚守，我辈自强。

知名主持人罗振宇有言："直面挑战，躬身入局者，皆为我辈。"我们皆为精美绝伦的匠人之作而发出赞叹，却不知匠人背后几十年如一日的坚守与执着。面对如今人们口中的"内卷"，吾辈青年应无畏艰难，迎难而上，学习匠人精神，绽放青春之花。且看年轻的驻村干部走村串户，奔忙于扶贫一线，为让乡民们过上小康生活而出谋划策，这就是我辈新时代青年的榜样，我辈应向此看齐且自强。

肩负责任，吾辈自强。

青春，与其说是一个年龄段，不如说是勇于担当的精神状态。在四川凉山森林火灾之中，24位90后、2位00后逆风前行，挺身而出，用生命诠释了青春最美的模样。老一辈革命家若心无责任，胸无家国，又怎有"为有牺牲多壮志，敢教日月换新天"的开天辟地？我辈的精神任时光流转，永不褪色，而我辈应当继先辈之后奋发自强。"一心中国梦，万古下泉诗。"我辈新时代青年应自强自律，提升自我，为新中国的伟大复兴做出贡献。让我们谨记：朝受命，夕饮冰，昼无为，夜难寐——做一个有责更有义的中国青年；秉初心，守宽和，见刚强，笃远行——做一个知难不畏难的新时代青年！

点评：作者围绕理想、坚守、责任，号召同学们不负韶华，要自强、自立，做新时代有为青年。作文结构清晰，层次分明，思路明确。事例准确、简洁，表达流畅；夹叙夹议，观点说服力强。

【学生习作2】
执理想之灯，做有志青年
张　旺

亲爱的同学们：

大家好！今天我演讲的题目是"执理想之灯，做有志青年"。树理想、担责任是每个人的必修课。有的人，即使遇到困境，也绝不退缩，而是通过磨炼来提升自己的思想；有的人，不断提升自己，等待着机遇，把握机会，做有志的青年。在这个强大而又处于盛世的国家里，我们要做一个有志青年。我辈青年应在前辈的基础上，更上一层楼。

品历史之鉴，做有志青年。历史上许多名人，他们有着不同的理想，如范仲淹的"先天下之忧而忧，后天下之乐而乐"的伟大政治抱负；还有李白的"仰天大笑出门去，我辈岂是蓬蒿人"的博大情怀，他们都是有志青年；他们以自己的志向照亮着我辈青年，我们应以史为鉴，学习他们的精神。诸葛亮在《诫子书》中告诫儿子"静以修身，俭以养德，非淡泊无以明志，非宁静无以致远"，就是我辈青年应学习的思想精华，我们应学习他们对理想执着追求的精神，以历史有志之人为榜样，共同创造美好的中国。

品英雄之迹，做有志青年。在抗战时期，有不少英雄前仆后继，为了祖国的大好河山，为了中国的崛起而奋斗。"捐躯赴国难，视死忽如归"，他们的优秀品质，我辈青年应积极吸取。周恩来以"为中华之崛起而读书"的精神去复兴中国；孙中山先生说："吾辈即以中国改革发展为己任，虽石烂海枯，而此身尚存，此心不死。"他以这样矢志不渝的精神去振兴中华。他们以理想之灯，照亮着我们前行的方向，告诫我们做一个有志、有为的青年。

品中国之盛世，做有志青年。现在也有许多人，为我们点亮了理想之灯。拉齐尼·巴依卡为祖国驻守边疆，为了救出被困的孩子，壮烈牺牲；袁隆平为了能让全国人民吃饱饭，研究出了杂交水稻；还有华为孟晚舟女士被困加拿大将近三年之久，以高贵不屈的风度顶住了莫须有的压力，平安归国。我辈青年应以前人的思想，前人的方向，做好有志青年。

泰戈尔说："只有经过流血的手指才能弹出世间的绝唱。"要想早日实现自己的理想，就必须经过一段世间的磨炼与自我提升。经过努力与拼搏，方能自立自强，自主自律，收获自己的果实。作为有志青年，我辈应以复兴国家为己任，振兴中华。

> **点评：**习作以"理想"为主题，通过古今中外文化名人、政治家的优秀事迹，阐述坚守理想信念对个人、国家及民族的发展的重要意义，从中表达了作为新时代的青年应坚守理想信念，立下高远志向、胸怀远大抱负的强烈心声。观点与事例契合，文脉与思路清晰，感召力强。

【学生习作3】

让青春尽情绽放
赵伊冉

李大钊曾说："青年者，人生之王，人生之春，人生之华也。"身为青少年的我们应珍惜美好而短暂的青春年华，以十年饮冰、难凉热血的恒心，去用心发光，尽情绽放。

青春的绽放需要坚守信仰。

科比·布莱恩特从小就痴迷篮球，他始终坚持练习篮球，不论攀登山峰会不会成功登顶，他从未放弃。他与凌晨四点的洛杉矶并肩，以超乎常人的努力与自律，对篮球梦信仰的坚守，最终到达了自己的那座山顶，成为一代巨星。陈独秀、李大钊等多数爱国英雄，在年少就立下要救国的理想宏图，创办《新青年》，以自己对信仰的坚守，对青春的坚守，不放弃，不言败，才唤醒了年代。是少年就应该有信仰，就应该保持对信仰的坚守，少年的青春在信仰的坚守中一定会得以永生。

青春的绽放需要坚守探索。

东汉张衡从小刻苦钻研，博览群书。自从看了一本《太玄经》后，他就对天文和数学产生了浓厚的兴趣。他坚持每天观测日月星辰，探索它们在天空中运行的规律，并做好记录，最终完成巨作《灵宪》，并发明了浑天仪。正因为本着严肃认真的科学态度，本着对探索的坚守，张衡才在科学领域取得了一个又一个非凡成就。无关结果，不论对错，探索只是平凡生活中的一次次突围。即使头破血流，也好过抱憾终生。身为青少年的我们需要这样的探索，来尽情绽放青春。

青春的绽放需要坚守豁达。

林语堂先生评价苏东坡说："苏东坡是一个无可救药的乐天派，是悲天悯人的道德家。"在豁达与郁闷之间，他选择豁达，这并不是所有人都能做到的。苏东坡为后人所喜爱，以至一提到他，总能引起人们的亲切笑容，不只是因为他横溢的才华，更是因为他身上所具备的无与伦比的个人魅力和处事态度。无论身在朝堂，还是退居江湖，他始终能以出世的态度安顿自己的精神世界，又以入世的态度积极作为，怎不令人敬佩？同样身为青少年的我们应该怀揣希望与豁达，才能在困境中前行。

木苏里说："十六七岁的少年总是发着光的。"趁着青春，去更远的地方，去探索无尽的未知，去看看海鸟划破雪白的流云，一往无前，展开一尘不染的双翅，去飞向远方，因为人间骄阳正好，风过林梢，彼时我们正当年少。

> **点评**：习作分别从坚守信仰、勇于探索、保持豁达三个方面阐述青春应有的姿态。表达通畅，富有气势；观点与材料有机统一；理论与道理一致吻合。较好地完成了写作任务，有效提升了思维品质。

本次活动分别设计了"围绕青春使命，确定演讲主题""借助课本提示，提炼写作要素""围绕演讲要点，完成讲稿大纲""聚焦语言表达，润色讲稿内容"四个任务，经过指导，参与学生均较好地完成了写作训练。

（三）趣意探究

探究活动旨在于语文活动中，训练学生较高阶的思维能力。语文审美课堂中的探究是发现美、鉴赏美和创造美的活动。在探究活动中抓住学生的兴趣点，以"问题"为导向，创设意趣情境，带动学生主动参与、追本溯源，在语文百花园中徜徉，领略意趣盎然的万千气象。教师设计探究问题时，应注意问题的递进性，问题过于简单和复杂不利于解决，很难激发学生的想象力和审美力。探究也是开放性很强的活动，应以研究真实性为核心策略，把握事物的属性，有理有据地开展探究活动，揭示事物的发展规律。还要注意尊重别人的研究成果，特别要重视与同伴的互助，勇于提出自己的见解，在合作基础上共享，提高探究能力。审美探究过程要始终流淌真性情，追求高尚情操。

在"梳理与探究"专项活动中，教学建议学生在教师的引导下，对长期以来接触和积累的语文知识进行归纳整理，并且做到条分缕析，不断拓展。这是学生把语文知识转化成语文能力的一项重要活动，它重在培养学生的梳理整合、探究发现美的能力。例如在教学"优美的汉字"时，教师要树立正确的教育理念，找准自己在教学中的位置，让学生成为学习活动中的践行者。可以先从"美"字开始，探究"美"字的起源与演变，结合图片探究出"汉字起源于象形文字"的规律。进一步设计问题，引导学生发现汉字不但形美，更有意美。学生在梳理掌握有关汉字的知识和文化基础上，深刻理解汉字的优美。教学实践中，这项活动常常显得枯燥无味。如果课堂中教学得法，注入审美活水，就显得意趣盎然。

当前教育已经步入核心素养时代，培养学科核心素养不仅关涉学生，更需要教师不断自觉提高专业素养。语文学科蕴含着巨大的审美资源，审美课堂的建设要求教师不断更新教育理念，转变教学方式，让学生通过学科领略自然之美、社会之美和艺术之美。

第九章　基于核心素养的大单元教学优化

深度学习理念与指向学科核心素养的学习活动观相契合。语言类教学要促进学生思维与语言的综合发展，而这不是单一语篇的教学就能实现的。教师应以主题意义为引领，以单元整体教学为载体，整合教学内容，确立单元整体目标，厘清单元间的结构关联，并在教学中突出学生的主体地位，注重发挥评价的功能，促进育人目标的实现。

高中英语新课标提出，教师要在深入研读语篇的基础上，根据主题语境、语篇类型、不同文体的语篇结构和语言特点以及语篇所表达的主题意义，建构结构化知识，让学生内化所学语言和文化知识，自主表达观点，实现深度学习。然而目前教学碎片化、表层化和标签化的问题仍然比较突出。教师往往忽视对学生批判性思维和正确价值观的培养。

深度学习理念强调学生的主体地位，与高中英语新课标倡导的指向学科核心素养的英语学习活动观相契合。深度学习的概念最早由美国学者 Ference Marton 和芬兰学者 Roger Saljo（1976）基于其学生阅读实验研究提出，他们认为，学习者获取和加工信息的方式存在深度与浅层的差异。国内学者何玲、黎加厚（2005）指出深度学习有助于学习者在理解的基础上，批判性地学习新思想和新知识，将它们融入原有的认知结构，使众多思想相互关联；并能把已有知识迁移到新的情境中，做出决策，解决问题。郭华（2019）将深度学习的五个特征概括为：①活动与体验；②联想与结构；③本质与变式；④迁移与创造；⑤价值与评判。王蔷等（2021）将内化与交流列为第六大特征。

深度学习是学习者在理解、综合、应用评价等认知水平上所进行的学习内化行为。基于此，英语教学需要落实指向思维发展的学习活动观，因为发展高阶思维的前提是内化，学生要在交流和互动中内化新知识，建立知识网。而这不是靠单一语篇的教学就能实现的。因此，要实现深度学习，教师的引领作用至关重要。相较于传统教学，指向深度学习的教学有四个明显特征：首先，从多个维度设定教学目标，同时强调每个维度的层级式发展和学生高阶思维的形成；其次，改造、重组并优化教学内容，使之成为能激发学习兴趣的、适合学习的有意义的学习材料；再次，在教学过程中，以学生合作和研究为主，实现经验与知识的相互转化，让学生把握知识的本质并模拟社会实践，获得有现实意义的结果；最后，注重形成性和发展性的教学评价，监测学生的学习过程，精准助推学生的自主学习。

一、大单元教学概述

（1）定义与发展。大单元教学是一种以主题为中心、围绕核心概念组织教学内容和活动的教学方法。它突破了传统按课时划分教学内容的模式，强调知识之间的内在联系和整体性。该方法起源于综合学科教学，随后逐渐被引入语言教学领域，特别是在第二语言习得中显示出其独特的优势。

（2）教育心理学基础。教育心理学认为，学习是一个涉及认知、情感和心理动力的复杂过程。大单元教学通过信息整合、情景模拟等手段，促进学生的认知结构发展，同时满足学生的情感需求，激发学生的学习动机，有助于形成深层次的学习体验。

（3）教学论基础。从教学论的视角来看，大单元教学体现了建构主义学习理论的核心观点，即知识是学习者主动建构而非被动接受的。此方法鼓励学生通过探索、讨论和应用来构建个人知识体系，从而实现深度学习。

二、大单元教学现状

（1）现实境遇。课堂教学在不断变革，学生能力的全面发展逐步受到重视。然而，多数语言教学依然面临着课堂教学时间有限、教学内容偏重语法和词汇记忆、缺乏真实语言环境等问题。此外，教师主导的课堂模式使得学生在学习中的主动性不足，难以实现个性化和差异化教学。

（2）主要挑战。挑战主要包括：一是如何在有限的课时内高效完成教学的内容；二是如何激发学生的学习兴趣和自主学习能力；三是如何平衡好考试导向与能力培养之间的关系；四是如何利用现有教材资源进行创新教学。

（3）教学的必要性。大单元教学强调知识的整合性和学习的连贯性，能够有效地将语言知识与实际语境结合起来，提高学生的实际应用能力。这种教学法鼓励学生主动探究、合作学习，有利于培养学生的批判性思维和解决问题的能力，符合当代教学的需求。

（4）教学中的作用。新教材因其贴近学生生活、内容丰富多样、文化内涵深厚等特点，被广泛应用于教学。教材不仅包含必要的语言知识，还融入了大量交际元素，有利于开展大单元教学活动。通过新教材实施大单元教学，可以更好地调动学生的学习积极性，促进学生综合语言运用能力的提升。

三、大单元教学价值

1. 学科核心素养的重要构成

（1）语言能力。语言能力是学科核心素养的基础，包括听、说、读、写等基本技能，以及语言知识的理解和运用能力。在语言教学中，教师应注重学生在实际情境中运用语言的能力，通过创设真实或模拟的语境，让学生在实践中提高语言技能。

（2）文化意识。文化意识是指对中外文化的理解和认知，是学生在全球化背景下表现出的包括知识、观念、态度和行为的品质。语言教学不仅要教授语言知识，更要引导学生理解和尊重不同文化，培养跨文化交际能力。

（3）思维品质。思维品质与语言学习过程紧密相关，体现在辨析、分类、概括、推断、分析等方面，具有逻辑性、批判性和创造性等特点。在英语阅读教学中，教师应引导学生进行批判性阅读，通过分析、推理、判断等思维方式，提升学生的思维品质。

（4）学习能力。学习能力指学习者主动拓宽学习渠道，积极运用学习策略以提高学习效率的能力。教师应鼓励学生自主学习，培养他们的学习兴趣和习惯，使他们能够持续、高效地学习。

2. 大单元教学的意义

（1）促进学生全面发展。核心素养的培养有助于促进学生的全面发展，提高他们的综合素质。通过语言能力的培养，学生可以更好地运用英语进行交流；通过文化意识的培养，学生可以拓宽国际视野，增强跨文化交际能力；通过思维品质的培养，学生可以提升逻辑思维和批判性思维能力；通过学习能力的培养，学生可以形成自主学习的习惯，为终身学习奠定基础。

（2）提高课堂教学质量。核心素养的培养是课堂教学质量的关键。传统的教学往往过于注重语言知识的传授和应试技巧的训练，忽视了学生核心素养的培养。而核心素养的培养要求教师在教学中注重学生的全面发展，关注学生的学习过程和学习体验，从而提高课堂教学的整体质量。

四、大单元教学策略

1. 教学内容的选择与编排策略

在大单元教学中，选择与编排教学内容是关键的第一步。教师需依据教学内容和学生实际水平精心挑选主题，并围绕核心主题编排相关语言点和文化知识。例如，可以选择"节日庆祝"作为单元主题，整合与节日相关的词汇、句型结构及文化背景，设计一系列相互关联的教学活动。

2. 教学方法的创新与多样化

创新教学方法能够激发学生的学习兴趣，提高他们的参与度。教师应运用任务型教学、合作学习和翻转课堂等多样化的教学策略。例如，在教授"环境保护"单元时，可安排学生进行角色扮演或举行辩论赛，让学生在实际语境中运用语言。

3. 学习评价机制的建立与完善

建立多元化的评价体系对提升教学效果至关重要。除了传统的笔试和口试外，还应加入同伴评价、自我评价以及过程性评价等形式。这些评价方式能够全面反映学生的学习进展和语言运用能力。

4. 教师专业发展与培训

教师是大单元教学成功实施的关键因素。因此，提供持续的专业发展和培训机会对教师而言至关重要。这包括但不限于参加工作坊、观摩交流和在线学习等方式，以帮助教师掌握大单元教学的理念和技巧。

在教材使用过程中，大单元教学应以"主题"为纲，遵循"理解—发展—实践"的原则，围绕单元主题、教学目标、教学评价等方面开展大单元教学。

下面，以高中英语学科为例，具体阐释大单元教学设计。

首先，解读单元标题，明确单元主题。英语教材每个单元都有标题，但是标题并不等于主题。标题都是明明白白写在单元前面的，而主题是蕴含在文章字里行间的。主题是文本想表达的意思，也就是中心思想，需要教师用心揣摩才能体会出来。以外研版高中英语必修三 Unit 6 Disaster and Hope（灾难与希望）为例，通过对标题进行解读，我们应教给学生的绝不仅仅是语言知识，以及如何用语言去描述灾难，更为重要的是要教授学生面对灾难如何应对，总结经验，吸取教训，以及灾难后如何带着希望开始新的生活。教材单元语篇类型丰富，从听、说、读、写、看等多个方面提升学生的语言能力，一个单元就像一出戏剧，不同的课型如同不同的场景，虽然不同的课型有不同的侧重和特点，但一个单元突出一个主旋律，那就是单元主题。

基于主题意义，整合单元的课程六要素。以外研版高中英语必修一 Unit 1 A New Start 为例，见图 9 – 1：

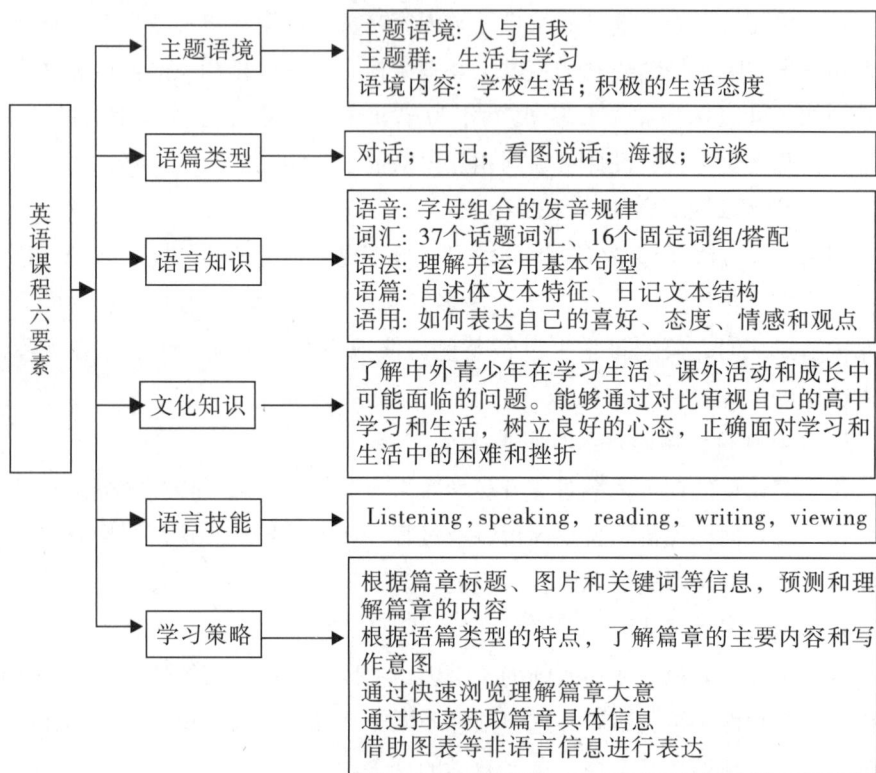

```
英             ┌─→ 主题语境 ──→ ┌─────────────────────────────────┐
语                              │ 主题语境: 人与自我                │
课                              │ 主题群: 生活与学习                │
程                              │ 语境内容: 学校生活；积极的生活态度 │
六                              └─────────────────────────────────┘
要
素  ──→     ├─→ 语篇类型 ──→ ┌─────────────────────────────────┐
                               │ 对话；日记；看图说话；海报；访谈   │
                               └─────────────────────────────────┘

            ├─→ 语言知识 ──→ ┌─────────────────────────────────┐
                               │ 语音: 字母组合的发音规律          │
                               │ 词汇: 37个话题词汇、16个固定词组/搭配 │
                               │ 语法: 理解并运用基本句型          │
                               │ 语篇: 自述体文本特征、日记文本结构 │
                               │ 语用: 如何表达自己的喜好、态度、情感和观点 │
                               └─────────────────────────────────┘

            ├─→ 文化知识 ──→ ┌─────────────────────────────────┐
                               │ 了解中外青少年在学习生活、课外活动和成长中 │
                               │ 可能面临的问题。能够通过对比审视自己的高中 │
                               │ 学习和生活，树立良好的心态，正确面对学习和 │
                               │ 生活中的困难和挫折                │
                               └─────────────────────────────────┘

            ├─→ 语言技能 ──→ ┌─────────────────────────────────┐
                               │ Listening, speaking, reading, writing, viewing │
                               └─────────────────────────────────┘

            └─→ 学习策略 ──→ ┌─────────────────────────────────┐
                               │ 根据篇章标题、图片和关键词等信息，预测和理 │
                               │ 解篇章的内容                      │
                               │ 根据语篇类型的特点，了解篇章的主要内容和写 │
                               │ 作意图                            │
                               │ 通过快速浏览理解篇章大意          │
                               │ 通过扫读获取篇章具体信息          │
                               │ 借助图表等非语言信息进行表达      │
                               └─────────────────────────────────┘
```

图 9 – 1　英语课堂六要素

其次，基于单元目标，设计深度学习课时目标。教学目标包括单元目标和课时目标。单元目标是一种全新的、优化的课堂目标，它体现了现代课程理论和现代"整体教学"的思想，单元目标的设计过程，即教师根据所教授的内容，遵循学习发展规律，基于课标、学情及教材，对单元教学所要达成的目标进行细化，并给出预期及行之有效的规划。单元目标确定了学生在完成某个单元的学习后应达到的标准和要求，通俗地说就是"学什么"和"学到什么程度"。

确立单元目标要围绕单元主题，紧贴课程标准，从实际学情出发，在内容上充分覆盖本单元涉及的课时目标。课时目标是单元目标的有机组成部分，根据单元主题和具体教学内容进行制定，要做到可达成、可操作、可检测，从而充分发展学生学科核心素养。为此，在依据单元目标来设计课时目标时，要注重各课时目标之间的关联性和递进性，促使学生有效整合所学的语言知识、文化知识，发展理解和表达能力，最终实现思维品质和文化意识的发展。单元目标在整个教学过程中起着主导作用，课时目标围绕单元目标充分展开，有目的、有计划、有步骤地提高学生综合知识和实践技能，体现单元目标达成的坡度，实现教学过程最优化，达到教学效果最大化。

以外研版高中英语必修三 Unit 6 Disaster and Hope 为例。基于课标和学情，设置以下单元目标和课时目标，如表9-1：

表9-1 单元目标和课时目标设计

板块	单元目标 （学生完成学习后的综合素养表现）	课时目标 （学生完成课时学习后的预期表现）
板块1 Starting out & reading 导入与阅读	1. 学生能够围绕本单元主题，通过观看与自然灾害相关的视频和海报、阅读文本以及听录音等，了解自然灾害对人类生活的影响，思考自然灾害的防范和应对措施，并在此基础之上培养面对自然灾害的自我反思意识，学习在灾难面前也要保持乐观积极的生活态度；	1. 通过观看视频和海报，获得庞贝古城遭遇火山爆发以及地震的相关具体信息，激活背景知识，初步导入话题； 2. 通过看插图、标题等预测语篇内容，通过略读、细读概括主旨大意，理解作者写作意图，厘清作者思路； 3. 面对全球气候变化，运用语篇话题、语言点谈论气候变化可能给人类带来的问题及应对措施，增强环保意识
板块2 Using language 语言运用	2. 了解记叙文的语篇结构与特点，积累和掌握话题语言，能够使用话题语言描述天气、谈论自然灾害的预测与救援以及写作自然灾害防范指南； 3. 能够灵活应用各项学习策略，发展学习兴趣，保持积极主动的学习态度，通过小组合作相互交流、相互激励来培养合作学习的意识，并	1. 能够通过观察所给例句，发现并归纳省略句的语法特征和用法，并能在真实语境中恰当使用省略句； 2. 能够学习更多描述自然灾害的话题词汇和表达，并运用所学语言知识恰当地表达个人观点； 3. 听懂天气预报，能够谈论天气，学会编写和播报天气预报
板块3 Developing ideas 发展阅读	通过探究学习活动来探究主题意义，就单元话题创造性地提出个人的观点，培养逻辑性思维、批判性思维和创造性思维等高阶思维，最终获得语言能力、文化意识、思维品质和学习能力的有效提升；	1. 读懂语篇大意，获取文章的主要信息，体会作者在经历灾害前后的境况变化和相关心理感受； 2. 分析标题和语篇中的意向，并联系自身生活，培养积极乐观的人生态度； 3. 运用所学内容，参照台风安全指南写一则防洪安全指南

　　再次，参照目标，制定深度学习的教学评价量表。语言教学中，教师对于学生的语言学习效果和发展水平，需及时进行评价。教师在设计单元评价时既要有明确的评价目标和评价内容，也要编制评价工具，对评价结果进行量化考核。评价时，教师可以根据预先设计的评价标准及评价量表来观察记录学生的表现，将过程性评价和表现性评价贯穿于课堂之中，有效提升课堂教学成绩，提升学生的学科核心素养。

　　为更好地进行评价，可以制定如下评价量表（如表9-2所示）。

表9-2　教学评价量表

评价内容	语言能力（语言知识、语言技能）	文化意识（对中外文化的理解、对优秀文化的认同）	思维品质（逻辑性、批判性、创造性）	学习能力（学习动机、学习态度、学习策略）
课堂表现评价	回答问题正确、课堂展示优秀	回答问题有正确的价值取向，能理解中外文化和认同优秀文化；学生针对文本设计的问题有深度	能回答开放性问题；有自己的见解	课上敢于表达；帮助他人解决问题
作业表现评价	作业优秀	口头和书面作业有正确的价值取向	口头和书面作业思维良好	学习笔记优秀
课下表现评价	学科活动表现优秀	学科活动中有正确的价值取向	课下问的问题有深度（主动提问、敢于质疑）	英语学习有目标、有计划并能按计划完成；主动问问题；能选择恰当的学习策略和方法；小组合作意识强；根据表现写自我评价和对他人的评价

最后，围绕目标与评价要求，设计教学活动。单元学习活动是根据课程目标和教材内容所设计的以学生为主体的综合性语言实践活动。单元学习活动应服务于单元整体目标的达成。我们基于课时内容将单元目标分解成课时目标（如表9-3）；基于课时目标来设计单元学习活动，实现单元学习活动精确指向课时目标，确保单元目标的达成。这一过程体现了整体统辖部分、部分服务于整体的教学思想。

表9-3 课时目标设计

板块	课时目标
板块4 Presenting ideas & reflection 呈现与反馈	1. 能够完成故事叙述，并对其他学生的故事给予客观评价； 2. 能够对"灾难与希望"这一主题有更深入的理解，树立积极乐观的人生态度； 3. 能够进行自我反思，评估学习效果，调整学习策略，提高学习效率
板块5 Extensive activity & research study 拓展活动与研究性学习	1. 能够进一步深化主题，发展学习兴趣，保持积极主动的学习态度； 2. 通过小组合作相互交流、相互激励来培养合作学习的意识，并通过探究学习活动来发现主题意义； 3. 培养面对自然灾害的自我反思意识，收获在灾难面前也要保持乐观积极的生活态度

遵循以上原则，教学活动安排通常设置为导入与阅读（Starting out & reading）、语言运用（Using language）、发展阅读（Developing ideas）、呈现与反馈（Presenting ideas & reflection）、拓展活动与研究性学习（Extensive activity & research study）五个模块。

该案例通过明确教学目标、整合教学内容、设计教学活动等策略，激发学生的学习兴趣和积极性，促进其主动参与和合作学习。以外研版高中英语教材为例的大单元教学实践表明，该模式能够显著提高学生的综合语言运用能力，为教学提供了新的思路和方法。未来，我们应继续深入研究和探索大单元教学的有效策略和方法，以更好地服务于高中英语教学的改革和发展。

大单元教学的效果评估应贯穿于整个教学过程。教师可以通过观察学生的课堂表现、检查学生的作业完成情况、组织学生进行自我评估和同伴评估等方式来评估教学效果。此外，教师还可以设计一些测试题目来检验学生对本单元知识的掌握情况。通过综合评估结果，教师可以及时调整教学策略和方法，以更好地促进学生的学习和发展。

核心素养的培养是教学的重要任务。通过分析可以看出，该教学方法在培养学生核心素养方面具有显著的优势和潜力。然而，要真正落实核心素养的培养目标，还需要教师在教学实践中不断探索和创新教学方法与策略。只有这样才能培养出具有语言能力、文化意识、思维品质和学习能力等核心素养的高素质人才。

五、大单元教学实践

（一）英语课堂教学实践

1. 单元学习主题

单元学习主题是指教材各单元在特定文化主题语境里希望传递的思想意识和精神文化内涵、情感态度方式和人生价值观。北师大版高中英语每册教科书均紧紧围绕"人与自我""人与社会""人与自然"三大语境，选配高中英语新课标要求的多种语篇类型。具体到每个单元，各单元分别围绕一个主题语境展开，并依托不同类型的语篇呈现，融合听、说、读、看、写等各种语言技能的教学，有机融入核心语言知识，使学生主动参与基于不同类型语篇的理解和表达活动，围绕主题意义，逐步学习运用语言知识和语言技能，建构和内化结构化知识，并从不同视角、不同维度、不同深度对主题意义进行探究，从而提升逻辑批判和创新思维，达到发展英语学科核心素养的目的。

下面是笔者依据人教版高中英语教科书第七册 Unit 1 Living Well 单元主题开展的复习课教学案例。

基于单元话题的复习课教学设计
Unit 1　Living Well（revision）

主题语境	人与自我
语篇类型	记叙文
授课时长	一课时

语篇分析

  Living Well 是一篇记叙文。本节课是学习第一单元之后的一节复习课，笔者认为学完第一单元后，进行一次从词汇到课文基本知识的复习，以及对课文内容深层次的挖掘，鼓励学生用学到的知识进行信息输出是很有必要的。同时，通过和学生沟通交流发现，他们生活安逸，没有吃苦耐劳、拼搏进取的精神，部分学生对学习没有目标，没有理想。基于这样的思考，笔者特设计本节课。

  【what】首先，开展词汇的复习活动，建立词汇网络。其次，进行课文深层次内容的解读和挖掘，"阅读语篇"部分中，残疾人马蒂·菲尔丁讲述了不知名的疾病给他生活带来的种种困难，以及他接受适应疾病的过程，他建议大家友好接纳残疾人。马蒂·菲尔丁在与病魔做斗争的过程中逐渐成长成熟。他因为患了一种至今还不曾被认识的肌肉疾病，身心倍受摧残，但痛苦的磨炼也使他变得坚强，更好地认识人生，决心要过好人生的每一天。马蒂·菲尔丁的自述向我们展示了他复杂的情感变化过程：希望破灭后的迷惘、焦虑、恐惧，对同情和理解的渴望，以及自我接受、被人接受后重新燃起的希望和喜悦。通过对课文的学习，可提高学生关心、理解、帮助他人的意识。"语言运用"部分的课文材料，帮助学生提高语言综合运用能力。同时，让学生学会作为健康的人应该怎样去关心、帮助残疾人。

  【why】马蒂·菲尔丁以第一人称叙述不知名疾病给他的生活带来的种种困难，以及他接受适应疾病的过程，他建议大家友好接纳残疾人，这能让读者感同身受，对疾病和残疾人生活有更具体的概念。通过本节课的学习，学生会更了解"残疾"，理解残疾人。

  【how】阅读语篇是典型的记叙文，以第一人称讲述马蒂·菲尔丁的故事，这种写作手法使文章读起来让人感同身受，从而引导鼓励学生树立正确的人生观，实现培养学生社会责任感的育人目标。简单的说教并不能让学生真正体会残疾人生活的艰辛，笔者特设计了角色扮演环节，让他们扮演盲人的角色去体会，去感受。当大部分学生觉得闭上双眼或戴上眼罩去做一些事情很困难后，教师再播放尼克·胡哲的励志视频，引导学生思考从他的身上能学到什么品质，让学生明白：一个残疾人能够成功，除了有"身残志坚"这种精神外，更重要的是有自己的人生目标和理想。那么，作为身体健康的中学生，我们应该怎么做呢？引导学生明白要有目标，要有理想。接下来鼓励学生尽量使用本单元中的知识去完成一篇作文"My dream"，作文主旨是让学生树立自己的人生目标，鼓励学生做一个有理想并为实现自己理想而拼搏的中学生。

学情分析

我班大部分学生的基础知识仍然较为薄弱，运用英语进行交际活动的能力较差；主动学习的动力不够，然而他们学习比较认真，好胜心强，渴望在班集体里得到他人的承认，很在乎别人对他们的评价；求知欲旺盛，思维比较活跃。部分学生的基础较好，能主动配合老师，愿意开口讲，动笔能力强。他们有着高中生独立、爱表现自我的特点。因此，只有设置使他们感兴趣的活动，因材施教，才能让他们投入课堂活动。对于 disability 这一话题，学生们有一定的了解，但是了解得不全面，对于同话题的词汇掌握不够系统化，对于词汇在语境中的准确运用还有所欠缺。

教学目标

1. To learn the useful words and phrases in this unit, to learn about disabilities and life of the disabled and to know that people with disabilities can also live well.

2. Collecting some materials, cooperation learning and inquiry learning.

3. Arouse the student's consciousness of studying hard for achieving their dreams, help them understand more about how challenging life can be for the disabled and develop students' sense of cooperative learning.

4. To develop students' attitude towards life positively when they face some hardships.

教学重难点

教学重点：

1. Inspire students by positive stories of people with disabilities.

2. Learn disabled people's spirits.

3. Arouse the students' consciousness of studying hard for achieving their dreams.

教学难点：

1. Develop students' ability to use language points freely.

2. Help students understand the difficulties that disabled people have to overcome.

3. Raise students' consciousness of caring about and helping disabled people.

教学方法

1. Task-based teaching and learning.

2. Cooperative learning.

3. Inquiry learning.

教学资源
Multimedia;   Interactive whiteboard;   Ningxia Education Cloud Teaching Assistant.
教学流程图

教学流程图

Living Well (revision)

Lead in

Brainstorm

Mind map

Further understand the text

Role play

Sharing feelings

Watching movie

Discussion

Writing

Assessment

Homework

教学过程			
教学活动	设计意图	核心素养提升点	效果评价
Step 1　Lead in T: I received a letter. Dear Dream, 　　This is Lily. I am writing to ask for help. I am very upset and desperate now. I was a happy and normal girl before the terrible car accident I met with last week. I lost one leg in the accident, which left me as a disabled girl now. Though I am extremely fond of dancing, I know that dancing, walking, jumping and even standing are far away from me now. I feel hopeless and helpless now. I don't know what I can do and how I can live on without dancing. 　　I will much appreciate it if you can give me some suggestions. 　　　　　　Yours sincerely, 　　　　　　　　　Lily	通过信件的方式引出本节课话题	语言能力：创设情境，调动学生学习的积极性和主动性，学生通过读、看、写等教学活动，掌握一定的词汇，形成语言意识和语感	学生是否已经全身心进入上课的状态？是否理解这封信的写作意图？
Step 2　Brainstorm 　　Try to list some words related to the disability. 　　Teacher classifies the words listed by students into three aspects: 　　T: As we have learned the story of Marty before, now let's review it again and find out the key words according to the structure.	通过头脑风暴，初步激活学生头脑中的话题词汇，并将词汇进行初步归类，为后面的词汇网络设计作铺垫		在头脑风暴中，学生能列出多少与话题相关的词汇
Step 3　Words structure setting	以课本语篇为依托，在主题语境下，进一步激活学生头脑中与 disability 话题相关的词汇，并鼓励学生建立自己的词汇网络	语言能力：阅读获取信息，概括主旨大意，感知和领悟主题意义	学生是否建立了自己的词汇网络？

教学过程			
教学活动	设计意图	核心素养提升点	效果评价
Step 4 Thinking T：How do you understand Marty's motto："Live one day at a time"？	给学生展示已建好的词汇图式网络，加深学生的图式印象 激发学生自尊、自立、自强的精神，以乐观的态度、顽强的毅力面对人生	思维品质：概括和建构文本意义 学习能力：借助词汇网格表达的学习策略，探究性学习 文化意识：学会做人做事，成长为有文明素养和社会责任感的人	学生是否真正理解了马蒂·菲尔丁的座右铭？
Step 5 Role play T：Students who wear an eye mask, please come to the blackboard and dictate some words we reviewed just now. Step 6 Sharing feelings Exchange your ideas：Your feeling… Step 7 Watching short movie Step 8 Discussion What do you learn from him? Step 9 Writing 1. Let students finish the composition. Write a letter of reply to Lily, using words you learned in this class as many as possible（the following points should be included）. ① Being disabled does not mean everything. ② She can stand up and continue dancing if she works hard. ③ Hope she can cheer up, overcoming the difficulties and enjoying life soon. 2. Comment on student's composition.	通过角色表演让学生真切地感受残疾人的生活，让他们热爱生活，热爱生命 四人小组活动，让同学们互相交流，分享感受。培养学生合作学习、接受和学习他人情感的能力 学习尼克·胡哲"身残志坚"的精神 回应课前导入部分的这封信的内容，让学生们以写回信的方式，巩固本节课所复习的词汇。对课上内容进行整合，引导学生们对"助人为乐、勇敢克服困难、享受生活"等问题进行思考	学习能力：知识迁移能力 语言能力：通过听、说、读、看等方式和在使用语言的过程中形成的语言意识和语感 思维品质：提升分析和解决问题的能力	学生在小组活动中的表现是否积极主动？口语表达如何？能否听懂他人的表达？和其他同学相比，你的优点有哪些？不足之处有哪些？ 学生能否在写作中应用话题语篇中的词汇？

教学过程			
教学活动	设计意图	核心素养提升点	效果评价
Step 10　Assessment 1. Self-assessment：how did I perform in my writing? 2. Mutual-assessment：how did he/she perform in the writing?	进行学生自评、生生互评及师生互评，使学生对自己本节课内容的掌握程度有所了解，及时反思自己的学习效果、改进学习方法、端正学习态度	学习能力：养成良好的学习习惯，多渠道获取学习资源，自主、高效地开展学习	对自己的总体表现评价如何？今后在哪些方面还需要继续努力？

作业设计
Finish exercise on students' book page 4. In group make a short dialogue about Xie Li's progress. What would you say using the phrases in Exercise 3? 请以 My dream 为题写一篇 100 字左右的短文。 注意：请尽量使用本单元的词汇、句型等。内容须包括以下要点： ①我的梦想是？ ②为什么要有这样的梦想？ ③怎样实现？ 作业与学习目标的关联： 1. 对于部分同学来说，能有效弥补课堂中由于时间关系而未能完全掌握的知识缺口，同时为部分同学提供了提高语言知识和技能的机会。 2. 作文练习和小组合作学习任务，除了能够巩固学生的语言知识外，更能有效提升学生的思维品质、学习能力、文化意识。

课后反思
本节课，笔者始终围绕本单元话题语境，以激发学生求知欲和思维能力为主线展开，通过自学、自悟、互助、感悟去激活学生头脑中的词汇，最终形成词汇图式网络。首先，通过设置不同的任务，让学生在小组活动中通过合作和探究来完成各个任务，头脑图式能帮助学生更好地掌握本单元的词汇；对语篇的深层思考和研读，引导学生形成积极乐观的人生态度；不同的任务设置激发了学生的学习兴趣和用英语表达的欲望；小组活动以竞赛的形式进行，既有合作又有竞争，增加了小组活动的有效性。其次，笔者应用小组竞赛和课堂评价的非测试性评价手段，对学生日常学习过程中的表现、所取得的成绩以及所反映出的情感、态度、策略等方面的发展做出评价，达到激励学生学习，帮助学生有效调控自己的学习过程，使学生获得成就感，增强自信心，培养合作精神的目的。再次，通过各项任务的交流互动，加深了学生对文本语篇的理解，达到了本节课教学的目标。最后，宁夏教育云教学小助手的恰当使用，助推了课堂教学，激发了学生学习的积极性和兴趣。比如，利用点名软件，提高了学生上课的专注程度；利用云校家手机 App 拍照上传功能讲解作文，快捷有效；利用互动课堂中的评价功能，能及时给予各小组鼓励表扬。

> 课后反思
>
> 　　由于学生的语言基础不够扎实，在表达自己的看法和用英语进行讨论时，会夹杂汉语，或不敢大胆说出自己的看法，欲言又止。这说明，在平时的教学中，应该给学生呈现更多的常用句型，让学生掌握常用句型；在让学生进行谈论前，应尽量帮助学生解决语言困难。在学生进行小组活动时，应尽量给学生更多的帮助，主动了解学生的语言困难。应更重视教学评价的作用，真正做到以评促教、以评促学。

　　英语课程内容体系包括的六大基本要素，为学生学科核心素养的发展奠定了基础。课程内容中的这六大基本要素应该作为一个整体，有机联系在一起。培养学生发展其英语学科核心素养能力的三个主要依托是三大重要主题语境，也是主导制定教学目标和开展学习活动的关键所在。所以在主题意义探究的基础上进行单元教学设计，应是新时代教师必备的技能。

　　2. 单元学习目标

　　目前，教材中设置的单元学习目标主要有：围绕单元的主题语境内容，基于单元提供的人物介绍、新闻报道、语音信息等多模态语篇，综合运用各种语言技能，读懂与人文精神相关的语篇内容，听懂并谈论与单元主题相关的话题，恰当使用所学词汇、表达介绍人物精神品质，描述有关场景，了解中外优秀人物的经历和事迹，感知他们的精神品质，深化对单元主题意义的理解。能够运用单元所学内容，通过比较、分析，准确获取语篇中与人物精神相关的信息并在此基础上联系自身实际，思考人文精神对自己的启发。能够组织有关实践活动，实现知识与思维能力的拓展和迁移，树立不畏艰难，团结协作、不断超越的体育精神。能够通过运用各种学习策略，在自主学习、合作学习与探究式学习的过程中，结合单元所提供的反思性和评价性问题，不断监控、评价、反思和调整自己的学习内容和进程，激发英语学习的兴趣，提高自己的理解能力和表达能力，最终促进自身语言能力、文化意识、思维品质和学习能力的综合提升。

　　现结合北京师范大学版选择性必修一 Unit 5 A Pioneer for All People—Reading and Thinking 谈谈指向深度学习的单元目标的设置。

指向深度学习单元目标的高中英语阅读课教学设计

Unit 5　A Pioneer for All People—Reading and Thinking

主题语境	人与自然（粮食危机与农业生产）
语篇类型	记叙文（人物介绍类）
授课时长	一课时

教学设计理念

　　高中英语新课标指出："教师要积极探索有效的教与学的方式，研究如何在教学中将语言知识转化为学生的语言运用能力，帮助学生正确理解和表达意义、意图情感和态度，努力实践指向学科核心素养发展的英语学习活动观，实施深度教学，落实培养学生英语学科核心素养的目标。"由此可见，教师如何实现学生的深度学习，已经成为落实英语学科核心素养的关键所在，也成为新一轮课堂教学转型的关键。在高中英语教学中，知识联系较为紧密，而教材中的知识又分散于各个单元，如果不能有效整合，会导致知识的衔接出现断层，进而影响学生的学习效率。传统教学充斥着大量记忆和机械训练，忽视了更有深度的、可迁移的概念性理解。"三新"背景下，实施可以从根本上促进学生的深层概念性理解的单元整体教学势在必行。

语篇分析

　　【what】作者较客观地介绍了我国著名农业科学家袁隆平平凡而伟大的一生。文章从袁隆平对于自我身份的认识开始讲起，他认为自己是一个地道的农民，所以在大学毅然决然地选择了农业作为自己的专业。在大学学习期间，尽管遇到了许多困难，但他仍然坚持发展杂交水稻，做了许多研究，终于成功地培植出了杂交水稻。他在事业上的成功为他带来了巨额财富，但是他没有沉迷于世俗的成功，他把钱捐给了国家，继续投身于超级杂交水稻的研究中。他一生致力于让中国人不挨饿，让世界人民不会因为饥饿死亡。

　　【why】文章通过描写袁隆平的事业和理想的发展过程，一是让学生学习他的奉献精神、科学苦干精神，将个人前途与祖国利益相结合的时代选择；二是让学生了解中国科学家在解决世界粮食问题中做出了艰苦的尝试并且取得了巨大的贡献和成就。希望这能使学生有所感悟，并结合自身的真实情况和当今中国的需要，以及当代世界格局进行有益的思考和探索。

　　【how】篇章结构：这篇文章以时间为线，从袁隆平的出身讲起，依次介绍了他的教育背景、研究、成就、美德以及他的理想和愿景，从而在 who，what（how），why 三个方面证明了袁隆平是当之无愧的人类先锋楷模。

　　文本语言：本文使用第三人称，采用过去时描述袁隆平，用现在时展现他的品质，尽量客观地展示了袁隆平人生的各个方面；其中作者也使用了客观的数据进行说明。

学情分析
读懂这篇文章对我班学生来说没有太大的难度，把文章内容弄清楚之余，首先要引导学生分析文章结构，以及作者是如何通过写作体现主题的。当学生要写一篇介绍人的文章时也可循同法。其次是让学生把袁隆平的精神和理念运用到实际生活中，解决实际问题。比如在学生做人生选择时应如何考虑，如何克服困难取得成功，以及在解决粮食危机时如何思考，如何合作，等等。

教学目标与核心素养
1. Master the vocabulary of the article content. 　　2. Understand the structure, style, and internal logic of the article. 　　3. Apply what they have learned to think and solve practical problems in English.

教学重难点
教学重点： 　　1. Grasp the content and vocabulary of the article through group reading and Q&A, and ask questions to solve problems. 　　2. Understand the main points of the article through the teacher's guidance and draw a structure chart. 教学难点： 　　1. Use what has been learned in flexible ways such as through group work activities to apply the content and vocabulary of the article; broaden thinking to delve into other aspects to solve the world food crisis. 　　2. Handle Q&A and group work activities flexibly, so that students can enjoy them while not losing the significance of learning due to oversimplification. 　　3. Summarize the main points of the article and draw a structure chart while clarifying the logic of the article.

教学方法
1. Task-based teaching and learning. 　　2. Cooperative learning. 　　3. Inquiry learning.

教学资源
Multimedia; Interactive whiteboard; Ningxia Education Cloud Teaching Assistant

教学过程					
目标	课堂活动（用时）	活动意图	活动类型	学习结果评估	深度学习特征
激活已知	Activity 1 (4 mins) Watch a video about global food crisis recently. What can you see in the video? Did you fear the food crisis might happen in China? Why do you feel China is safe in food supply? 1. Ask students to identify major grains in China according to the pictures. 2. Can you guess who it is that is closely related to rice and feed all Chinese?	创设主题语境，激活学生已知和兴趣，用世界性的问题打开话题，并联系生活实际和常识展开合理想象，过渡到本课主题	感知与注意	学生能够关注世界性话题，并结合中国自身情况进行思考	联想与结构：教师通过设计的一系列问题激活学生已有知识和经验。通过此活动，使学生将旧知与新知建立起关联，激发阅读兴趣和动机
预测文章的内容	Activity 2 (3 mins) Watch the video and answer the questions： 1. What do you know about Yuan Longping? 2. If you are supposed to write an article to introduce Yuan Longping, what would be involved?	学生通过观看视频和各个学科都接触过的知识对袁隆平进行初步的认识	感知与注意、概括与整合	学生能看懂视频、获取信息并表达出来；对文章内容进行预测和概括，感知文章类型	联想与结构：教师通过设计的一系列问题激活学生已有知识和经验。通过此活动，使学生将旧知与新知建立起关联，激发阅读兴趣和动机

目标	课堂活动（用时）	活动意图	活动类型	学习结果评估	深度学习特征
学生通过自主问答把握文章的细节和具体词汇	Activity 3（18 mins） Ask the students to read through the text, fully get the idea of the whole article, and prepare to ask questions beginning with "wh-" words to challenge other students. The teacher initiates the sequence by asking a question concerning the details of the contents in the text. Remind students to use questions words like who, what, where, when, how, why… The teacher proposes 3 questions with open answers concerning the deep meaning of the text. 1. Why did Yuan Longping choose to study agriculture as his major? 2. Why could Yuan Longping grow the first hybrid rice successfully? 3. How did Yuan Longping envision rice plants? （by showing a video）	通过学生间的互相问答检验学生对课文细节的理解程度	获取与梳理、概括与整合、描述与阐释	以学生为主体进行提问，教师不过分干涉 提醒学生尽量不要提 yes/no question 的问题，更多地以 what, how, why, who, where 的特殊疑问句为主，挖掘文章细节。	活动与体验：学生围绕寻找问题仔细阅读文章，思考并分享对内容细节及词汇的理解和掌握。 联想与结构：要学会提问题，必要先思考答案和提问题的方式，学生通过该活动主动地对阅读文章展开挑战，更加有趣
通过教师提问和阐述使学生明了文章的基本写作结构、逻辑及其功能	Activity 4（7 mins） Summarize the text. 1. How is the article developed? 2. What are the values behind the story of Yuan?	梳理文章结构、总结文章世界观和价值观	获取与梳理、概括与整合、描述与阐释	对文章细节理解完毕后再次回到文章的整体分析，帮助学生总结出本文的文章结构，以及此结构的功能是什么，联系文章的文体进行思考	联想与结构：学生以思维导图的形式概括、整合文章，建构起新的知识体系，以结构化和整合的方式将其储存在记忆中。 本质与变式：学生在具体语境中把握语言特点及其本质，深入思考语言形式背后的功能

目标	课堂活动（用时）	活动意图	活动类型	学习结果评估	深度学习特征
通过教师引导学生讨论的方式来解决课堂开头提出的问题，即 global food crisis。让学生通过本课的学习对该问题有更深入、更有广度的思考	Activity 5（12 mins） Group discussion. Teacher introduces various reasons for food global food crisis. Divide students into 3 groups, ask them to be members of FAO; ask them to have group discussions to work out a draft of solutions to global food crisis. Ask each group to present their ideas and share their opinions.	引导学生进行思辨	描述与阐释、内化与运用	文章细节与整体都理解完之后，教师就要开始引导学生进行思辨	活动与体验：学生在小组活动中积极探讨，分享个人看法。 迁移与创造：学生在模拟的社会实践中有理有据地去论证自己想法，并创造性地去解决真实生活中的问题，将所学知识迁移应用到陌生情境中。 价值与评判：学生深入思考如何解决全球粮食危机，培养全球观、可持续发展的价值观，形成可带走的素养
	Homework（1min） Think about as a teenager, what can you do from now on, and write down your ideas.		内化与运用、想象与创造	学生运用所学，结合实际情况，发挥自己的创造力进行表达	

板书设计

Development of the article
A Pioneer for all People

what/how   Research & Achievements → Visions

who   Education

Identity → Virtues   Why

Contributions & Influence

课后反思

　　通过本节课的学习，学生基本上能够：掌握文章内容词汇；理解文章结构文体及其内在逻辑；运用所学思考和解决实际问题。

　　优点：在本节课中学生有充分的自主权，学生对于篇章能够做到自主分析和理解，并能用英语与全班同学进行交流，对袁隆平的生平也有自主的理解，而不拘泥于书本和教条。

　　缺点：授课时间有点紧张，用一节半课完成这节课效果会更好。课堂上学生的交流欲望很强烈，由于时间关系被中断。能给学生充分的时间去讨论和表达，才是一节有思想和更有深度的阅读课。

　　在今后的教学活动中笔者将扬长避短，以挖掘学生的潜力、培养学生英语学科核心素养为目标，深入研读语篇，把握教学核心内容，通过学习理解、应用实践、迁移创新等层层递进的语言、思维、文化相融合活动，引导学生加深对语篇意义的理解。

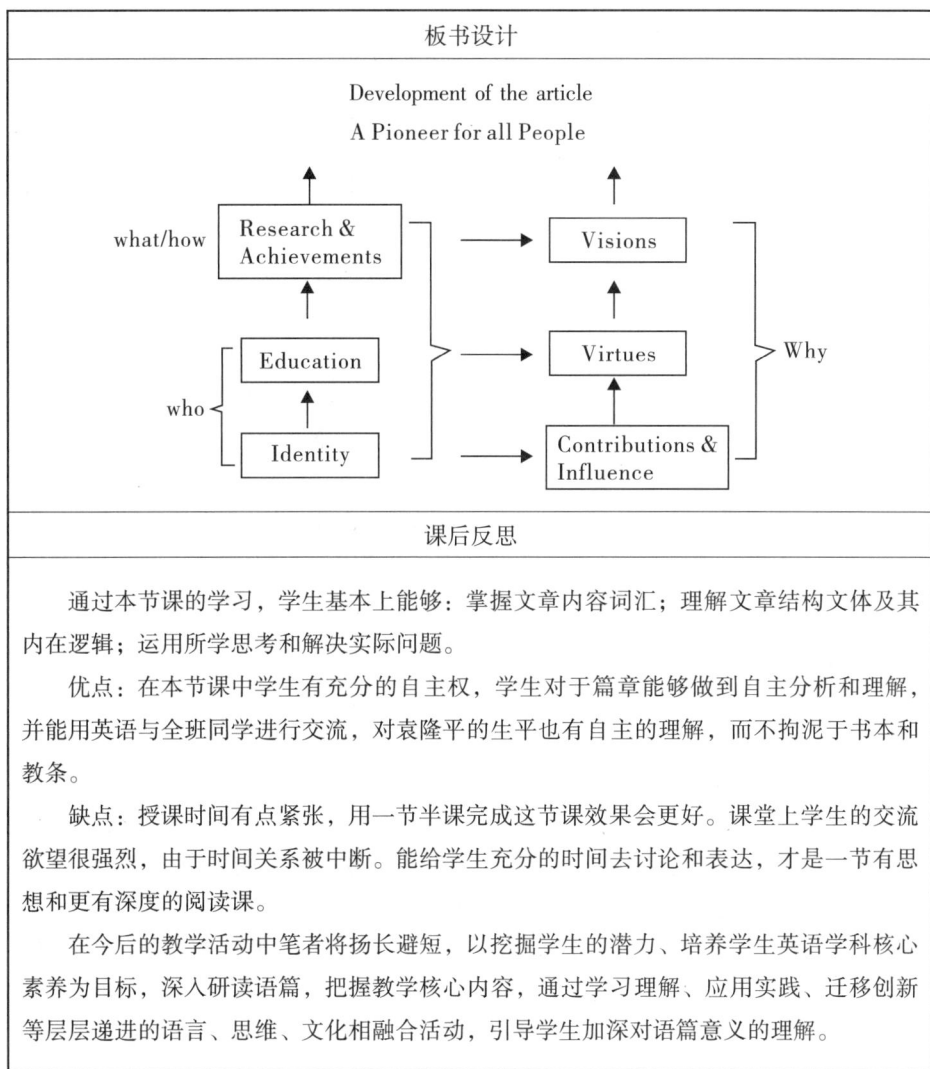

3. 单元学习活动

　　英语教学要促进学生思维与语言的综合发展，靠单一语篇的教学难以实现。因此，在教学中要树立英语学习活动观，科学、合理设计单元学习活动，从而引导学生深度学习。设计单元学习活动时，教师应以主题意义为引领，以单元整体教学为载体，整合教学内容，确立单元整体目标，厘清其结构关联，并在教学中突出学生的主体地位，注重评价功能的发挥，促进育人目标的实现。

　　下面，笔者以外研版高中英语必修一 Unit 3 Faster, Higher, Stronger 的教学为例，设计单元学习活动。

Faster，Higher，Stronger 单元课时安排

语篇	课型	课时	单元课时目标
Starting out	Watching and speaking	第一课时	①带领学生观看视频，初步了解世界上三大体育赛事，培养学生提取主要信息的能力；②引导学生基于所提供的信息和已有知识，复习活动中三位运动员的生平事迹，激活已有的语言背景知识，激发对话题的兴趣；③引导学生谈论运动员带给自己的启示和影响，了解与体育运动相关的知识，感知运动员身上体现的体育精神
Understanding ideas	Reading	第二课时	①带领学生通过课文标题猜测课文内容和作者的写作意图；②引导学生细读课文，找出相关的细节信息并梳理课文的写作脉络；③引导学生对课文进行解构，掌握新闻报道的写作特征和语言特征，并运用与话题相关的语言知识介绍一位运动员；④通过总结 Stephen Curry 的成功经验，让学生明白在今后的学习、生活和工作中要坚持自己的梦想并为之不断努力，成为更好的自己
Using language	Grammar，listening and speaking	第三、第四课时	①引导学生掌握并能够正确使用动词搭配恰当的运动，并尽量想出更多不同的运动类型；②引导学生了解运动精神，听懂与运动精神相关的话题内容，能够恰当地运用相关表达阐述自己意见并进行解释；③引导学生认识到运动精神的重要性，培养积极向上的人生观

语篇	课型	课时	单元课时目标
Developing ideas	Reading and writing	第五、第六课时	①引导学生理解课文内容，总结出中国女排成功的经验；②引导学生联系自身的学习与生活，深入思考女排精神对自己学习态度、生活态度和价值观的启示，引导学生掌握场景描写的特征和方法，运用本单元所学语言知识，通过观察，学会细致地描述场景并根据课后要求描述一段体育场景
Presenting ideas and reflection	Reading and speaking	第七课时	①引导学生通过本单元的学习，产生对"体育精神"这一话题更深入的理解，能够形成自己的体育观；②引导学生辩证地看待问题，能够客观地对不同的观点进行评价；③引导学生了解英语辩论的基本方法，使学生能够运用恰当的表达方式进行辩论，同时结合所学表达阐述自己对体育精神的理解并举例证明，提高综合语言运用能力，锻炼逻辑思维能力
Project	Writing and speaking	第八课时	①引导学生了解和掌握广告或者海报等宣传文本的结构和特点，能够自主选择合适的结构、内容呈现方式介绍趣味运动会；②引导学生综合运用本单元所学内容，详细、生动、全面地介绍趣味运动会的情况和特色；③引导学生开展合作探究，进一步了解不同的体育项目，培养对体育活动的热爱

　　深度学习强调学生主动通过有目的的全身心投入，推动结构化知识的建构，从不同视角认识和分析问题。它注重情境的开放性和利用所学解决实际问题。设计深度学习活动需激活学生已知，提升其探究的主动性。基于此分析，笔者基于英语学习活动观设计了问题链（见图 9-2），以聚焦主题意义探究，促进学生思维从低阶向高阶发展。

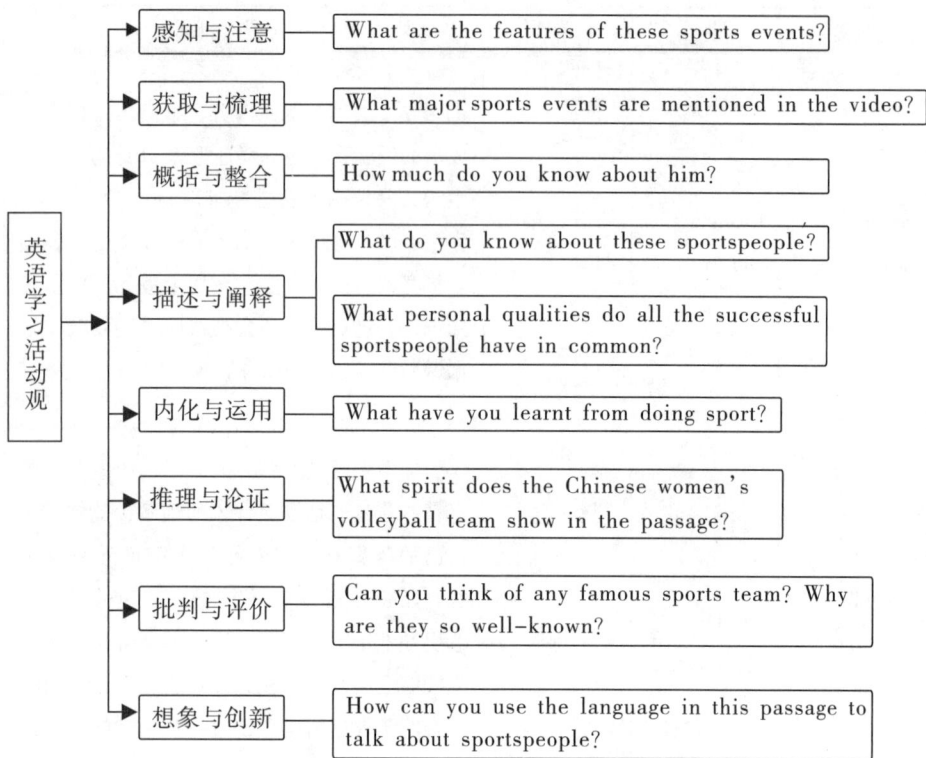

图9-2 基于英语学习活动观的问题链设计

基于深度学习特征，笔者进一步梳理了问题链和教学活动（见图9-3）。①联想与结构。结合"背景激活—发现问题—分析困难—解决问题—行为影响"的逻辑线，学生绘制思维导图，梳理故事线索，形成知识结构图。②内化与交流。通过提供的话题情景和表达，编演一段对话，讨论下一届有可能获得劳伦斯世界体育奖的三名中国运动员。学生分享对话，体会对话中人物的感受，获得思维和语言的习得与内化。③本质与变式。通过小组讨论，学生剖析体育竞技的精神，深入理解团队精神的重要性，学会介绍中国女排的成功事迹，增强民族自信心和自豪感。④迁移与创造。通过项目实践活动，学生进行调研，搜集或设计趣味运动会的运动项目，开展自主学习、合作学习和探究学习，进一步挖掘体育精神的主题意义。⑤价值与评判。通过研读标题和作者态度，学生进一步升华主题，激发对体育活动的热爱。

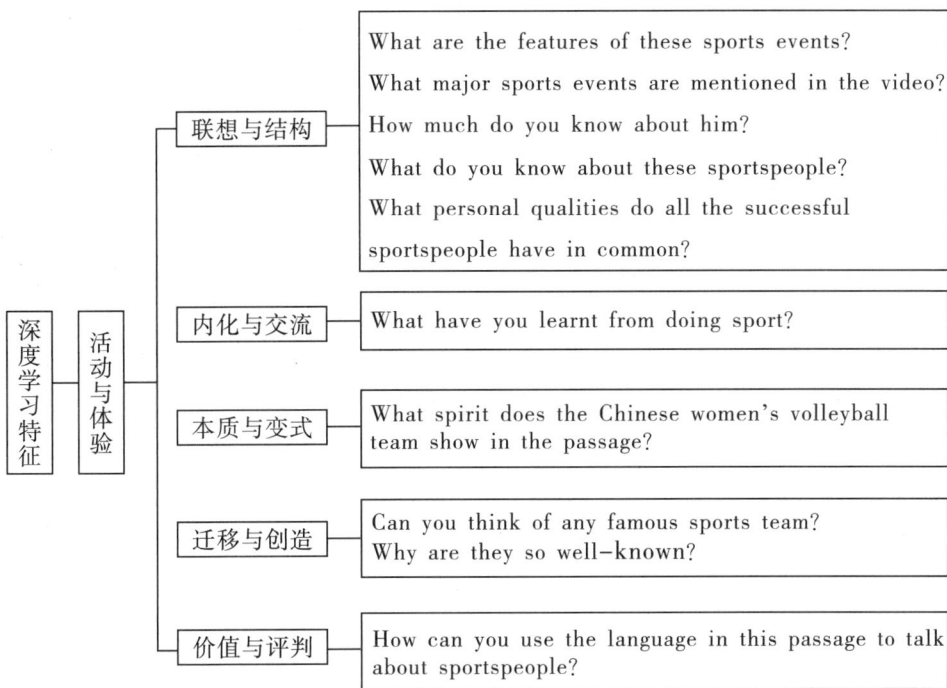

图9-3　基于深度学习特征设计的问题链和教学活动

同时，单元整体教学要注重"教、学、评"一致，强调评价的导向作用和促学功能。笔者在教学过程中组织学生讨论评价标准，形成标准共识，并按标准进行多元评价，让学生在自主评价反思中促进对所学内容的内化与整合。以"Using language：V-ing as subject"为例，笔者在教学中鼓励学生通过讨论形成目标评价体系，并开展自评和互评。评价表如表9-4所示：

表9-4　评价表

Criteria（标准）	Performance（0、5、10、15）
1. Does the writer use V-ing as the subject in composition?	
2. Does the writer get the information well-organized?	
3. Does the writer use correct grammar, punctuation（标点）, and spelling?	
4. Does the writer present clear and clean handwriting?	

（续上表）

Criteria（标准）	Performance （0、5、10、15）
5. Can you describe the sportspeople with some sentences using V-ing as subject?	
6. Do you learn some spirit from sportspeople?	

基于核心素养的大单元教学契合指向学科核心素养的学习活动观，教师应以主题意义为引领，梳理单元教学内容，剖析语篇结构关联，明确单元整体目标，通过联想与结构、内化与交流、本质与变式、迁移与创造、价值与评判等教学环节促进学生参与活动、获得体验，并重视发挥评价的功能和目的驱动作用，以提升学生的学科核心素养，实现育人目标。

（二）语文课堂教学实践

群文阅读就是大单元教学的体现。当今时代，大众的阅读形态呈现出非线性、互动性、视觉性、浅显性等特征，阅读者的阅读行为也出现了数字化、移动化、碎片化、个性化、社会化等诸多特点融合的现象，这就要求我们的阅读教学必须做出相应的改变。

"群文"一词最早由台湾小语会理事长赵镜中教授在全国第七届阅读教学观摩会的主题演讲中提出。在此之前，日本的"群书阅读"、港台的"多文本阅读"、江浙的"多篇课文教学""多本书的阅读"可视为"群文阅读"的源流。

在新课改背景下，高中语文教师在开展教学时，应当顺应教材编撰特征，采用大单元整体教学的方式开展语文任务群讲授，促使学生提升核心素养。在实际教学过程中，教师应当提炼单元主题，确定单元学习目标；创设学习情境，设计单元学习任务；明确学习路径，引导学生反思建构；整合学习资源，读、思、写相结合；倡导自主学习，营造合作探究环境；加强课堂互动，拉近师生之间的关系。

1. 群文阅读的意义

（1）增加阅读量。群文阅读教学要求学生在一节课中阅读三篇以上的文章，这有效地增加了学生的阅读量，扩大了学生的阅读面，为学生语文素养的提升奠定了坚实的基础。

（2）提高阅读速度。群文阅读教学要求学生在一节课中阅读多篇文章，这就让学生的阅读速度得到了切实的强化训练，从而提高阅读能力。

（3）激发阅读兴趣。新的阅读内容不断激发学生的阅读期待，教师不得不少问少讲，学生忙着进行看书、思考、陈述、倾听等语文实践，真正成为语文学习的主人，阅读兴趣也大幅提升。

（4）丰富阅读方式。群文阅读教学不仅加大了学生的阅读量，更重要的是让学生在多篇不同作家、体裁、内容的文章阅读中进行比较归纳、分析总结、深入思考，教师可以更关注略读、默读方法的指导，这样就为学生学习多样化的阅读方式、终身阅读与发展奠定了基础。

（5）养成阅读习惯。群文阅读犹如课内外阅读的桥梁，能有效地衔接学生的课内外阅读。因此，积极倡导群文阅读教学，可以更好地促进学生学习方法的习得和良好的阅读习惯的形成，从而更有效地提高学生的阅读能力和语文素养。

（6）提升阅读能力。群文阅读教学要求学生围绕一个议题进行多篇阅读，这样学生在大量的语言信息中自主学习，在自主中学会比较、学会辨析、学会梳理、学会归纳、学会表达，从而习得一定的阅读方法、建构一定的知识体系，提升阅读能力。

2. 群文阅读的理念

（1）群文阅读，就好比是欣赏一丛花，它没有固定的中心，也没有固定的背景，每换一个角度，中心和背景就会悄然发生变化。欣赏的角度是无穷的。群文阅读引导学生在反复的、不同视角的观察比较中去发现不可预期的、变动的、潜在的、流动的美。这种美参差多态，变幻无穷！

（2）群文阅读，即为培养深度阅读能力而进行的大量泛读。群文阅读可以采用多种多样的阅读方式，但泛读是最基本的，因为群文阅读的文本量一般要比单篇课文多数倍。不过，群文阅读中的泛读并不是浅阅读，它指向的是深度阅读能力的培养。群文阅读中的泛读不是随意的、盲目的、消遣式阅读，而是为完成明确的问题探究、深层次的审美体验而展开的定向的任务驱动型阅读。

（3）比较阅读成为群文阅读的本体性方法。与比较方法的本体性要求相适应，群文阅读必定是走向深度对话的探究课。只有在步步深入的对话中，才能层层揭开群文之间的深层次联系，文本之间隐蔽的互文性才能浮出思维的水面。

（4）群文阅读不仅仅指书面语言阅读，还包含更广泛意义上的非语言文本的"看"。读物、读像、读图、读数、读事，不一而足。这意味着，群文阅读是一种跨阅读介质、跨文本形式的互文对话，需要更加丰富的想象力、联想能力，有时甚至需要依托专业知识进行，这是其课程统领整合功能的体现。

（5）群文阅读是依据关注点的变化而自由链接文本的开放性阅读。关注点可以是某个议题、主题或话题，可以是某种现象、概念、观点或命题，还可以是某种语文知识、能力、学习方法或思维方法，只要所选文本从某种视角能够聚集成一个值得关注、值得探讨的焦点、中心或线索，就可以彼此发生链接，汇聚辐辏成群文阅读的单元。

（6）群文阅读是一种开放式挑战性阅读。不应过分关注形式上的要求，而应强调学生是否获得了积极的、建设性的阅读体验，其思维能力是否受到了实质性挑战，其思维过程是否得到了即时的反馈和矫正，其语言表达能力是否得到了训练和展示，其语文素养是否获得了均衡的、可持续的发展。

（7）群文阅读的本质是通过文本间性（主体间性）阐释文本的存在本质，敞开语言中沉默的思想、历史与声音。在群文阅读教学实践中，有不少教师把群文阅读视为学习某种语文知识技能的手段，或讨论归纳某种语文共识的工具，尤其是将其当作归纳总结某项写作知识、技巧与方法的前置任务，这让群文阅读看起来更像是写作指导课。这是一种"阅读工具化"取向的群文阅读教学，其主要表现是阅读能力的培养被弱化和消解、人文陶冶功能被遮蔽。这种做法只能是群文阅读教学的支流，不应成为常态和主流，要警惕它喧宾夺主，掩盖群文阅读的"精神成人"的价值取向。

3. 群文阅读的实施路径

（1）单元构成。教材单元由单元提示、学习提示、单元学习任务构成，没有课后练习。单元提示主要概述单元所选课文的主题，是对单元学法的指导。学习提示主要是对所选课文思想内容情感以及艺术手法方面的鉴赏，是对具体课文学习的指导。单元学习任务根据单元特点以任务的形式设置若干任务让学生一起讨论、探究、开展语文实践活动，在做任务中提升语文核心素养，涵养学生德行。

（2）实施方法。

①单篇教学：基于学生古诗文基础普遍薄弱，涉及古诗文的单元还是宜于单篇教学，逐篇讲，精讲。例如部编版高一语文必修下册第一单元（《子路、曾皙、冉有、公西华侍坐》）、第八单元（《谏太宗十思疏》）。

②单篇教学和群文阅读结合：针对小说、戏剧文体单元，可以先单篇教学，后群文阅读。例如部编版高一语文必修下册第六单元，可以先单篇教学鲁迅《祝福》，师生一起学习小说《祝福》情节及情节安排技巧，深入了解主人

公祥林嫂，次要人物鲁四老爷、鲁镇人们、柳妈、"我"形象及塑造人物手法，环境描写作用，小说所表现的封建礼教吃人本质的主题。接下来引导学生群文阅读《林教头风雪山神庙》《装在套子里的人》和《促织》《变形记》两组文章，深入学习小说三要素和思想主题。这种教学结构，以一篇带多篇，实行举一反三式的教学策略，教师容易教，学生容易学，可操作性强，能很好地提高教学目标的达成度。

③ 群文阅读：像部编版高一语文必修下册第三单元《青蒿素：人类征服疾病的一小步》《一名物理学家的教育历程》《中国建筑的特征》《说"木叶"》这样的论述类文本，可以根据单元提示、学习提示，结合单元学习任务，设置若干任务，让学生自主学习群文阅读。当然，这种整单元群文阅读难度大。

（3）实施策略。

策略一：综合多种阅读能力

"群文阅读"除了要读得快些、多一些以外，还需要多种阅读能力，如提取信息和筛选信息、记忆、推论、比较、整合、分析、判断、创造等能力。其中，最需要掌握的阅读技巧习得方法比获得知识更重要，授人以鱼不如授人以渔。

①求同。"求同"就是找出几篇文章的共同点。例如，一组写父母之爱的文章，爱的方式各不相同，有慈祥，有严厉，但透过这些表现，我们可以找出它们的共同之处。

②比异。"比异"就是找出几篇文章之间的差异。例如，同样是过年，老舍笔下的《北京的春节》是热闹、欢乐的；梁实秋的《过年》则是无聊、累人的。

策略二：综合多种阅读能力

①整合。例如，有的文章说鲁迅是伟人，有的文章说鲁迅是普通人，有的文章说鲁迅尖酸刻薄，有的文章说鲁迅亲切随和。你读不同人写的回忆鲁迅的文章，可以"整合"出比较完整的鲁迅形象。当你书读多了，会经常遇到这样的情况，很多文章所讲的事情或讨论的问题是相同的，但材料的角度不同，或者呈现的是"碎片"，这就需要你自己像拼拼图那样将信息"拼装"起来。

②判断。例如，有的文章说传统的纸质书籍终有一天会彻底消失；有的文章说纸质书籍不可能消失。尽管电子书携带方便，存储量大，在呈现音乐、图片和地图等方面占有优势，但是很多人似乎更喜欢放在书架上的"真正的图书"那种厚重、耐久和令人愉悦的感觉。看了这些文章，你就要做出自己的

判断——纸质书会不会消失？我们现在所处的社会是一个"多元共生、众声喧哗"的社会，各篇文章在事实、观念、情感、表达方法等方面各不相同，读者不能简单盲从，不能"唯书""唯上"，而要对不同文本的真伪、是非、优劣做出自己的判断。

策略三：设计问题多元化

群文阅读教学需要以单篇文章阅读作为基础，但重点是指导学生从多篇文章中提取信息，整合信息。群文阅读教学时，我们要把多篇文章看成一个阅读整体，设计带有比较性、探究性、迁移性的问题，将多篇文章联合起来，供学生对比、阅读、思考，培养学生重整、评鉴、创意等高层次的阅读能力。

①立足群文阅读的比较性问题设计。有比较才有鉴别，比较是群文阅读教学的重要方法。常见的比较方法有横向比较、纵向比较、内容比较、形式比较、相同点比较、不同点比较等。在学生读完《促织》《变形记》这两篇文章后，引导学生比较思考：这两篇文章有什么相同之处？有什么不同之处？学生很快就能在比较阅读中发现这两篇文章的人物都有异化变形，文章都有社会批判意味，但在艺术手法上有其不同之处，《促织》带有神话色彩，《变形记》荒诞不经。

②立足群文阅读的探究性问题设计。林冲去山神庙暂宿，"入得庙门，再把门掩上。旁边止有一块大石头，拨将过来靠了门"。格里高尔艰难打开房门，正看见自己当年从军时的相片，"手按在剑上，微笑着，无忧无虑"。这些细节描写常常为读者津津乐道。教师可设计这样的探究性问题：请从本单元五篇小说中各找出一处精彩细节细加品味，探究小说中细节描写的艺术魅力。

③立足群文阅读的迁移性问题设计。在一篇带多篇的群文阅读教学中，我们可以设计一些迁移性问题，引导学生把一篇文章的阅读所得运用到其他文章的阅读之中。在读完这一组批判讽刺的文章后再引导学生回忆：我们学过哪些文章或者哪些小说，里面运用了同样的写作方法？或者你知道哪些小说家也运用了这样的写作方法？让学生在迁移中巩固知识、形成能力。

策略四：阅读写作相结合

"读写结合"是语文教学中一个历久弥新的话题。阅读是写作的基础，是内化的吸收；写作则是运用，是外化的表达。教学中，教师要理顺读写的关系，不失时机地对学生进行读写训练，将训练真正落到实处，提高学生读写能力。群文阅读也可以对学生进行读写方面的训练。例如，学习了小说单元后，可引导学生体会：读小说常常会对其中的人物、故事或场景产生似曾相识的感觉，这是因为小说往往取材于生活。日常生活中的人与事，看似平淡无奇，但在特定的情境中，人物也可能展现自己的光彩，事情也可能具有独特的意味。请记述自己的一段真实经历，或发挥合理想象创作一个虚构的故事，写一篇不少于 800 字的文章。

（4）实施环节。

① 默读和浏览：群文阅读区别于单篇阅读。单篇阅读更侧重于精读，而群文阅读多采用默读、浏览、边读边思考、略读的方式进行。如论述类文本文字平实，没有必要把过多精力放在体会、咀嚼、品味语言上。默读、浏览侧重于信息处理。在教学中，要想锻炼并且提升学生的默读、浏览水平，课堂上提出方向明确、高质量的探究性问题是关键。

如教学小说单元时提出两个问题：祥林嫂死去，林冲被逼上梁山，别里科夫死亡，人变为虫，这些人物生活的社会环境各有什么特点？社会环境对人物命运造成什么影响？这些问题使学生将几篇文章横向联系起来读，对学生的知识储备、思考能力提出巨大挑战。

② 小组对话和讨论：群文阅读的课堂教学应该以学生为主，小组合作、分组讨论、分享对话等读书会形式的学习，应该成为课堂教学的主要方式。讨论要想成功，取决于三点：第一，讨论的问题要开放、多面向，每个学生都可以有自己的观点，讨论要有可参与性，每个学生都可以补充、发表自己的观点，有话可说。第二，师生讨论、对话过程中，教师对学生的回答不作简单的对错判断，而是充分鼓励、引导、点拨、启发，给学生创造坦率、自由、富有探索性的氛围。第三，学生需要具有一定的讨论技巧。在这堂课里，学生不仅要善于倾听，还要愿意分享观点，让思维不断被激活。

③ 比较阅读："比较"是群文阅读用得最多的阅读策略：横向比较、纵向比较，比较相同点、比较不同点、比较内容、比较表达形式等。"比较"可以让学生在阅读中自己有所发现。如在《促织》和《变形记》这一组群文教学中，可让学生比较成名之子与格里高尔各变成了怎样的虫子，思考成名之子与格里高尔为什么会变成虫子。通过这样的"比较"，能够提升学生深层次的阅读能力。

④ 探究阅读：群文阅读不光要读，还要思。如果仅仅是加大了阅读量，而没有通过比较、猜测、推论、反思等方法对文本进行探究性思考，这样的群文阅读活动显然是流于形式的。

如群文阅读《烛之武退秦师》《鸿门宴》这两篇史传，可以探究：烛之武游说成功，除了辞令巧妙外，还有什么深层次的原因？项羽不杀刘邦仅仅是因为"为人不忍"吗？司马迁对鸿门宴的记述有没有"不合常理"的地方？也可引导学生自己去发现探索，讨论之意义不在于结论，而在于引发学生的思考。这种充满思维碰撞的课堂，正是当下不少语文课堂所欠缺的。这样的阅读会影响孩子的一生，这样的阅读才能为孩子的未来奠基。

⑤ 迁移阅读：群文阅读《窦娥冤》《哈姆雷特》，可以引导学生课外阅读中国古代戏剧《西厢记》《琵琶记》《牡丹亭》《桃花扇》，也可以引导学生课外阅读莎士比亚其他三部悲剧《麦克白》《李尔王》《奥赛罗》，从而了解戏剧悠久的历史和多姿多彩的艺术风格。

⑥ 综合实践活动：制作卡片，表演课本剧，开展专题讨论会、辩论赛、诗朗诵、读书分享会、演讲赛，拍摄微视频，等等。

下面，以部编版高一语文必修上册第七单元为例，展示笔者设计的群文阅读课案例。

同城异景，心之桃源
——《故都的秋》《荷塘月色》《我与地坛》群文阅读设计

【学习目标】

1. 语言建构与运用：学习三篇散文中比喻、拟人、通感等修辞手法之美，并运用在写景作文中。

2. 思维发展与提升：把握三篇散文中的写景手法及特点，学会分析"景"与"情"的关系。

3. 审美鉴赏与创造：把握散文"形散神聚"的特点，形成正确的审美意识、健康的审美情趣，掌握表现美、创造美的方法。

4. 文化传承与理解：体悟文中蕴含的特殊文人气质及其对散文创作的影响。

【学习重难点】

学习重点：把握文本写作背景及思路，概括文本中自然景物的特点，学习情景交融、情理结合的艺术手法。

学习难点：分析作者在景物描写中寄寓的人生思考，探究这组散文中体现的民族审美心理。

【教学过程】

导入：生命，是一树一树花开，是燕在梁上呢喃。或安静或热烈，或寂寞或璀璨。虽然生命姿态各异，但每个人的心中都有一处桃花源，不足为外人道，却芳草鲜美，落英缤纷。自东晋陶渊明《桃花源记》写作伊始，桃花源就和文人隐士结下了不解之缘，而看似繁华喧闹的千年古都——北京，也藏着无数人心中永恒的"桃花源"，今天就让我们以"武陵人"的身份去探寻郁达夫、朱自清和史铁生这三位作家的"桃花源"。

任务一：走进历史古都，探究三位作者与这座城的关系

三个人：郁达夫、朱自清、史铁生。

一座城：历史的古都——北京。

三位作家邂逅北京，留下经典，他们为何要在北京寻找自己心灵的桃花源？

师生合作：知人论事，解读背景，找出作者和北京这座城市的联系，以及作者的写作切入点。

【材料补充】

郁达夫与北京

本文写于1934年，此时的中国，连年战乱，民不聊生，郁达夫也是居无定所，颠沛流离，饱尝人生愁苦和哀痛。北平在民国时期已不是首都，但在作者心里，依旧是帝都。北平无论从当时的地域，还是文化底蕴来说，称为都城都是当之无愧的。郁达夫从杭州回到北平，他写"秋的味道"也是在回忆当年居住在北平的时光。"故都"即过去都城，有文化底蕴、历史沧桑、眷恋之意的深刻意味在其中。"故都"的秋，这里面有离开北京十年的感慨和怀念，也有对北京的深刻感情，奠定了饱含眷恋之情的情景交融的散文基调。

"中国的大都会，我前半生住过的地方，原也不在少数；可是当一个人静下来回想起从前，上海的闹热、南京的辽阔，广州的乌烟瘴气，汉口武昌的杂乱无章，甚至于青岛的清幽，福州的秀丽，以及杭州的沉着，总归都比不上北京——我住在那里的时候，当然还是北京——的典丽堂皇，幽闲清妙……"

"五六百年来文化所聚萃的北平，一年四季无一月不好的北平，我在遥忆，我也在深祝，祝她的平安进展，永久地为我们黄帝子孙所保有的旧都城！"

——《北平的四季》

朱自清与北京

朱自清，生于江苏东海县，祖籍浙江绍兴，自祖父以来定居扬州，所以自称"扬州人"。1920年毕业于北京大学哲学系，在江浙等地中学任教，参加了文学研究会。1925年任清华大学教授。1948年8月病逝于北京。

本文写于1927年7月，正是蒋介石发动"四一二"反革命政变之后，白色恐怖笼罩着中国大地，朱自清处于苦闷彷徨中。

"北平实在是意想中中国唯一的好地方。""北平之所以大，因为它做了几

百年的首都；它的怀抱里拥有各地各国的人，各色各样的人，更因为这些人合力创造或输入的文化。"

——《南行通信》

史铁生与北京

1951 年出生于北京市。1967 年毕业于清华大学附属中学，1969 年去延安一带插队。因双腿瘫痪于 1972 年回到北京。自称职业是生病，业余在写作。2010 年 12 月 31 日病逝于北京。

《我与地坛》写于 1989 年 5 月，改定于 1990 年 1 月，全文 13 000 余字，共分七个部分，从方方面面写了作者自己跟地坛的关系，其中主要内容是对于人生的思考。作者是在双腿残废的沉重打击下，在找不到工作，找不到去路，忽然间几乎什么都找不到了的时候"走"进地坛的，从此以后与地坛结下了不解之缘，直到写这篇散文时的 15 年间，"就再没有长久地离开过它"。作者似乎从这座历经 400 多年沧桑的古园那里获得了某种启示，汲取了顽强生活与奋斗的力量。

小结：三位作者在北平的"桃花源"。

桃源人——郁达夫、朱自清、史铁生。

桃花源——"北平之秋""清华荷塘""地坛公园"

邂逅心灵家园——《故都的秋》《荷塘月色》《我与地坛》

"自云先世避秦时乱，率妻子邑人来此绝境，不复出焉，遂与外人间隔。"

——《桃花源记》

任务二：走进作者的"桃花源"，领略不同作者笔下的北京风景

活动 1："缘溪行……""复行数十步……"这是武陵人发现桃花源的路径，每行一段路就会发现不一样的景致。请同学们走进文本，跟随作者的笔触，看看作者给我们描绘了哪些图景？试着用自己的语言概括出来。

《故都的秋》：庭院秋晨图、秋槐落蕊图、秋蝉残声图、秋雨话凉图、秋果奇景图

《荷塘月色》：煤屑小路、月下荷塘、塘上月色、荷塘四周

《我与地坛》：破败的古园、荒芜园中的小生命、地坛的老树、地坛四季的景色……

活动 2："忽逢桃花林，夹岸数百步，中无杂树，芳草鲜美，落英缤纷，渔

人甚异之……"如此美景，让桃源人过上了理想的生活，逃避了现实的残酷。那么，在北平一隅，是什么样的桃花源才能让作者走出残酷的现实，收获心灵的一方净土呢？请同学们自由诵读文本的写景段落，选取你印象最深刻的一幅画面景致，概括写景特点，感受其画面之美，学会从景致中品悟作者情感，并赏析其手法技巧和语言特点，学习其文辞之美。

任务三：走进作者的内心，结合背景，理解他们的情感

活动一：不同的生活经历，不同的风物景致，情感自然有所不同。"其中往来种作，男女衣着，悉如外人。黄发垂髫，并怡然自乐。"这里的桃源人过上了理想生活，心情自然是幸福快乐的。那三位作者置身于他们各自的"桃花源"中，或悲，或喜，或伤感，或豁然。我们又该如何理解他们融于景物中的主观情感呢？

《故都的秋》问题设计：

（1）找出郁达夫先生表达对北平秋天的情感的语句。朗读，品味并概括有哪些情感。

我的不远千里，要从杭州赶上青岛，更要从青岛赶上北平来的理由，也不过想饱尝一尝这"秋"，这故都的秋味。

秋天，这北国的秋天，若留得住的话，我愿把寿命的三分之二折去，换得一个三分之一的零头。（眷恋、热爱）

（2）尽管作者对故都的秋极尽赞美之情，可我们从字里行间感受到的却是作者的寂寞、孤独、忧伤、悲凉，这是为什么呢？故都的秋在作者那个时代也不乏明艳之色，也有繁忙热闹景象，作者为什么不写这些？

特别的人生经历和特别的个人气质、社会环境的苦痛、中国文人的悲秋情结。

《荷塘月色》问题设计：

（1）作者的心里为何"颇不宁静"？为何要去清华园邂逅宁静？

"这几天似乎有些异样。像一叶扁舟在无边的大海上，像一个猎人在无尽的森林里。走路，说话，都要费很大的力气；还不能如意。心里是一团乱麻，也可说是一团火。似乎在挣扎着，要明白些什么，但似乎什么也没有明白。"（《一封信》）

蒋介石发动"四一二"反革命政变之后，白色恐怖笼罩了中国大地。知识分子不满黑暗现实，向往自由生活，但颓丧和骚动使得他们惶惶然，看不到前进的方向。家中琐事众多，也压得朱自清喘不过气来。而荷塘月夜的独步意味着暂时的自由，这种自由，就是暂且退出社会角色，在独处中邂逅自己的灵魂。

《我与地坛》问题设计：

（1）思考讨论：为什么作者说"我"与"地坛"间有着宿命般的缘分，概括二者特点，看看二者有何相似之处？（阅读1—5段）

地坛：……一座废弃的古园……园子荒芜，冷落得如同一片野地，很少被人记起。（荒芜冷落）

"我"：两条腿残废后的最初几年，"我"找不到工作，找不到去路，忽然间几乎什么都找不到了。（失魂落魄）

小结：都是境遇难堪，处于无人在意的境况之中。

地坛是史铁生人生的转折点，是史铁生人生的地标。在地坛里，作者的思想感情经历了一个从苦闷、绝望到充满希望的过程。正是地坛这种难以言传的包容着永恒与瞬间、古老与新鲜、沉寂与涌动、博大与纤细的双重境界给作者的心灵以强烈的震动。概括地说，文章中的地坛令作者感到的便是在看似沉寂、荒凉、萧瑟、幽深之中的那种醇厚沉重、超然博大的历史沧桑和喧嚣不已、生生不息的生命气息。

用文中的话即为：荒芜但并不衰败。

小结：因为沉郁悲凉的性格，郁达夫选择了停留在那么清、那么静、那么悲凉的故都的秋之中；因为渴望暂得宁静，朱自清到朦胧美好的荷塘月色中去寻找另一个世界；因为忍受着命运的不公，史铁生在地坛里对生死发出叩问。

同一座北京城，因为不同作家个性气质的不同、生活背景的差异，展现出不同的特质，留下不朽的经典。"夫天地者，万物之逆旅也。"人生，如同一场旅行，在人生的旅途中，时而高山，时而深谷，时而坦途，时而歧路。行路人或高歌，或悲号，或痛饮，然而，自然始终以其不变的姿势深情地看着我们。而他们，也就在与自然的深情对望中，找到了与生命的契合，我心归处，乃是桃源。

任务四：审美升华，积淀民族审美文化

活动："桃花源"是描绘理想国度的蓝图之一。三位作家如同陶渊明一样，面对烦心事的时候，自发地选择建构起自己的精神桃花源，为自己寻一份慰藉，请同学们由点及面地进一步升华，概括三人所选择构建起的精神桃花源有何共性？

结论：虽然他们写的景不同、抒的情不同，却都是选择了景来寄托自己的情，用情景交融的方式描绘自己的精神桃花源，这种寄情景物、寄情山水的方式，这种"天人合一"的自然情怀，这种情景交融的笔法也成为中国文人一贯的审美旨趣，这也正是中华民族的审美旨趣。

知识卡片：情景交融指文艺作品中环境的描写、气氛的渲染跟人物思想感情的抒发结合得很紧密。即在所描写的景物之中融入作者主观感情，运用这种方法写文章，能使情与景高度融合，所写的景融入感情色彩，所抒发的感情又寄托在景物之中，从而达到景中有情、情以景显、情景交融的艺术效果。景是外在的，情是内在的。

《故都的秋》——景色与自我是契合的。

《荷塘月色》——景色与自我是互补的。

《我与地坛》——心境不同，所见景致不同。

王国维《人间词话》中有言："有有我之境，有无我之境。……有我之境，以我观物，故物皆着我之色彩。无我之境，以物观物，故不知何者为我，何者为物。"

"以我观物"，即作者所写的情境都是作者看到的东西，代表的都是作者本身的内心想法。上述散文中的景物描写，也往往渗透出作者的郁闷、愤怒、激动、哀怨、喜悦等心境，即"物皆着我之色彩"。因此，在阅读时，要注意体会景物描写背后的主观想法和精神境界。

任务五：学以致用，用情景交融手法描绘出自己的桃花源

一片风景就是一个心灵世界，承载着精神家园。正如敬亭山之于李白，岳阳楼之于范仲淹，故都的秋之于郁达夫，荷塘月色之于朱自清，地坛之于史铁生，他们从自我的桃花源中或得到心灵的慰藉、精神的寄托，或得到生存的智慧与勇气，最终完成精神的超脱。

你的生命中是否也存在着这样的"桃花源"，让你寄寓喜怒哀乐？你是否在与这片"桃花源"的相遇中提升了生命的意境，变得超然、淡泊、宁静、坚韧，走入新的精神世界？请运用本节课所学的情景交融的手法，借鉴这几篇散文的语言特点和写作手法，结合生活经验，以"我心归处，生命桃源"为主题完成一篇800字的周记。

第七单元是部编版教材中唯一一个散文单元，属于学习任务群中的"文学阅读与写作"，单元主题是"自然情怀"。本单元都是写景抒情的经典散文，其中前三篇是现当代散文。《故都的秋》，作者通过描写故都的秋"清、静、悲凉"的特点表达对物哀之美的审美旨趣；《荷塘月色》，作者则是通过描写月下荷塘的朦胧幽美写出了自己淡淡的喜悦和哀愁；《我与地坛》，作者通过描写地坛的景色变化，写出了作者对生命的思考，充满哲理意味。

入选本单元教材的《荷塘月色》《故都的秋》及《我与地坛》都是景物描

写精彩、意蕴深厚、语言优美的名家名作。三篇散文选取的是同一座城市里的景物，却呈现出各具特色、摇曳多姿的美，可谓同中有异。教师要整合文章并找到关联点，异中求同，进行群文阅读教学，使学生在感受形象、品味语言、体验情感的过程中提升文学欣赏能力，获得情感的共鸣和哲理的体悟，进而丰富自己的人生经验。

第七单元对应高中语文新课标"学习任务群5：文学阅读与写作"。本任务群的教学目标是"引导学生阅读散文作品，使学生在感受形象、品味语言、体验情感的过程中提升文学欣赏能力，并尝试文学写作，撰写评论，借以提高审美鉴赏能力和表达交流能力"。

高一的学生之前接触过写景抒情散文，因此具备初步鉴赏能力，但是第七单元的课文，相比初中课文难度提升，尤其是在思想上以及对人生、社会的描绘上更有深度。因此，学生需要在教师的引导下，进一步深入文本进行探究。从整体进度来看，学生还没有开始学第七单元，也就是这堂课是第七单元的第一节课，因此教学上不能盲目拔高，必须兼顾学生基础。

第十章　基于核心素养的文言文教学路径

　　语文教学承担着重要的文化育人功能，更承担着文化传承的重任。高中阶段是不断提高语文学习能力、不断发展语文思维能力的重要时期，高中文言文教学在培养学生核心素养方面具有重要的价值和意义。为此，运用各种教学方法，将承载着传统文化的文言文作为教学重点，发挥其文化价值，推动学生语文学科核心素养的养成，成为每一位高中语文教师新的责任与使命。

一、文言文教学的意义

（一）现实意义

　　高中语文新课标中建议"高中语文课程应在义务教育的基础上进一步提高学生的语文素养。应该继续关注学生的语言积累以及语感和思维的发展，帮助学生在阅读与鉴赏、表达与交流的实践中掌握学习语文的方法，增强语文应用能力，培养审美能力、探究能力。""古代诗文的阅读，应指导学生学会使用有关工具书，自行解决阅读中的障碍。文言常识的教学要少而精，重在提高学生阅读古诗文的能力。要求学生精读一定数量的优秀古代散文和诗词曲作品，教师应激发学生诵读的兴趣，培养学生诵读的习惯。"但是从笔者对身边中学教学调查的情况来看，学生阅读、掌握文言文的情况并不好，主要是学生和教师的功利心理使然。教师们的心理是，高考考什么就教什么。而学生的心理是，高考考什么才学什么，他们甚至不满意于教师在课堂上的延伸和补充，认为是在浪费时间。但是他们没能认识到的是，学习文言文，更有助于提高语文素养。

　　什么是"语文素养"？《全日制义务教育语文课程标准（实验稿）》中有这

样的表述：语文课程应培育学生热爱祖国语文的思想感情，指导学生正确理解和运用祖国语文，丰富语言的积累，培养语感，发展思维，使他们具有适应实际需要的识字写字能力、阅读能力、写作能力、口语交际能力。语文课程还应重视提高学生的品德修养和审美情趣，使他们逐步形成良好的个性和健全的人格，促进德、智、体、美的和谐发展。

从这段文字中我们可以看到，"语文素养"指涉多方面的内容。它的核心要素应该是综合运用语文进行言语活动的能力。潘新和教授认为言语活动乃是人的一种精神建构，是人生价值的自我实现，是人的确证，往往是超越世俗的实用需要的。这就是说言语交际的背后，必须有知识、思维、情感、文化等多种要素的支撑。

"语文素养"正是这样一个涵盖语文知识、语文能力、思维能力、情感态度、文化人格等多种要素的复合性概念。而文言文素养是语文素养的重要组成部分。多读文言文，可以增加语言储备，提高语言表达能力，还能够提升人文素养，提高审美鉴赏能力。具体体现在以下两个方面：

一是积累文言文知识，提高语言运用能力。几千年流传下来的文言文，大都是文辞优美的文章，字句优美、内涵丰富、思想深刻，如先秦诸子百家的哲思，魏晋时期山水诗歌的灵性，唐宋诗词的唯美，以及明清传奇小说的经典，学生经常接触、诵读，优美的语言以及富有深刻道理的语句自然会被学生关注到，教师可以适时点拨学生如何运用文言语句为自己的文章增光添彩，潜移默化，学生的语言自然会丰富形象起来，言语表达能力自然会提升。

二是提升整体素质。纵观我们的教材，不难发现，被选入中学语文课本的文言文多是有着积极思想的名篇，有的描绘山川美景，有的阐发哲理哲思，有的抒怀言志，有的讽喻国事。它们都包含丰富的意蕴，不断阅读，能够使人的心灵在潜移默化中得到净化，素养在无声无息中得到提高。因此，高中生道德素养的提高离不开对优秀文章的广泛阅读，更离不开对文言文的阅读，如果能够坚持，并且试着去运用，学生的个人素养会有相应的提高，而最终实现整体综合素质的飞跃。

所以，我们要努力改变教师及学生们的偏颇思想，让他们认识到：学习文言文不仅可以增加考试的分数，还可以让学生了解古代文化常识，扩大学生的知识面，提高学生的语文素养。

（二）长远意义

中国文化历史悠久，源远流长，内涵丰富，博大精深，特色鲜明。我们应该让学生在耳濡目染下喜欢中国文学，如此才能让他们体会到文言文的真正价值。让学生接触、了解和领略古代优秀文学作品，领会每一篇作品所具有的丰富的文化底蕴及深刻的文化内涵，引导他们借助作品进入作者的思想世界，从而逐步接受优秀传统文化的熏陶，积淀传统文化，为其今后的进一步学习奠定基础。

因此，我们要让学生以传承中华优秀文化为己任，将五千年中华文明贯穿在我们的文言文课堂教学中，让他们对祖国文化产生亲近感。让学生喜欢文言文，汲取民族智慧，弘扬民族精神，继承、传播和发展中华传统文化的精华。

二、文言文教学现状分析

（一）教师教学中存在的问题

教学行为是师生双方均要参与的，教师的教起到主导作用。笔者在执教学校开展了一次针对文言文教学现状的调查，在调查中发现了一系列问题。教师在文言文教学中虽投入了大量的时间，但是效果并不明显，教学过程中存在一些问题，只有定位并纠正这些问题，才能够使文言文教学收到实效。通过调查，笔者发现教师教学过程中主要存在以下问题：

1. 教师教学兴趣不浓厚

在文言文教学过程中，无论教师还是学生均不喜欢文言文，我在教师访谈中的第七个问题是"您喜欢教授文言文吗？您的学生在文言文学习上的兴趣如何？"绝大多数教师表示不喜欢教授文言文，更喜欢教授现代文，同时表示自己的学生不喜欢学习文言文。

教师本身就不喜欢教授文言文，试想在这种状态下教师准备的课堂，学生会有兴趣吗？教师都没有兴趣上课，学生在文言文课堂上肯定萎靡不振。高一年级的张老师表示："一到文言文教学单元，课堂就是死气沉沉的，学生在课堂上几乎不发言。我上课的情绪也不高。"曾老师表示："喜爱学文言文的学生凤毛麟角，但是考试要考，其他不爱学习的学生也只能硬着头皮学习。"

教师是教学的主导，如果教师的教学观念出现问题，导向错误，那么学生对文言文学习的认识就会出现问题。调查中，高一、高二的学生均表示，讲授文言文时，老师在课堂上的状态不如讲现代课文的状态，老师一般会很严肃，课堂气氛也显得很沉闷。高三的学生更表示，遇到文言文课堂，老师只是为了讲而讲，而将学生的理解放在其次，老师总是把文言文放在最后讲解，似是不得已而为之。

另外，在调查中也发现，一些教师教授文言文的方法老套，90%的教师是按照这样的教学模式进行：作者介绍—背景介绍—字词句翻译—内容解读。整个模式中花费时间最多的是课文的翻译。甚至在进行诗歌教学时也采取此类模式，生搬硬套，翻译诗歌大意，导致诗歌意境全无。另外，教师在教学过程中不会过多探究有效教学方法，教学文言文只是为了完成教学任务。

调查中，有教师认为文言文是语文课程中不可或缺的组成部分，理所当然要教。也有一部分教师认为文言文教学没有必要，有教师表示："将来就读与古代文献有关专业的学生毕竟是极少数的，为了这'极少数'而赔上'大多数'同学学习的时间是有欠明智的，而继承文化遗产，培养爱国情操等，也不一定非读'之乎者也'不可。"这种意识也一定会影响一部分教师的文言文教学活动。结果可想而知，在教师这种思想的影响下，学生们也就不乐意学习文言文了。

所以，教师首先要认识到文言文教学的重要意义，不应只是关注学生的考试分数，而是应以充分的兴趣去备课，精心进行每一篇文言文的教学设计，课堂上努力调动学生的兴趣，使整堂课生动活泼、充满活力。

2. 教师不熟悉课标，教学中目标不够明确

尽管高中语文新课标早已实施，但是，从实际的教学情况来看，对课标的落实情况不容乐观。

调查中发现，有85%的教师不熟悉甚至不知道高中语文文言文教学课程标准，在进行教学设计时，均是照抄教参书，很少有自己构思设计教学过程的时候。在调查访谈过程中，有多年教学经验的教师对高考的考试题型非常熟悉，能列举出许多常考的文言文实词、文言文句式，但对新课标的教学要求几乎不知道。一些教师表示，学校会经常组织对课程标准的学习，市教育局每年也会组织对35周岁以下的教师进行课程标准的考试，但是，几乎都是流于形式。还有大多数教师表示，虽然知道文言文是民族文化瑰宝，但是实际教学过程中根本不会把这一点作为主要教学目标，因为有高考的指挥棒在，教师关注的只是学生记住了多少实词，对文言文句式的翻译方法掌握得如何。

由此可见，教师的教学几乎都围绕高考转，充满功利。

所以，由于教师对高中语文新课标领会不够深，更不重视文言文对传承传统文化的重要作用，文言文教学流于形式，收效甚微。

3. 教师的教学方法陈旧、单一

面对基础教育课程和教材的重大变革，相当多的语文教师思想准备不足，特别是在观念上不适应。长期以来，不少语文教师已经习惯于照搬教科书和教学参考书，笔者曾经询问一位老教师："应用新教材后，你的文言文教学有什么不同？"他却说："没有什么不同，换汤不换药。"由此可见，在有些语文教师的头脑中，简单灌输、机械训练等传统教学理念和教学模式根深蒂固，已经形成一种难以扭转的巨大惯性。"穿新鞋走老路"，教师或自觉或不自觉地把新课程装进了"应试教育"的"笼子"里，使新课标实施的效果大打折扣。

通过调查发现，教师教授文言文的基本方法就是"字字落实，句句翻译"，以理解大意为主，不注重讲解内容。调查中，有教师表示："高考考文言文，主要就是考学生对一些实词、虚词的理解，对文言文句式的掌握。至于对内容的理解也是建立在对字词的理解之上，所以，文言文教学就是要在翻译字词的基础上进行。"而一名高三学生表示："在之前的文言文课堂上，老师把重心放在我们对文章词句的理解上，至于对内容的理解是可以忽略的。高三进入文言文的总复习环节，更是只偏重字、词、句的翻译。"正是因为课堂上教师都想将自己所知道的字词一股脑地倾倒给学生，并且力求一个不落，学生只能拼命做笔记，唯恐有遗漏，这样一堂课下来，学生的状态昏昏沉沉，学习兴趣全无。学生成了只知道记笔记的机器，在教师这种教学理念的影响下，他们也忽略了对文章思想内容的理解。文言文课堂上，教师"重言轻文"，生硬地割裂了"文"与"言"的关系，只注重文言文的字句知识，忽略了文言文中所蕴含的道德价值取向教育、仁爱礼仪等教育。

比如，我们在教授柳宗元的《段太尉逸事状》一文时，如果只是教师逐字讲，学生逐句翻译，那么学生只会知道文章写了段秀实这个人的几件事，至于作者记录段秀实这几件事的原因就会忽略。学生也不会知道柳宗元想借此文对当时社会丑恶现象进行揭露，以及要表现段秀实见义勇为、勤政爱民、廉洁清正等品质，以教育当时的人学习他的品质。其实，这篇文章所要表达的主旨即使在今天也有警示意义。又如，在讲授王安石的《游褒禅山记》时，如果只是解读字词，学生只会知道这是王安石的一篇游记，忽视文章寓理于游的写法。文章中蕴含了一定的哲理：不论是治学还是做事，都应该有百折不挠的意志、深思慎取的态度。若忽略这一点，就产生不了对学生的教育意义。

因此，我们教授文言文，不要只是重视文言文的"言味"，而忽略它的"情味"。应将教学重心适当转移，让学生体会文章的情感，学习古人表达情感的方式，这才应该是文言文教学的重点。忽视情感教育的教学观念与高中语文新课标"情感态度与价值观"的目标相背离，就达不到让学生在学习文言文时了解民族文化，进而传承民族文化的目的。另外，这种教学方法往往是"满堂灌""填鸭式"教育，完全以教师为主体，而忽略学生的感受，同样与高中语文新课标要求的"教师为主导，学生为主体"的思想相背离。这样下去，课堂上教学生态失衡①，学生无法被调动，自然会对文言文课堂失去兴趣。

4. 教师对学生的知识水平不了解

教师了解自己学生的知识水平，开展教学活动往往会事半功倍。但调查发现，有大部分教师不了解学生在初中阶段学习了哪些文言文，文言文知识水平如何，掌握的程度如何。所以在教学时讲到"定语后置""介宾短语后置""判断句""省略句""词类活用"等语法知识时就会惊叹学生"这也不知道，那也不知道"。这就是有一些教师经常感叹的"总感觉学生是一级不如一级"的原因所在。由于教师对自己的学生的知识水平不了解，义务教育阶段要求语文课程淡化语法教学，所以，即便是初中毕业的学生，问其文言文语法知识，肯定也会一头雾水。

学生对文言文的语音语法或重点、难点不了解，更谈不上全面整理、系统总结。在对考试片面理解的影响下，学生关于文言文语音语法的积累多为主观上的、不情愿的、被动的、零碎的积累，对文言文学习根本没有效果。语文教师在高考的指挥棒影响下，片面追求升学率，在文言文教学上仅针对考点讲解，学生也就随意地记录，而对归纳、举一反三、联系背景等方法均不知晓，这也导致学生对文言文学习兴趣的丧失。

要扭转这一局面，就需要高中教师在高一阶段就逐步给学生讲解语法知识，让学生有一定的知识储备，在此基础上，学生易于理解文章的内容，相对来讲，师生的互动会多一些，课堂气氛就会活跃。此外，在学生理解文章内容的基础上，教师再进行情感的点拨，这就很容易让学生理解。

5. 教师的教学评价体系僵化

高中文言文教学现状是"耗时多，收效少"，但即便是这样的效果，到底达到了怎样的程度，说法也莫衷一是。关键在于，一直以来对于文言文教学效果的评定方法并不一致。谈到高中文言文的教学效果，一些人喜欢用高考试题中文言文部分的得分情况来衡量，但我们仔细分析高考文言文试题情况，不管

---

① 宋晓鹤 . 新课改下高中文言文课堂教学有效性探究 [D]. 长春：东北师范大学，2012.

是字词理解、句子停顿、句子翻译还是内容理解，均是从言语理解的角度进行考查，内容理解方面的只有一道以选择题形式出现的试题。

在大力倡导素质教育的今天，考试分数依然是衡量学生综合素质的一项重要指标，同时也是评价一个教师教学效果的重要手段。在各种考试中，学生运用文言文的能力是通过分数体现的，至于文章思想内容，诸如民族精神、民族智慧、英雄气节对学生思想、人格等方面的影响未能在考查内容中体现。

我们都知道教学评价对教学过程起检测、促进和导向的作用，文言文教学评价体系的僵化将直接导致文言文教学的方向偏离原本的教学目标。[①] 高中语文新课标在必修课程部分"阅读与鉴赏"有以下说明："文言文阅读的评价，重点考查凭借古代语言感受力和必要的文言常识阅读不太艰深的文言文的能力。要考查学生对优秀传统文化是否热爱和有兴趣，在文言文阅读中能否了解文化背景，感受中华文化精神，评价要有助于学生确立古为今用的意识，用历史和现代观念审视作品的内容和思想倾向。"可惜的是，在这一点上，我们的评价体系均较为欠缺，如前文所述，目前的评价体系未能评价文章的思想内容对学生"情感、态度、价值观"产生的影响。

6. 教师对文言文教学的专业成长不够重视

课程改革的春风吹遍了祖国的大江南北，但现实生活中学生学习文言文花的功夫多，效果却不是很明显。教师作为教学过程中的主导者，在课堂上应践行新课程理念，努力使文言文课堂呈现欣欣向荣的景象，让学生学得兴趣盎然，达到和谐的教学局面。而这一点有赖于教师的教学素养。

而调查中，笔者发现，教师自己阅读的文言文篇章极少，看过四书五经诸子百家等经典的凤毛麟角，文化论著等基本没有人阅读，更没有人主动去"补习"自己的文言文知识。以至于在文言文教学中，教师给学生介绍的只是教学参考书中给出的知识点，不能够做到旁征博引、触类旁通，课堂显得空洞，倘若学生多问点与文章内容相关的问题，恐怕教师会手足无措。在调查时，高一年级的张老师表示，有一些文言文篇目中会涉及历史典故等，如果教师自己不了解，是无从给学生讲起的。

如此一来，语文教师总结反思的意识也肯定不强，不会根据学生的学习情况来总结方法，再来完善自己的教学，改进自己的文言文教学管理和行为。如果无味的课堂一直延续下去，学生会越来越厌倦文言文学习，有时甚至连教师本人也对文言文产生厌烦心理，就会导致恶性循环。有时笔者听到个别同行一

---

① 王辉霞. 新课标下的高中文言文教学 [D]. 武汉：华中师范大学，2011.

边拿着教材，一边抱怨道："上古文课真没劲，一点兴趣都没有！"教师尚如此讲，试想，学生会如何看待呢？

（二）学生学习中存在的问题

文言文是中华民族历史传承的载体，是中华民族灿烂文化的重要组成部分，拥有丰富的精神内涵，青年学生学习文言文，不仅能够陶冶情操，更能够让优秀的民族文化得以传承。但从当前的高中文言文教学现状来看，学生在学习文言文时会有脱离现实的陌生感，感到晦涩难懂，认为文言文枯燥乏味。笔者在调查中发现学生在学习文言文时存在以下问题：

1. 学生学习被动，甚至厌学

虽然文言文是一种有着几千年历史渊源的语言，在几千年的传承过程中，积淀了大量的典故、词汇、篇章等，但是，新时期的高中生受到来自各种途径、各个方面的新潮文化的吸引，他们更容易接受新事物，而对文言文存在抵触心理。调查中，笔者发现，在学习兴趣方面，几乎没有学生愿意主动学习文言文，也就是学生对文言文的学习兴趣全无，这也许与文言文的特点、教师的教学方式，还与学生的知识积累有关。在学习习惯方面，学生没有主动预习文言文的习惯，因为没有足够的学习兴趣，在课堂上的学习是被动接受。在学生中流传着这样的口头禅："一怕文言文，二怕周树人，三怕写作文。"这阐释了学生对文言文的态度。学生不仅怕学，更是讨厌学习，于是放弃学习文言文。因此，在高中文言文的教学中，教师应重点调动学生的学习兴趣，克服学生对文言文学习的恐惧心理。

2. 学生对文言文的认知出现错误

在平时的教学和调查中，笔者发现学生存在认知错误的现象。对于文言文学什么，怎么学，学习的意义是什么，学生们抱有错误的认识。由调查情况来看，学生们学习文言文的目的就是考试。而现实中也是如此，在课堂上，学生们希望教师多介绍，多讲，自己多记，他们认为学习文言文就是死记硬背记住知识点，在高考的压力下，他们甚至要求教师多讲与考试相关的内容，而忽视对文言文中思想内容方面的感悟。

很多学生认为，学习文言文除了应付中考、高考试题之外，在生活中没有任何实际用处。对文言文的认识除了应付考试，就是觉得它生硬难懂，在这样的认识影响下，学生学习文言文怎么会有主动性？

另外，现在高考试题中出现的文言文篇章均为课外文章，这就使学生有了错误的认识，他们认为课内的文章也不考，根本不重要。于是，有很大一部分学生把精力花费在做课外练习上，想以此来总结技巧，提高能力，从而提高考试的成绩。但是，他们忘记了考试题目其实是课内知识的延伸，高考试题与课内知识其实是"源"与"流"的关系，所以，忽视教材就难以取得好成绩。另外，还有一部分学生，在做了大量习题后发现自己的成绩没有起色，就丧失了学习的信心，把语文课变成了数理化的习题课；更有甚者，在文言文课堂上看小说、看杂志，严重浪费了自己的学习时间。

3. 学生学习文言文缺少有效方法

通过调查发现，学生欠缺良好的学习文言文的方法。90%的学生认为学习文言文就是分析字词句段，翻译特殊句式，整体把握文章主旨，所以希望教师多讲，自己多记。复习的方法以死记硬背为主，不注重诵读。学生只是迫于高考的压力，而强制记忆一些篇目，对于选读的篇目，教师没有讲解，没有要求背诵则不会主动去读，更不会背诵。在实际的教学中有许多学生无法正确断句，把文言文篇章读得支离破碎，更读不出应有的情绪和语感。有82%的学生表示根本没有具体的学习方法，课内学习就只是跟着老师的步伐走，自己做题时单纯靠猜想。在调查中也发现，有45%的同学没有预习的习惯。这就使得这一部分学生在学习时存在学习困难。并且学生学习过分依赖教师，缺乏自主性，在学习知识的过程中不注重知识的理解，单纯地死记硬背。

4. 初中阶段学生的文言文积累非常有限

从调查结果可看出，教师教授文言文重视讲解，学生学习文言文重视记录，文言文学习成了古代汉语知识的学习，学生缺乏对诵读的重视以及对文言文的整体感受。由于考试对文言文课内知识的考查只有文言文名句，因此一些学生把背诵文言文名句当作学习目的，这在一定程度上影响了学生文言文的积累。

此外，20世纪80年代以来，考试中的语法内容一直备受争议，到了20世纪90年代，考试中的语法内容开始减少，甚至退出了高考考纲。基本的语法知识，本来在义务教育阶段教师就应该给学生讲解。但是，我们了解到，在《义务教育语文课程标准（2022年版）》中有明确规定，语法知识不作为考试内容，因此初中的语文课本对语法知识做了大量的删减，与语法知识相关的考题也随之退出了中考试卷。于是，在应试教育模式下，在考试大纲的导向下，一些义务教育阶段的语文教师就忽视了对语法知识的讲授，造成了学生在初中毕业后也未能掌握一些语法知识。学生升入高中后，对教师所讲的语法内容就会感到理解困难，形成学习的负担。如：在苏轼的《赤壁赋》一文中，有这样一个句子，"月出于东山之上，徘徊于斗牛之间"。这本是一个状语后置句，按照现代汉语语法的语序，它应当是"月于东山之上出，于斗牛之间徘徊"。而学生不知道这一语法结构，在理解文意时翻译为"月亮出来了，在东山之上，徘徊在斗宿和牛宿之间"。再比如《鸿门宴》中"项伯杀人，臣活之"一句，其中"活"字是动词的使动用法，译为"使……活"。如果学生不明白用法，就会随意翻译，而导致意思大变。

众所周知，在文言文中，有大量特殊句式和词类活用等现象，这都需要学生有一定的语法知识积累，才能在学习文言文时顺利完成学习任务。但是，在实际教学中，学生严重缺少语法知识，很多同学分不清"主、谓、宾、定、状、补"，在翻译文言文语句时，又要将文中的特殊句式按照现代汉语的正常语序翻译，于是，学生们完全没有头绪，为了让语句更通顺，有些学生会生搬硬套英语中的语法来分析，这让高中语文教师很无奈。所以，为了让学生们了解语法，在高中初始阶段，教师总要给学生们"恶补"语法知识，因为知识枯燥无味，教学效果并不良好。

三、文言文教学策略及实践

所谓"教学策略"是指在教学目标确定以后，根据已定的教学任务和学生特征，有针对性地选择和组合相关的教学内容、教学组织形式、教学方法和技术，形成的具有效率意义的特定的教学方案。教学策略指向一定的教学目标，为完成一定的教学任务而制定。它应当围绕新课程标准，符合文言文这种文体特点，并且符合高中生的身心发展规律。在教学中，教师应根据自身的教学状况、教学内容、学生的特点等采取合适的教学策略，运用于教学之中，以促进教学顺利进行，并达成教育目标。文言文教学是语文教学的难点，在文言文教学中讲究教学策略，能更好地落实"自主、探究与合作"的学习方式，提高教学效果。

（一）突出文言文教学的人文目标

从现实的教学现状来看，教师注重强调字词句的理解，即强调"知识与能力"目标的完成，这具有功利色彩，师生只围绕高考转，所以在教学中，教师不应只突出对这一目标的要求，而忽略情感态度与价值观目标，要让学生明白学习文言文的真正目的是传承民族文化。

（1）让学生明确传承民族文化、继承民族遗产、弘扬民族精神的责任。当前，文言文教学中普遍存在的问题是，学生主观上不愿意学习文言文。他们很多人的理由就是：学习文言文没用。在调查的过程中有的学生说："文言文是古代人的语言，现代人也不使用，就连拍摄的古装剧都几乎没有文言文的出现，而里面的主人公倒是会说些现代话语。说起来主要是文言文没有使用的语境，还不如英语，至少还能够听到。"还有的学生说："古文拗口难懂，太老土，现今社会与国际接轨，不如英语时髦。英语虽然也不好学，但比起文言文，反倒觉得英语可爱。"总之，学生认为学习文言文只是为了试卷上的分数，既然现实生活中不使用了，学起来也就没有什么具体意义。这种学习目的的不明确性导致了学生学习动机的缺失，动机的缺失则直接导致了他们学习兴趣全无。

所以，我们语文教师就要对学生讲清楚道理，尤其是在学生第一次接触文言文时，就应该给学生讲明必须学习文言文的道理，明确学习文言文的巨大价值，对学生讲明学习文言文的重要性和必要性，从而增加他们学习文言文的动力，调动他们学习文言文的兴趣。这些价值基本可以概括为以下方面：

一是提高语言素养。学习文言文，不仅能使学生认识到我们本国语言文字的优美典雅、丰富生动，从而更加热爱母语，还可以让学生更好地理解和运用现代汉语，不断提高语言素养。为使学生容易接受这个道理，可举一些具体的例子。如武侠小说家金庸先生，就是一个深受传统文化影响的人，这在他的许多作品中都有体现。在小说《倚天屠龙记》第一回中，郭襄在少室山遇见弹琴的何足道，何足道与郭襄二人先后弹了数首曲子，其中有两首出自《诗经》。《考槃》出自《诗经·卫风》，是一首隐士之歌，表现的是大丈夫在山涧之间自由游荡，独来独往，无拘无束，固然寂寞无伴，形容憔悴，却又志向高洁，永不改变。《蒹葭》出自《诗经·秦风》，说的是和美人隔水分离，相思之极，想象如见。在小说《碧血剑》中，阿九思念袁承志，弹的曲子是《子衿》，这同样出自《诗经》，表达的是男女相思之情，"一日不见，如隔三月"。如果把这些内容讲给学生，学生一定会有所感触，再比如，学生中有一些歌迷，对于这些学生可以给他们举一些化用古诗词而作的歌曲，如《寂寞沙洲冷》《菊花台》《青花瓷》《千里之外》等，而创作这些著名歌词的词作家方文山等都是有着丰厚古典文化底蕴的，这会让学生感到其实古文离他们并不遥远，许多经典曲目正是化用古诗词才成为经典的。

二是继承民族文化。我们的祖先创造了辉煌灿烂、博大精深的民族文化，给我们留下了极为丰富的精神财富。文言文名篇是中国古代文化的结晶，是中华民族的宝贵精神遗产，是中华传统文化的精髓，是中国历代文人的精神载体。学生学习文言文，接触并吸收中华古代文化的精华，了解文化传统，可以提高他们的文化素养。高中语文新课标中推荐阅读的文言文更是经典篇目，是让年轻一代了解、发扬民族文化精粹的重要阵地。作为一个中国人，有责任将这些优秀的民族文化、民族精神、民族传统继承发扬下去，大家必须学好文言文，才能完成这样的历史使命。在我们痛恨韩国人将端午节申请世界文化遗产的时候，应当感叹，我们还有多少传统的东西正在丢失，现代的孩子有多少了解端午节、重阳节、寒食节的文化传统？其实这些东西就存在于我们束之高阁的文言文里，只不过我们从来不花心思去关注它，因此，我们要好好学习文言文，让我们的文化得以传承，而不是看着韩剧感叹人家传统文化传承得好！

（2）结合课文介绍古代文化常识，让学生知道文言文有"用武之地"。教师在进行文言文教学时，一定要多向学生讲述学习文言文的益处，让学生觉得这是一件"有利可图"的事，学生的学习兴趣与积极性会大大提高。由于现在的社会讲究实用，学生也存在这样的"功利"思想。所以我们语文教师要给学生讲解文言文的实用价值，如一个谈吐文雅的人总是让人羡慕，因为"腹有诗书气自华"，而我们学习的文言文中有许多古代文化常识还沿用至今。以下试举数例。

干支纪年法。如《五人墓碑记》："予犹记周公之被逮，在丁卯三月之望。"《赤壁赋》："壬戌之秋，七月既望。"《兰亭集序》："永和九年，岁在癸丑。"《〈黄花岗七十二烈士事略〉序》："死事之惨，以辛亥三月二十九日围攻两广督署之役为最。"其中"丁卯""壬戌""癸丑""辛亥"等均为干支纪年，再如近代还常用干支纪年来表示重大历史事件，如"甲午战争""戊戌变法""庚子赔款""辛丑条约""辛亥革命"。这种纪年方法还沿用至今。

风俗礼仪方面。如春节、元宵节、寒食节、清明节、端午节、中秋节、重阳节、除夕节等节日延续至今。苏轼的《守岁》："儿童强不睡，相守夜欢哗。"记录的是除夕守岁的情形；欧阳修的《生查子·元夕》："去年元夜时，花市灯如昼。"记录的是上元节赏花灯的情形。这些节日中的一些习俗我们今天还在沿用。如，清明节的祭祖，重阳节的孝亲敬老等。

天文地理方面。如二十八星宿，苏轼《赤壁赋》："月出于东山之上，徘徊于斗牛之间。"王勃《滕王阁序》："物华天宝，龙光射牛斗之墟。"《古诗十九首》："迢迢牵牛星，皎皎河汉女。"杜牧《秋夕》："天阶夜色凉如水，卧看牵牛织女星。"在这些诗篇中出现的星宿名称"斗牛""牵牛""织女"等是中国的老百姓所熟知的，这些称谓我们今天在仰望天空时还会提到。

称谓方面。如不同的朋友关系之间的称谓，情谊契合、亲如兄弟的朋友叫"金兰之交"；同生死、共患难的朋友叫"刎颈之交"；在遇到磨难时结成的朋友叫"患难之交"；情投意合、友谊深厚的朋友叫"莫逆之交"；辈分不同、年龄相差较大的朋友叫"忘年交"；在道义上彼此支持的朋友叫"君子交"；心意相投、相知很深的朋友叫"神交"，等等，我们今天也还会经常提及。学生所做的课外文言练习《北史·司马膺之传》中就提到"所与游集，尽一时名流。与邢子才王景等并为莫逆之交"。再如，涉及兄弟排行的"伯、仲、叔、季"，如陆游《书愤》："出师一表真名世，千载谁堪伯仲间？"这些称呼我们日常生活中也会提及。

（二）改变教师的教学方法

传统的教学模式使得学生对文言文课堂丝毫不期待，这就需要我们语文教师在课堂的设计上多花心思，多下功夫，这样才能激起学生的学习兴趣，让他们达到预期的学习效果。以下几种方法即可以实践。

1. 教师做好初高中内容衔接，提高学生学习兴趣

"普通高中语文教育是面向大众的、与九年义务教育相衔接的基础教育。"高中语文新课标虽然强调高中语文教育是与九年义务教育相衔接的基础教育，但是高中语文学习作为一个学生进入高等学府前相对独立的阶段，与初中的语文学习有较大差异。学生高中阶段语文学习的其中一个难点就是文言文。一方面是由于在初中阶段学校及教师对文言文教学不够重视，考试的内容为课本上的内容，学生认为学习起来简单，学生学习程度参差，积累的文言文知识有限。另一方面，高中文言文篇章的篇幅普遍很长，学生接受起来困难，对文言文的学习兴趣减少。作为语文教师，如果不能做好初高中教学上的衔接，往往会打击学生的积极性，降低学生的成就感，致使学生丧失兴趣，到最后放弃学习。

推行高中语文新课标后，因初中属于义务教育阶段，加强了与小学的衔接与过渡，同时不可避免地与高中阶段的教学要求拉开了·定的距离，特别是在文言文教学方面的要求。高中语文新课标对初中阶段文言文教学这样要求："阅读浅易文言文，能借助注释和工具书理解基本内容。背诵优秀诗文80篇。"关于评价方式这样表述："评价学生阅读古代诗词和浅易文言文，重点在于考查学生记诵积累的过程，考查他们能否凭借注释和工具书理解诗文大意，而不应考查对词法、句法等知识的掌握程度。"在教材的安排方面，以中卫市初中所使用的人教版教材为例，初一的文言文课文侧重叙事类文章，初二侧重写景状物散文，初三侧重论说类文章。

高中语文新课标对初中考试要求的难度降低了，考试的内容完全出自课内，并且所占分数比例不高，所以，有一些教师对文言文的教学不够重视，认

为"耗时多，收效少"，况且，学生考试时所失分数不多，无关紧要。有一些教师只盯着课本上的内容，未能够将文言文教学向课外迁移，只顾课内文章的指导阅读而不会拓展延伸，课内的内容又关注基本篇目中几个可能考察的篇目，对于文言文阅读的课外要求和辅导几乎是零。调查过程中，有学生表示，由于初中考试取材于教材，重在考查字词和内容的识记、理解，有些教师的教学方式就是一字一句解读，要求学生反复读，反复记，使得学生认为文言文学起来比较容易。而到了高中，教材内容增多，课堂容量变大，教师上课的速度加快，重复的次数减少，一些学生表示一下子适应不了，由此造成文言文学习的障碍。从表面上看，由于中考的内容仅限于课本，所以学生的成绩看似也不错，但是，不错的成绩单纯是死记硬背得来的。到了高中，考试所考查的内容是课外的文言篇目，学生虽积累了一些实、虚词知识，但是，阅读课外文言文仍有一些困难。这主要是由于学生的积累与自主学习的能力还不够。

面对这种现状，作为高中语文教师，抱怨无济于事，只能找出问题，寻找对策，在高一做好初高中衔接教学，为学生在高中阶段顺利学好文言文搭建平台，维护学生的学习热情。对此，我们可以采取以下措施：

学好标准，熟悉教材。在初高中升学考试方面，关于文言文阅读，初中的考试内容取材于教材，对字词和内容的考查重在识记、理解；高考文言文选材于课外，意在考查学生的积累，通过语境去探究其文言文字词用法和意义的能力，以及对内容的理解、分析、综合、评价能力。教师只有对高中语文新课标中关于文言文教学的目标了然于心，再吃透教材，将教材内容进行迁移拓展，才能够有针对性地教学。

教授方法，培养能力。教师要指导学生学会看注释、使用工具书，根据上下文或相关知识揣摩深奥词句的含义。教师要让学生改变以前的习惯，不要一味等待教师的讲授，要给学生讲清初高中文言文学习方法的不同、考试方向的不同，使学生从思想上下定决心，培养自己的阅读能力。

温故知新，让学生知道教材的差异性和关联性。初中已经学过的文言文，可以利用晨读时间来复习，高中课文中学到的一些特殊句式、实词、虚词等可以联系初中学过的例句，让学生举一反三，建立知识迁移的思维习惯；并且多鼓励学生，让学生了解"试题虽属课外，但知识在课内、在初中"；让他们知道，只要敢于应用迁移知识就能解决问题。

2. 以读代讲，提高学生文言文学习兴趣

在调查的过程中发现，近75%的学生不喜欢读文言文，学习时一般会读1~2遍，教师要求读得多一些则会读3~4遍，越不读就越不能感知文章的节奏美、意蕴美。古人讲："书读百遍，其义自见。"因此，我们要用"读"这把钥匙打开文言文的艺术之门，感受其内在的无尽魅力。

初读读通，把握停顿。学文言文，首先就应让学生读准字音，把握好节奏，读得顺畅。如王勃的《滕王阁序》："披绣闼，俯雕甍，山原旷其盈视，川泽纡其骇瞩。闾阎扑地，钟鸣鼎食之家；舸舰迷津，青雀黄龙之舳。云销雨霁，彩彻区明。落霞与孤鹜齐飞，秋水共长天一色。渔舟唱晚，响穷彭蠡之滨，雁阵惊寒，声断衡阳之浦。"这一段中有一些生僻字，就要先让学生解决字音问题，再划分停顿。因一些句子句式整齐，所以停顿划分好，读起来会朗朗上口。

再读读懂，感知文意。即在读通、读顺的基础之上让学生理解课文。一些浅显的文章，学生自己结合注释阅读理解就能明白意思，而稍复杂些的文章，教师可让学生小组诵读，讨论文意，如果还不能完全读懂，教师再指导学生读几遍，再加以点拨，学生自然也就能理解了。

三读读美，读出情感。文字表达意思有限，但是组成词语，再串成句、篇，表意就丰富了，在理解了文章内容的基础上，我们就可以读出文章中蕴含的情感。如王羲之的《兰亭集序》情感的变化为"乐—痛—悲"，教师要指导学生多读，才能与作者产生情感上的共鸣。

3. 教学方法多样化，让文言文课堂更生动

课堂是教学的主阵地，如果语文教师丢失了这块培养学生良好学习兴趣的主阵地，那么，学生就难以走进一篇篇美文，去感知中华文化的博大精深，去感知语言文字的美，所以，每一位语文教师都应花心思设计课堂环节，采取灵活多样的方法，让语文课堂异彩纷呈。以下是笔者曾应用的教学方法：

一是情节表演法。对于一些叙述性强，情节突出的文本，教师可以鼓励学生创作剧本，进行表演，如《鸿门宴》《项脊轩志》等文章就可以采用这种方法进行教学。这样做，不仅可以增强学生对文本的了解，加深其记忆，更能够调动学生的学习兴趣。

二是故事导入法。教师可以在导入时或讲解课文过程中，讲讲作者的故事，调动学生的学习兴趣。如讲白居易的《琵琶行》，可从白居易在音乐方面的极高天赋造诣谈起，从他能准确无误地凭借画中人物的弹琴姿态指出其所弹奏的音符这一故事导入。如讲《兰亭集序》，就可以用"王羲之写字换鹅""东床袒腹""东床快婿""入木三分"等故事导入，使学生兴趣大增，进而乐此不疲地去研读这篇文质兼美、形神兼备的精美文章。再如，讲李密的《陈情表》就可以用"结草报恩"的故事导入。

三是古代民风民俗激趣法。古人吃穿起居等生活习惯、见面婚娶等交往礼仪以及其他方面和现在存在很大差异。虽然那些讲究在今天看来已成繁文缛节，但学生对此有很大的好奇心。交代古代礼仪，既可以激发学生兴趣，还能扩大学生知识面，有利于文言文阅读。如《鸿门宴》中的"哙拜谢，起，立而饮之"和"谨使臣良奉白璧一双，再拜献大王足下"中出现了"拜"和"再拜"，学生对这两个动作的含义并不理解，教师可以向学生介绍古人见面中的"揖、长揖、拱、拜、拜手、再拜、顿首、稽首"等礼节，从而使学生更准确地把握人物形象。再如《子路、曾皙、冉有、公西华侍坐》，文中提到"冠者五六人，童子六七人"，在此可以向学生补充男子二十岁加冠、女子十五岁及笄成年的礼仪。

四是古今对比激趣法。文言文是中国几千年优秀文化的积淀，是优秀思想的结晶，有些思想对当今社会都有着潜移默化的影响。教师在教学中应该将古今内容联系起来，带领学生探讨古人的人生价值观和时代精神，对比今人的人生价值观和时代精神，帮助学生获得有益的人生启示。如《阿房宫赋》中叙述秦人穷奢极欲的语句："明星荧荧，开妆镜也；绿云扰扰，梳晓鬟也；渭流涨腻，弃脂水也；烟斜雾横，焚椒兰也。""燕赵之收藏，韩魏之经营，齐楚之精英，几世几年，剽掠其人，倚叠如山。一旦不能有，输来其间。鼎铛玉石，金块珠砾，弃掷逦迤，秦人视之，亦不甚惜。"就可以联系当今的"反对奢侈浪费"的思想内涵，教育学生，奢侈浪费的最终结果是自取灭亡。

4. 合理运用多媒体教学手段，为文言文课堂增加活力

在文言文教学过程中，教师要花心思在课堂设计上，以调动学生的学习兴趣。比如有的教师喜欢用竞赛式教学法，让学生更多地参与；有的教师喜欢用一些较传统的方法，在教学过程中随时抛出一些趣味较浓的东西，吸引学生的注意力；有的教师则喜欢用一些较现代的方法，如采用电脑、投影等多媒体来进行文言文教学等。在调查中，一些教师表示，使用多媒体上课，学生的兴趣会更浓厚一些，所以，教师使用多媒体教学，用得恰当，会使课堂显得生动多彩。

一方面，可用音乐烘托气氛。笔者曾经多次尝试在文言文课堂上根据教学需要以及课文内容和感情基调选用一些音乐或歌曲（流行音乐、古典音乐、现代歌曲等均可）让学生欣赏，调动他们的学习积极性。如在学习《赤壁赋》时可以播放一段洞箫声让学生感受，学习白居易的《琵琶行》时，笔者就请班级里一位会弹琵琶的女同学演奏了这一曲，并让学生表演了该情节，使得学生对文本的印象尤为深刻。

另一方面，可用视频增添兴趣。因为视频更直观，教师还可以根据教学需要让学生观看影视剧目，加强对内容的理解。如学习《鸿门宴》时可以给学生播放电影《鸿门宴》片段，让学生感受当时宴会情形的紧张、激烈，以及人物丰富的性格特点。再如学习曹操的《短歌行》，可以给学生播放电视剧《三国演义》片段，让学生了解曹操当时赋诗的情形。

（三）提倡生活型教学法

语文课堂教学"一怕文言文，二怕周树人，三怕写作文"的说法，已成广大中学生学习文言文畏难心理的生动说明。为了消除中学生对文言文的排斥，我们教育工作者应积极提倡让文言文走进中学生的日常生活，学校里可进行"文言文教学生活化"的尝试。文言文教学生活化，就是将学生日常生活"文言化"，把文言文学习与学生的生活实际紧密结合起来，让学生尽可能多地"浸泡"在文言文中，做到看文言、听文言、读文言、演文言，使中学生强烈地意识到"处处有文言，时时用文言"，自觉形成一种"文言文实用意识"①。

1. 编选文言文校本教材

尽管中学语文教材中文言文的比例较高，但所选内容教化色彩浓厚，晦涩难懂，离中学生的实际生活较远，所以学生不易感兴趣。所以，我们在编写选修课教材的时候，应注重教材的生活化，力求从古今文化生活的角度来选材，要求贴近平民生活，联系中学生生活实际，满足学生人性化要求。可以编选生活化材料，如《古代官职变化》《古代服饰文化》《中国民俗传统节日》《古代诗词鉴赏和用法指导》《故乡变迁史》《唐宋八大家轶事》《李白与酒》《中国古代考试制度》等。这些选修材料注重生活趣味性，是学生喜闻乐见的，相信学生学习文言文的兴趣会由此激发。

2. 教室环境文言化

为了营造更好的文言文学习氛围，在布置教室时，可以提倡多设计些文言文元素，以下就是几种行之有效的方法。

设立教室"文言角"。建立文言文书柜，专门陈列四书、五经、《左传》、《史记》等传统文言文名著，以及文言文杂志等资料，供学生自由翻阅；搭建文言文阅读和写作交流平台，用于张贴文言文读后感、文言文佳作推荐和文言文仿写佳作。

---

① 苏文静. 新课程背景下高中文言文教学策略研究［D］. 扬州：扬州大学，2009.

用有关文言文名句的书法作品来布置教室、办文言文黑板报。设计的"班主任心语"栏目，所使用到的名句有：宝剑锋从磨砺出，梅花香自苦寒来；淡泊明志，宁静致远；天道酬勤；业精于勤荒于嬉，行成于思毁于随；志当存高远……

笔者在组织班里学生设计、创作黑板报时，连续几期黑板报的主题是"古韵"，内容包括经典古诗词，古代节日简介、古代服饰介绍、古代称谓变化等。

用座右铭来励志明意。高一时，结合名句教学，我们可以要求学生摘录一句古代名言作为座右铭，并张贴在自己的书桌上。学生可选择的座右铭有：吾生也有涯，而知也无涯；学而不思则罔，思而不学则殆；己所不欲，勿施于人；勿以恶小而为之，勿以善小而不为；非淡泊无以明志，非宁静无以致远；盛年不重来，一日难再晨；少壮不努力，老大徒伤悲；路漫漫其修远兮，吾将上下而求索……

3. 学生课外活动文言化

在文言文阅读教学实践中，我们可以开展丰富多彩的课外活动来增加学生学习文言文的兴趣。如一些语文教师倡导进行的"121古文运动"，即要求学生每人每天积累一句古代名言、两个成语，一首古诗词。教师为学生设定主题，可以涉及读书、惜时、理想、爱国、友谊、思乡等。然后，根据学生一星期积累的内容，可以让他们连词造句、连句成篇，完成一篇运用好词、好句、好诗的"练笔"。

教师还可以积极提倡学生将文言文与毕业留言、书信便条、邀请函、上网聊天等日常生活场景紧密结合起来。这样可以使文言文生活化，让文言文走进现代中学生的生活，焕发蓬勃的生机。

（四）文言文教学实践

高中语文新课标的颁布，使得高中语文学科的"核心素养"理念成为人们关注的对象。"核心素养"主要包括四个方面内容：语言建构与运用、思维发展与提升、审美鉴赏与创造、文化传承与理解。赵福楼老师认为它是"现代语文重建的起点与归宿"。"核心素养"的提出让我们意识到，高中文言文教学绝不能局限于讲解字词意思、文言文语法等简单的教学内容，而要将围绕语文核心素养作为教学方向，将深入挖掘文言文价值资源，培养学生的综合语文能力作为重中之重。

1. 从经典词句中建构语言体系

语言建构与运用是语言学习的基础。高中语文新课标对语文核心素养与语文课程特质做了清晰说明，指出语文课堂引导学生进入语言运用情境中，学生要自主进行语言实践，加深对祖国语言文字的理解与热爱，培养运用语言文字的能力。同时发展各种能力，包括思辨能力、思维品质、价值观、审美情趣等。由此看出，语文建构与运用带动其他三项核心素养，是第一要义。

例如，在教学《劝学》的时候，首先要引导学生收集一些经典词句，分门别类整理清晰。如文题中的"劝"字，开宗明义，勉励人们学习。"受绳"和"就砺"是艰苦的打磨过程，就好比我们在学习中遇到的艰难苦痛。"终日而思不如须臾所学""锲而舍之，朽木不折；锲而不舍，金石可镂"，这些经典的句子，浅显易懂，说服力强，学生能从中体会作者荀子的谆谆教诲。除了收集经典词句之外，还需引导学生收集文言句式，找出与现代汉语不同之处，为自主进行语言建构打基础。如有学生发现，"假舟楫者，非能水也，而绝江河"，用"非"，是表示否定的判断句。在此基础上，教师要鼓励学生继续收集语言素材，发现不同特点的判断句。如"……者……也""……，……也"，教师引导总结这些判断句的特点。《劝学》用了大量的比喻和对比，把深刻的道理浅显化，把抽象的道理具象化。这一过程，让学生在自主中总结文言文语法特点，教师再通过翻译，强调重点文言基础知识，同时适当进行文言基础知识的回顾、总结、拓展，帮助学生理解古文意思，掌握文言文基本的语法结构，同时学习运用，以此达到语文核心素养最基础的语言要求。

下面，以部编版高一语文必修上册第八单元"词语积累与词语解释——词语家族的繁衍秘诀"为例探讨语言的建构。

"词语积累与词语解释——词语家族的繁衍秘诀"教学设计

【教学目标】

1. 结合不同时期的课内文言文篇目的用词特点，了解词语在音节、名称等方面自上古至现代的发展历程。

2. 了解音义任意结合法、摹声法等基础的造词法，了解造词活动的重要意义。

3. 通过对新词新语的分析，体会汉语词语的变化发展，体会有生命力的新词语对于汉语保持活力的重要价值。

【教学准备】

1. 让学生了解一些新词、新语及其含义。

2. 给学生布置课前预习。

【学习评价】

1. 能通过课内文言文篇目的用词特点，理解汉语词语的发展历程。

2. 能用自己的话复述造词法的概念，并举出相应的词语示例。

3. 能分析现有汉字词语的造词法。

【教学过程】

一、导入

1. 汉语历经千年而不衰，不仅因为它的规律性，而且因为它的不断更新，创新为汉语的发展注入了源源不断的动力。

2. 师生互动，探讨新词新语。

组织学生探讨新词新语的出处和含义，以及该新词新语是如何被造出来的。

二、词语的发展历程

1. 探讨上古时期词语的特点。

明确：复音词很少；借词主要来自西域；植物名以"胡"为代表。

2. 探讨中古时期词语特点。

明确：单音词为主，多音词增多；词头词尾增多；借词主要来自佛教；植物名主要以"海"为代表。

3. 探讨近古时期词语特点。

明确：产生了比较典范的白话文著作，如《水浒传》《西游记》《金瓶梅》等，还使用大量接近北方口语的词汇；双音词大量增加；有部分借词来自蒙语、满语，但主要来自西洋；舶来植物的起名方法，明代以前以"番"为代表，清代以后以"洋"为代表，如"番薯""洋葱"。

4. 探讨现代时期词语特点。

明确：双音词在数量上占了绝对优势，但在使用中，单音词频度仍极高；十九和二十世纪之交，西洋名词大量涌入，其中相当数量通过日本转译；源于英语的"类词缀"大量产生。

三、造词的方法

造词，也就是创制新的词，解决语言中的一个词从无到有的问题。一般来说有以下几种方法。

方法一：音义任意结合法。用某种声音形式任意为某种事物命名，产生的新词在音义之间并无必然的联系。

西方也有这样的谚语："这个孩子叫彼得，是因为那个孩子叫汤姆。"音与义的结合是偶然的，不同音只是为了起到区别作用，如"人""手"

"一"等。

随着社会和语言本身的发展，语言要素的不断丰富为造词提供了大量的原料，因此，人们运用音义任意结合法造词的情况越来越少了。但这种造词法现在有时还在被应用着，如某些化学元素的名称"镍""钠"。

方法二：摹声法。用人类语言的语音形式，对某种声音加以模拟和改造，从而创制新词。事实上，就是把某种声音语言化，使其变成了语言中的词。

举例：①模仿自然界事物发出的声音来造词：猫、鸦、蛙、蛐蛐、蝈蝈、呼噜；哪、嗯、哎呀、咚、吱、当当、哗啦、轰隆、噼里啪啦。②模仿外族语言中某些词的声音来造词（外来词的一种），通常都把这类词称为音译词：咖啡（coffee）、沙发（sofa）、夹克（jacket）、吉普（jeep）。

方法三：音变法。通过语音变化的方法产生新词。一方面，以儿化韵造词。另一方面，多义词的义项通过音变独立成词。

方法四：说明法。通过对事物加以说明从而创造新词。往往由于人们说明的角度不同而表现出不同的情况。说明法比较灵活，能适应多方面的造词要求，因此，它是一种创造力很强的造词方法。

举例：①从事物的用途方面进行说明：保温瓶、消毒水、雨衣、燃料、烤炉、耕地、陪嫁、扩音器、收割机。②从事物的性质特征进行说明：方桌、回形针、优点、弹簧、甜瓜、前进、木偶戏、丁字尺、武昌鱼。③从事物的领属方面进行说明：火车头、细胞核、豆芽、鱼鳞、牛角、灯口、刀刃、橘子皮、鸡蛋黄。④通过注释的方法进行说明：牡丹花、菊花、芹菜、蝗虫、水晶石、比萨饼（注释说明类别）；车辆、人口、纸张、房间、马匹、船只、枪支（注释说明单位）；静悄悄、白茫茫、恶狠狠、亮晶晶、光秃秃、呆愣愣、笑嘻嘻（注释说明情状）……

方法五：比拟法。用现有的语言材料，通过比拟、比喻等手段创制新词。

举例：①整个词就是一个完整的比喻：龙眼、蚕食、龙头、佛手、螺丝、下海、仙人掌、纸老虎。②词的一部分是比喻成分：雪花、笔直、木耳、天河、虾米、云梯、瓜分、蜂窝煤、笑面虎。

方法六：引申法。运用现有的语言材料，通过意义引申的手段创制新词。

举例：①联想的引申，如"开关""骨肉""收发"等。②词义分化的引申，如"年"根据谷熟间隔的时间，又引申分化出表示"三百六十五天"的"年"，结果使两个"年"形成同音词，从而产生新词。

方法七：双音法。把单音节的词变成双音节，是随着汉语词汇向双音节发展而出现的一种造词方法。

举例：①重言法，语义保持不变或变化，如"妈妈""爸爸"等。②联合意义相似的字，如"道路""朋友""语言"等。③附加语义虚化的字，如"桌子""石头"等。

方法八：简缩法。把词组的形式，通过简缩而改变成词的造词方法。

举例：①从表面形式可以看出意义：彩色电视—彩电，北京师范大学—北师大，土地改革—土改，人民警察—民警，外交部部长—外长，政治、历史、地理—政史地，青年、少年—青少年，少年先锋队—少先队，人民代表大会—人代会，政治协商会议—政协，新华通讯社—新华社；②意义不明确：百花齐放、百家争鸣—双百，阴平声、阳平声、上声、去声—四声，农业现代化、工业现代化、国防现代化、科学技术现代化—四化，身体好、工作好、学习好—三好。

四、学以致用

1. 针对八种造词法，你还能想出其他的词语示例吗？或者试着用这样的造词法创造新词。

2. 回顾过去出现但现在已经不再流行的"新词新语"，思考其存在时间短的原因。

词语有繁衍，也就有生存，如果一个新词新语生命力不强，它就如同昙花一现，很快就会消失在我们的视野当中，也就是会被"语言社会淘汰"。

五、总结

去观察和发现生活中的词语，做生活的有心人，词语家族的繁衍秘密就藏在我们的生活当中。我们要积极地参与到造词活动当中，根据现代多彩的生活造出有意义、有价值的新词新语，增强汉语的活力，让这门古老的语言散发出崭新的生机。

六、作业

整理《劝学》《师说》《赤壁赋》《登泰山记》等文言文篇目中的古今异义现象和一词多义现象。

本单元任务群旨在培养学生丰富语言积累、梳理语言现象的习惯，在观察、探索语言文字现象，发现语言文字运用问题的过程中，自主积累语文知识，探究语言文字运用规律，增强语言文字运用的敏感性，提高探究、发现的能力，感受祖国语言文字的独特魅力，增强热爱祖国语言文字的感情。本任务群的学习贯穿必修、选择性必修和选修三个阶段。

2. 从文本思想中提升语文思维

思维发展与提升是语文核心素养的重要组成部分，高中语文新课标强调要通过语文学习活动提升学生的语文思维及思想品质。在文言文的教学中，教师要引导学生透过文本挖掘文本的深刻内涵，体会作者真挚的情感，结合自己的生活经验加以理解，使得语文思维得到更充分的发展。

如学习韩愈的《祭十二郎文》，教师可根据文本内容引导学生感悟作者对十二郎的真挚情感，进而调动学生的思维。首先，在疏通文义的基础上，让学生梳理本文作者所抒的"情"有哪些，体会令作者肝肠寸断的生活细节。然后引导学生进行辩证思考：韩愈将十二郎之死完全归罪于自己，其中蕴含着何种复杂情感？学生在思考问题的过程中，一步步深入文本，深刻体会作者情感的同时，语文思维也得到了有效发展。作者采用边诉边泣的语言形式，如叙家常，将对十二郎之死的无限悲痛淋漓尽致地表现了出来。若学生能结合生活经历，体会并学习作者的情感表达方式，将自己对亲人的无限怀念通过文字的形式表现出来，那么既能尝试与作者的情感产生共鸣，又能提升写作思维能力。

在教授《谏太宗十思疏》时，可以设置学习活动任务，引导学生完成教学目标，培养学生"思维发展与提升"能力。

《谏太宗十思疏》教学设计

【教学目标】

1. 语言建构与运用：学习"疏"的文体特征，并积累本文出现的重要文言文知识，概括作者的主要观点。

2. 思维发展与提升：厘清作者的论证思路与结构，感受其论说的逻辑力量。

3. 审美鉴赏与创造：赏析魏征高超的劝谏艺术，领略文章骈散结合的行文特点。

4. 文化传承与理解：体会作者忠心耿耿、敢于直谏的精神品格，认识"十思"对于当时的作用和现今的借鉴意义。

【学习活动任务】

任务一：疏通文义，积累文言知识

任务二：概括观点，理清劝谏思路

1. 本文围绕着"思"来展开，从第 1 段来看，作者认为国君应该思什么？他运用了哪些论证方法来证明其观点？

2. 第 2 段中作者认为国君为什么要思？他运用了哪些论证方法来证明？

3. 第 3 段中作者认为国君要怎么思?

(组织学生讨论,交流成果)

任务三:领悟情感,赏析劝谏艺术

1. 读《谏太宗十思疏》,你能读出魏征怎样的思想情感?

(提示:思国之忧,拳拳爱国之心;对君主的恳切关怀;他对君主忠贞守护、理性规劝,情感真切朴素)

2. 从十思疏来看,魏征用了什么劝谏方法来说服唐太宗?

(提示:晓之以理;诱之以利;动之以情)

任务四:赏析行文,领略艺术特点

本文语言骈散结合,行文错落有致,请简要分析。

(提示:大量运用铺陈排比、对称语句;用散文笔法,有机地穿插了一些散句)

任务五:拓展提高,观照现实

请你谈谈,魏征说的"十思"在今天对我们有何借鉴意义?

(提示:居安思危,戒奢以俭;载舟覆舟,所宜深慎;简能而任之,择善而从之)

【活动总结】

全文阐明了为人君必须"居安思危,戒奢以俭"的主旨,劝唐太宗在"善始"以后,仍要"克终",以"积其德义",使国家达到长治久安的局面。作者紧扣"思国之安者,必积其德义",对在当时历史条件下安邦治国的重要思想作了非常精辟的论述。

在教学中,本教学设计对学生核心素养的培养定位准确。通过五个学习活动任务,层层递进,不断引导学生进行思维训练,教会学生自主运用辩证思考的方法,借助文本,深入作者内心,探究文本内涵,提升语文学科思维。

3. 从语言品鉴中增强审美能力

高中语文新课标指出,在语文学习中应培养学生的审美鉴赏与创造能力。这表明了语文教育与审美教育密不可分,语文教学过程中要不断渗透审美教育,也就是回归语文的本质——语言与文字。学生从知识学习中体会美的内涵,寻找美的踪迹,逐步提高发现美、感知美的敏锐性,是语文审美教育的核心内容。教师应从实践层面来培养学生感知美的能力,促使他们将美的感悟运用到生活实践中,让他们在语文学习实践中积淀人文素养,锻炼语言运用能力,进而提高审美水平。

如讲解欧阳修的《醉翁亭记》时，作者写山中景色，善于抓住景物的典型特征，"日出而林霏开，云归而岩穴暝，晦明变化者，山间之朝暮也"。郁郁苍苍的林子本来笼罩着薄纱一样的雾气。作者通过日出、林霏、云归、岩穴等意象，勾勒出两幅画面：烟雾尽消，一片清新翠绿；傍晚时分，夕阳西下，暮霭升起，岩谷一片昏暗。学生借助品鉴词句学习作者别具一格的语言特色。又如引导学生赏析周敦颐《爱莲说》，一句"予独爱莲之出淤泥而不染，濯清涟而不妖"，将莲花的形象刻画得无比鲜明。学生通过词句感受到了作者高雅的品质，同时也能联想到其他象征君子品质高洁的意象。

通过品鉴，学生可体会到语言文字之美，提高自身的审美能力，学会运用基本的写作技巧，增强自身语言的感染力，从而去感受语言之美，运用创造语言之美，感受中华文化的魅力，增强鉴赏美创造美的能力。

4. 以古代文化为依托推动文化传承

文言文以其简约凝练的语言承载着传统文化的精华与中华民族的思想智慧结晶。在漫长的历史进程中，发挥着不可替代的作用。高中语文教材中所收录的篇目都经过多次筛选，在语法和主旨情感方面都有一定深意。从内容上来看，所选文言文时间跨度大，题材丰富多样，蕴含着深厚的民族精神，文化美感深邃可感。因此，教师在文言文教学中，要重视挖掘古代文化资源，并以此为凭依，推动文化传承。

如教授《论语》时，教师可将其中包含的"仁"文化、"孝"文化、"君子"文化介绍给学生，并让学生在文中找出代表不同文化的句子，如"己所不欲，勿施于人""父母在不远游""君子坦荡荡，小人长戚戚"。在教授学生文言知识的同时，更要在潜移默化中培养学生对传统文化的热爱，强化学生的爱国之情，让学生将保护及传承传统文化作为己任，让中国文化大放异彩。

以下以部编版高一语文必修下册第一单元《烛之武退秦师》为例，思考如何落实"文化传承"素养。

《烛之武退秦师》设计案例

【学习目标】

1. 了解《左传》有关知识，积累文言实词、虚词的意义和用法以及不同的句式。

2. 能理解关键词句的含义，用现代汉语复述课文内容，背诵并默写全文。

3. 能在理解文本的基础上学习文本详略得当、波澜起伏、善用伏笔和照应的叙事特征及表现。

4. 能在理解课文内容的过程中运用诵读和探究的方法。

5. 能在体会作者情感的过程中运用想象和体验的方法。

6. 能感受烛之武在国家危难时刻挺身而出的爱国主义精神。

【学习任务】

学习活动一：激趣导入，引出烛之武

有很多人，他们为华夏民族的发展做出了很大的贡献，我们称之为"英雄"。他们在人们心中是伟大的，他们为民排忧，为国解难，殚精竭虑，置个人安危于度外。英雄，今有之，古亦有之。春秋时期战乱不断，谋士作为重要的角色，时常凭借其三寸不烂之舌救国家于水深火热之中，那么今天就让我们一起来认识春秋时期的一位谋士——烛之武，让我们一起走进《烛之武退秦师》，一起来看看烛之武是怎么说退秦师的。

（设计意图：通过"英雄"引出本文主角——战乱之中救国家于危难时刻的烛之武，激起学生的学习兴趣，导入新课）

学习活动二：初读感知，初识烛之武

请同学们先独立学习，自由诵读课文，读完用一句话说说自己的初读感受，要求真诚、细腻、个性化。

（设计意图：培养学生整体感悟力，给学生机会，自主诵读课文、理解文本，形成自己对文章的体悟）

学习活动三：梳理字词，认识烛之武

同学们，这是一篇文言文，我们曾经说过阅读文言文首先要读通文句，也就是要读准字词、准确停顿，并且结合语境，根据上下文初步理解一些疑难词句和句子的含义，最后运用古汉语常识去分析一些特殊的语言现象。接下来请大家先独立学习。请同学们自由诵读全文，根据课文注解，边读边梳理字词的读音和含义，如果遇到不理解的，可以查阅《古汉语常用字字典》，做到边研习边理解边识记，积累文言文知识。

（设计意图：让学生当堂掌握字词的音和义，增强学生自主学习文言字词的能力和翻译文言句段的能力。结合其他课文时尽量选取已学课文，以达到让学生新旧知识建构的目的）

学习活动四：探究文意，读懂烛之武

同学们，在疏通文章的字词之后，我们一起来深入阅读这篇文章，从第一段和第二段来看，在晋文公、秦穆公出兵围攻郑国，郑国面临强大外敌的情况下，郑文公说："吾不能早用子，今急而求子，是寡人之过也。然郑亡，子亦有不利焉！"郑文公首先对烛之武表达了歉意，肯定了他的才能，随后表明了烛之武如果不去，那么对于国家、对于烛之武自己都是不利的。在郑文公的说服下烛之武答应去劝退秦师。那么，在国家危在旦夕的时候，临危受命的烛之武又是如何步步为营说服秦王的呢？

首先请同学们独立学习。大家边诵读边自主梳理，说说烛之武到底是如何步步为营说服秦穆公的？注意要找出文中对应的句子。然后请大家结为小组，成员间交流，并把小组的最终答案写在小纸条上。最后老师、同学分别作答，并适当补充。要求简洁、准确、全面。

这一段对烛之武的善于辞令，写得极为出色。他去说服秦伯，虽然目的是求和，但绝不露出一点乞怜相。他利用秦晋之间的矛盾，动之以情，晓之以理，说得头头是道，使人信服。他在说辞里处处为秦着想，使秦穆公心悦诚服，不仅答应退兵，而且助郑防晋，使得郑国转危为安。

（设计意图：提升学生文言理解能力，让学生对行文内容和顺序有完整的把握，促进学生自主探究说理艺术）

学习活动五：课堂小结，暂别烛之武

让同学们用几句话说一说这节课的主要内容，并提出自己的疑惑。要求简洁、准确、全面。同学们在自己对这节课的内容进行总结和提出疑问后，老师再进行疑问解答并总结。

这节课我们从"言"的角度对文章内容进行了阅读理解，我们看到了在国家危急的时刻，烛之武是如何步步为营说服秦穆公的，并且我们也对大家的疑惑进行了解答，那么烛之武到底是一位怎样的人物呢？

（设计意图：让学生总结课堂内容并提出疑惑，提高他们的概括能力和提出问题的能力，探究文本内涵）

部编版高一语文必修下册第一单元的主题是"中华文明之光"，本单元共三课，选取五篇文言文。所选文言文大致分为两种类型，一类是诸如《齐桓晋文之事》等体现儒释道思想的经典篇章，另一类则是史书中的精彩片段。《烛之武退秦师》主要写烛之武临危受命，动之以情、晓之以理劝退秦师的故事。本文叙事述言，字字精绝，集中通过语言来塑造烛之武这一形象，做到了繁而不杂，有始有终；论辩雄辞，破中有立，构成了严密的论证结构，具有很强的说服力；黄河九曲，波澜起伏，情节虽然简单，但从整篇的叙事来看却给人以一波三折、生动活泼之感。

语文核心素养的提出，进一步完善了高中语文新课标，将更有利于语文学科教学，有利于培养具有核心素养的学生。在落实基于语文核心素养下的文言文教学时，仍需更多依靠学生自身在读写实践中的摸索、积累和体悟，使得这一过程成为学生在教师引导下的自我发展、自我超越和自我升华的过程。广大语文教育工作者结合实际文言文教学经验，挖掘优质资源，带领学生从经典词句、文本思想、语言品鉴、古代文化等不同角度走近核心素养，从语文核心素养中寻找教育的智慧和灵感，创新教育思想和实践，为语文教育注入更充沛的活力。

第十一章　基于核心素养的数字化赋能教学

以开放性、互动性、平等性等为鲜明特征的互联网技术正加速对教学工作进行全方位、立体化融合赋能，这进一步提升了教育教学的力度、精度和深度。社会的进步和信息技术的发展为我国教育事业带来了机遇与挑战。作为教师，要了解现代信息技术教学的优势、理解现代信息技术教学思想、掌握现代信息技术教学手段，创新教学形式、丰富教学内容、优化教学环境，利用现代信息技术帮助学生深入理解学科知识。利用数字技术赋能课堂，灵活运用现代信息技术的教学策略，提高学生的学科素养。

当今社会是互联网时代，人们之间的距离变得更近，人际交流更频繁。英语作为世界通用语言，在人际交流、国际交流中显得日益重要。同时，它在教育教学，在实现民族振兴、国家富强的征程中发挥着重要作用。宁夏"互联网＋教育"不断发展，但基础教育教学与现代信息技术的发展还有一定的差距。具体表现在，教学形式和内容单一；教学环境枯燥、单调；教师生硬地传授语法和词汇知识，学生完全处于被动接受状态。事实证明，"互联网＋教育"可以培养学生的自主能力和创新精神。基于当前"互联网＋教育"和课堂教学现状，在"互联网＋教育"背景下开展的课堂教学活动将会转变教学方式，提高课堂教学效果。

一、数字化课堂研究现状

（一）关于"互联网＋课堂教学"的研究动态

在国内，2012 年"互联网＋教育"理论首次被提出。2015 年，政府工作报告首次提出"互联网＋"行动计划。在市场经济条件下，互联网开始渗透各行各业。教育作为一种产业，互联网也渗透其中。因此，产生了"互联网+教育"理念。在教育界，"互联网+教育"就成为教育领域关注的焦点。在"互联网+教育"内涵方面的研究，安鑫、杨亚芹（2017）认为，"互联网+教育"就是管理的互联网化、教学的互联网化、课程的互联网化、组织的互联网化和学习的互联网化。王春丽（2016）则认为，"互联网+教育"就是"互联网+教育管理""互联网+教师""互联网+课程""互联网+学习"。陈丽（2016）认为，"互联网+教育"是运用云计算、人工智能、网络安全等新技术，跨越学校和班级的界限，面向学习者个体，提供优质、灵活、个性化教育的新型服务模式。关于"互联网+教育"特征方面的研究，吴南中（2016）认为，"互联网+教育"核心特征是开放、大规模、关注人、运营模式颠覆、注重生态。秦虹、张武升（2016）认为，"互联网+教育"的本质特点是跨界连接、创新驱动、优化关系、扩大开放、更具生态性。关于"互联网+教育"在课堂教学的影响的研究，胡乐乐（2015）认为，教育进一步突破时空限制，教育进一步个性化，教育模式变得多元化，教育生态变得更为多样化。平和光、杜亚丽（2016）认为，"互联网+"能够优化教育资源配置，促使教育更加公平，尊重学生个体差异，满足学生个性化需求，突破学习时空限制，加快学习方式变革，丰富学科课程内容。在"互联网+教育"背景下，众多学者对课堂教学改革也提出了建议。在宏观方面，李宏亮、赵璇（2016）认为，"互联网+教育"背景下，应借力科技，为课堂变革插上腾飞的翅膀，着力课程，为教学重构明晰实现路径，助力教师，为课堂优化提供持续支持，变革管理，为课堂探索创设缓冲空间；在微观方面，张茂聪、秦楠（2016）构建了"互联网+教育"背景下以互动、开放、共享为主旨的互动相容教育模型，该模型涵盖了基于互联网平台的教学准备阶段、面授阶段和总结阶段。

　　宁夏作为全国首个"互联网+教育"示范区，在"互联网+教育"方面做了有益的探索。2019年11月，自治区主席咸辉在全区"互联网+教育"示范区建设启动大会上指出，要把握正确方向，坚持把立德树人作为根本任务，把促进教育公平作为出发点和落脚点，把教师队伍建设作为重中之重，把实现教育现代化作为重要目标，把提升教育治理能力作为重要任务，促进互联网与教育深度 融合发展。教育部副部长田学军希望宁夏将"互联网+教育"作为教育"变轨超车"的重要途径，在"互联网+教育"工作中推动数字资源服务普及，强化网络扶智工程攻坚，大力建设数字校园，创新发展智慧教育，全面提升信息素养，促进教育治理能力优化，构建起网络化、数字化、智能化、个性化、终身化的教育体系，建设人人皆学、处处能学、时时可学的学习型社会。2019 年 9 月，在教育厅召开的"互联网＋教育"建设研讨会上，自治区教育厅厅长李秋玲指出，要牢牢把握"互联网＋教育"示范区建设这一我区教育改革发展、加快推进教育现代化的重大历史机遇，围绕教育优先发展、学生全面发展、教师队伍建设、破除体制机制障碍、深化教育改革等主要任务，以建设公平而有质量的教育为目标，加快"互联网＋教育"示范区建设步伐。自治区教育厅副厅长王建平认为，宁夏作为两项工作的试验区，有三大方面亟需落实：一是观念更新，要真正把示范区建设提升到教育发展战略地位的高度重新认识；二是模式变革，目前，教育信息化 2.0 时代就是变革，需要用技术减轻学生课业负担，同时也要减轻教师的负担；三是体系重构，这对教育工作者提出进一步的要求，要把教育发展引导到更加健康、更加科学、更加人性的、更符合学生发展规律的道路，通过"互联网＋教育"实实在在解决一些在教学中出现的问题。2019 年 7 月，在教育部、宁夏教育厅联合举办的虚拟现实在教学中的深度应用技术交流会上，中国教育科学研究院国际比较教育研究所所长王素指出，STEM 是跨学科学习的重要载体，好的 STEM 教育项目要在智力上，学术上，社交上和情感上对青年有吸引力；要对青少年的兴趣，经历和文化习惯做出回应；要在正式和非正式教育经历之间建立联系；要培养学生的创造性思维、计算思维、设计思维、工程思维、协作创造性地解决问题的能力。

（二）研究简评

综合国内外研究现状及宁夏"互联网＋教育"示范区建设进展情况，众多研究者从不同角度、不同侧面对"互联网＋教育"作了深入研究和实践，取得了较多的研究成果。在"互联网＋教育"内涵方面，研究者普遍认为互联网和教育的融合能改善教育形态，更好地培养学生，推动教育的发展。在"互联网＋教育"变革方面的研究中，实践表明"互联网＋"对教育产生了重大影响，引导了教学方式、教学手段、教学环境等方面的重大变革。在"互联网＋教育"对课堂教学方面的研究中，部分研究者认为互联网颠覆了传统的知识体系构建方式，使获得知识的途径无限化，改变了传统的知识"灌输"方式；使教育资源海量化，达到共享共用的目标；学生获取知识的途径不再依赖于教师讲授，改变了以教师为中心的授课模式；学生在课堂上更为自主和主动，主体作用得以更好地发挥；学生能够享用优质教育资源，推动了教育公平发展。在"互联网＋教育"实践方面，有研究者开展了"互联网 ＋ 移动终端"平台的"翻转课堂"教学实践。宁夏就探索形成了以"空中课堂"为主的教学模式，如采用"观看空中课堂＋教师答疑＋作业辅导""直播讲课＋空中课堂""播放优质资源＋辅导答疑"等形式。

根据"互联网＋教育"本质、内涵、发展趋势及示范区建设规划目标，"互联网＋教育"最终要通过课堂教学主渠道来落实。但根据目前创建成效和现有的研究成果来看，大多探讨"互联网＋教育"的内涵、特征及发展趋势，大多侧重于体制机制的完善，很少将"互联网＋教育"放置在具体课堂教学内部系统中加以研究、实践；从学段方面来看，探讨较多的是义务教育阶段"互联网＋教育"模式，较少涉及高中学段；对"互联网＋教育"发展趋势的研究虽有推进机制的研究，但实践操作还不深入。

随着"互联网＋教育"时代的到来，信息技术以其丰富的学习资源优势、多种多样的知识呈现方式、灵活多变的交互性功能展现出了无穷的魅力。因此，在"互联网＋"背景下开展课堂教学，不仅可以辅助教学，更重要的是促进教学方式的改变，有利于师生双方。

同时，这种方式倡导学生的自主学习、合作学习、探究学习，将有助于创新人才的培养。课题研究还有利于现代信息技术与英语学科的整合，提高教师现代化信息技术应用能力；有助于推动数字化教学的建设进程，助推智慧校园、智慧课堂发展。

二、数字化教学优化路径

（一）构建科学数字化教学模式

1. 科学的混合式教学模式

这里的混合式教学模式，其实就是指"在线教学和课堂教学混合"的教学模式。在"互联网＋"的背景下，在线教学的应用也越来越广泛。并且，也正是因为其所具有的独特优势，这种教学模式开始受到了更多人的关注。它能够使得在线教学的优势得到充分应用，使得在线教学可以成为传授知识的重要渠道。其再与课堂教学进行契合，可以强化教师与学生、学生与学生之间的互动和交流，从而改变传统教学模式的弊端，成为一种高效的个性化教学模式。比如，在课堂教学中，针对某一单元知识点，教师就可以先根据教学目标、重难点来制作相关的在线教学视频，并上传到专门的平台上，让学生利用课余时间学习，并且记录自己在学习中存在的问题。之后，在课堂上，教师再针对这些问题进行重点讲解，加深学生的理解。

2. 构建合作学习教学模式

合作学习教学模式是一种新型的、高效的模式。这种模式可以充分发挥出学生的自主学习能力，提高他们的学习效率。并且，在"互联网＋"背景下，借助网络环境的支持，教师也可以更充分地指导学生合作学习，充分发挥出小组内部的聚合动力，从而更加高质量地完成教学目标。比如，在学生讨论某个问题的时候，教师可以借助多媒体课件来为学生展示相关的内容和资料，并且利用多媒体来为学生播放听力练习，辅助他们的对话练习等，从而提高课堂教学的高效性。

3. 构建"互联网＋"教学模式评价体系

在教学模式重构之后，也应当构建契合的教学评价体系，包括对教师教学质量的评价以及对学生学习成果的评价。在这种评价体系中，应当尽可能使相关人员参与其中，实现评价个体、目标、手段以及内容的个性化和多元化，实现评价的动态化，并且利用互联网技术及时反馈评价信息，更好地促进学生的学习。

（二）信息技术与学科教学整合

1. 创建学科学习的趣味课堂

对于自我学习意识较强的高中生来说，尽管已经无须通过兴趣来引导，但是趣味课堂依然能够在很大程度上激发学生的学习动力和激情，对于提升学习效果的作用显著。而信息技术在提升课堂趣味性方面的优势是有目共睹的。比如英语单词的学习，可以通过图片和视频对单词的含义进行直观形象的呈现，配上真人发音，加深学生的记忆和印象。再如，在人教版高中英语必修二 Unit 5 Music 的教学中，教师可以借助多媒体播放一场音乐会，让学生辨识各种乐器。在优美的旋律中，学生更容易进入学习情境之中，把英语和音乐结合在一起，激发学生学习兴趣，提升教学成效。高中学习氛围紧张且压抑，英语作为一门语言学科，应该肩负起创建趣味课堂、释放学生压抑情绪的责任，有效利用信息技术，激发学生英语学习的动力。

2. 创设对话情境推动互动交流

就英语学科而言，培养学生的表达能力，是高中英语学科的重要教学目标。高中生已经积累了大量的词汇，只是由于缺少英文对话环境，影响到他们开口说英语。因此，教师要在课堂上创设一些对话情境，鼓励学生大胆表达，促进他们对单词、短语、语法、句型的熟悉和掌握。比如，人教版高中英语必修一 Unit 3 Travel Journal 的教学中，教师就可以通过多媒体呈现美景，让学生两两一组展开对话，一个扮演导游，一个扮演游客，游客向导游询问景点的特色，导游向游客详细介绍，围绕景点的特色以及最佳旅游时间等进行讲解。通过多媒体，把美景清晰立体地呈现在学生面前，更能促进学生的对话欲望和对话效果。学生可在预习阶段，借助互联网查找和下载一些世界各地的著名旅游景区的图片，做好知识准备工作，在课堂上把收集的图片发送到教师的电子白板中，教师随时调取和呈现，让学生现场进行对话和交流，促进学生自主预习能力的提升。

3. 发挥碎片化学习优势，促进学生自主学习

高中生已具备一定的自主学习意识和自主学习能力，教师应该少一些主导，多一些引导，鼓励学生在学习中发挥自主学习优势，利用碎片化时间来提升自身的英语素养。教师鼓励学生借助微信群成立自学小组，各个小组在小组长的带领、激励和督导下，每天在群里汇报自己的学习情况，大家一起围绕具体的问题互相切磋和研究，发挥优等生的引领作用，在平等互助学习氛围的影响下，促进学生的自我成长。学生可以把在微信公众号看到的优秀文章或者视频发送到群里，大家一起阅读、观看，一起写作、实时交流，这在无形中创造了一个小型的学习环境，对于促进学生的当前学习和未来发展都是裨益良多的。高中生学业紧张，很难抽出大块时间学习英语，互联网技术为学生的碎片化学习提供了条件。

4. 发挥信息技术共享优势，促进学习资源的分享

高中生对于互联网有着很强的操作能力，在借助互联网进行学习的过程中，学生会渐渐积累很多优势资源，他们会把这些资源保存到网盘、邮箱等工具之中。但是互联网的魅力体现在资源共享上，如果大家建立的是一座座资源孤岛，互相之间无法产生进一步的联系，就是学习资源的浪费，实在可惜。为了解决这样的问题，教师可以建立一个共享平台，专门存放学生收集的学习图片、短视频、对话录音、电子思维导图、网课、讲座、真题等，谁都可以通过共享链接，搜集和下载自己需要的学习资源，也可以把自己认为优秀的对大家有帮助的英语资源上传到平台上，促进共同进步。以思维导图来说，其能够把知识进行系统整理，对于学生的记忆有很好的辅助作用，学生可以把网上看到的好的思维导图下载下来和同学分享。而短视频，学生可以自己制作，也可以通过抖音或者百度文库等下载。教师还可以把一些付费英语学习资源上传到学生分享平台上，不断丰富优质资源，提升学生的学习自信。

5. 契合不同学生的学习方式

不同学生的英语学习方式是不同的，有的学生喜欢各种信息化学习工具，如平板电脑、手机，经常用它们记单词、练习听力和口语。而有的学生更喜欢传统学习方式，如纸质笔记、纸质读物等，认为信息技术容易使人分神，导致

学习效率低下。针对学生对于信息技术学习方式的不同认知，教师一方面要加强引领，真正把信息技术的学习优势呈现在学生面前，促进学生观念的转变，提升学生的学习效率。另一方面，教师要尊重每一名学生的学习方式，不能强制要求学生运用信息技术来学习，既要重视信息技术的优势，又要看到信息技术的不足，给学生一定的自主选择空间，才能更好地促进学生的自我成长。教师可定期开展信息技术学习交流活动，让学生说一说对信息技术的认识，以及各自运用信息技术进行英语学习的方法，通过交流和经验分享，提升学生运用信息技术的能力。

6. 创新引领促进学生的学科学习

互联网是在创新精神的引领下得以诞生和发展的，在高中英语教学中，教师也需要秉持创新思维，打破僵化保守的教学习惯，不断创造更加新颖多元的课堂模式。比如，教师可以开展翻转课堂，让优等生上台给大家讲解课文。优等生运用电子白板和多媒体等，给台下学生讲解单词和语法，创设对话情境，进一步彰显学生的主体地位，促进生生互动。其他学生也可以毛遂自荐，每一名学生都有上台体验的机会，促进学生自我认知的提升。再如，教师可以开展短视频大赛，学生运用视频制作软件把自己的学习心得、学习问题、学习成果等制作成短视频。谁做的短视频好，教师就把谁的短视频添加到电子白板的资源库中永久保存，作为对学生的一种鼓励与肯定。而在英语写作教学中，教师可以采用互阅互评的方法，把两名学生的作品呈现在多媒体屏幕上，让学生们通过对比阅读，挑出其中的单词和语法错误，同时针对作品的结构、内容、技巧等给作品打分，评选出优胜作品并给予奖励。这种方法摒弃了教师主导的写作教学模式，学生成为评价的主体，达到了多元评价和科学评价的目的，促进了学生语言审美素养的提升。

（三）提高教师个人信息化素养

英语教师应该加强对信息技术的学习，多了解一些信息技术教学方法和英语学习网站与资源，多运用信息化交流平台，和学生展开线上对话。通过多种实践活动，增加对信息技术优势的了解，才能在英语课堂上游刃有余。当前，一些教师运用信息技术的能力堪忧，局限于简单的 PPT 制作和微课展示，课堂依然是灌输式的、主导式的，这不过是新瓶装旧酒，没有对教学理念和方法进行革新，既影响到信息技术优势的呈现，也不利于提高高中生的信息化学习能力。教师需要进一步提升运用信息技术的深度和广度，不满足于已有的知识和经验，要始终以开放包容的心态不断尝试新技术、新方法、新手段，成为信息技术的应用能手，促进英语教学的可持续发展。此外，教师还应该养成运用手机和电脑等学习的习惯，多看一些英文电影，多听一些英文讲座，多读一些英文报刊，多了解一些英语国家的历史文化以及民俗风情，同时坚定理想信念，自觉抵制享乐主义和拜金主义，避免给高中生的思想和行为造成误导。

三、数字化课堂教学实践

（一）基于"互联网+"的英语课堂教学实践

1. 互联网与学科融合，创新和优化课堂教学

互联网与高中英语的有效融合，最直接地体现在英语课堂教学的转变和优化中。因此，高中英语教师应更加深入思考如何运用互联网下的各种创新教学方法，包括微课教学法、多媒体教学法、翻转课堂等，以互联网贯穿整个高中英语课堂教学的全过程。具体来说，在课堂导入阶段，利用互联网整合教学材料，构建良好教学情境，激发学生学习兴趣；课堂教学中利用互联网搜集教学资源，扩展教学内容，并利用多媒体教学设备以图片、视频、音频等方式直观、生动、立体地展示英语知识，增强学生的知识理解，攻克教学重难点；在课堂结尾阶段，英语教师可以利用互联网进行课堂教学内容的总结，并通过微课的形式引出下节课的内容，为学生布置学习任务。这样一来，便能够使整个高中英语课堂教学得到创新和优化，大大提高课堂教学效率。例如，在教授人教版高中英语"Adventure Holidays"这一课时，为了创新和优化英语课堂教学，笔者在教学过程中融入了网络元素。上课时，利用多媒体为学生播放了提前从网络上搜集的视频，学生从视频中人物的对话了解到该视频是围绕"Adventure Holidays"的主题进行的。从视频的对话中，学生接触并直观地理解了新的词汇，如 raft（木筏）、horizon（地平线）、organization（组织）、route（路线）、porter（搬运工）、luggage（行李）等。通过欣赏视频的形式，枯燥、抽象的英语课堂变得轻松愉悦。这样，在高中英语教学中，互联网与英语融合，创新和优化了英语课堂的教学，营造了轻松愉悦的教学氛围，加快了学生的理解速度，提高了学生的学习效率。

2. 互联网与学生交互，为自主学习提供更多可能

传统的高中英语课堂教学中，教师只是一味地对学生进行知识的灌输，学生缺乏独立思考和自主学习的机会。互联网背景下，高中英语教学更加注重学生主体性的体现，因此，高中英语教师要实现互联网与学生的交互，为学生的自主学习提供更多的可能。具体来说，英语教师可以充分利用互联网资源的交

互性来调动学生学习的主动性与积极性，为学生布置学习任务，让学生展开网络资源的搜集。此过程既有效促进了学生的自主学习，又能够有效强化学生对英语知识的理解，提高学生的英语学习能力。例如，在教授学生"非谓语词汇"这一知识点时，为了提高学生的学习效率，笔者通过互联网平台与学生进行交互活动，将一些习题上传至学生系统，学生可以用平板电脑下载习题。当学生完成一道习题后，系统会自动生成解释，帮助学生快速巩固知识。这样一来，不仅能够帮助学生快速提升对英语知识的掌握，教师还能依靠互联网平台及时了解每个学生的知识掌握情况，当发现学生的知识漏洞时，教师就可以为学生查漏补缺。

在英语教学中实现全新的语音和课文场景同步，促进高中英语课堂培养学生说的技能训练。对此，一是可以对教材文本进行编辑，在 PowerPoint 中实现文本与声音文件同步，点击一段文本，即播放一段声音。这样学生就能够及时模仿或矫正自己的语音、语调及朗读时应投入的各种情感。二是教材文本设计成各种 H5 页面，教师点击进入一个场景，让学生用英语来描述这个场景或对这个场景用英语做出反应。

在实施过程中，教师可以运用各种软件实现变速不变调播放数字音频，在播放的过程中直接改变声音的速度。或者利用外部硬件来模拟音频，以达到比较、发现问题、适时纠正的目的。

以下是部分教学活动示例：

（1）Story Swap（故事互换）。这是一个以小组合作学习策略为主的教学活动。全班分为两大组，每大组再分成四个小组。先熟读马克·吐温作品《百万英镑》的两个不同片段，两组分别就对方所听的内容提问，最后各找一人复述。

（2）角色扮演。先收看《百万英镑》的一个片段，接下来学生模仿人物的对话，最后小组内分角色扮演。这次教学活动还运用了情景教学策略，让学生在体验中学习。

（3）呈现观看。把学生的角色扮演录制下来，再进行播放，与教材的文本及同步录音进行对照。这样，就可以及时让学生知道自己的不足，及时自行校正。

3. 互联网与资源整合，拓展课堂教学内容

传统的英语教学内容具有一定的局限性，在一定程度上抑制了学生知识视野的拓展和英语学习能力的提升。因此，随着互联网的普及，高中英语教师可以充分利用互联网来开发、整合和利用英语教学与学习资源。一方面，英语教

师可以基于英语教学基本内容，搜集整理互联网中与英语相关的资源，包括英语故事、英语歌曲、经典电影等，使互联网信息资源更好地辅助英语教学；另一方面，高中英语教师可以将一些网络英语知识资源融入原本的英语教学体系，构建或者开发符合学生兴趣爱好与教学实际的英语校本课程，从而拓展英语教学的内容，提高英语教学的深度，拓宽学生的知识视野。例如，为了拓展高中英语的教学内容，课题组利用互联网将重点的教学资源进行了整合与汇总，让学生通过一节课的时间认识到某一单元的重点知识。以高中英语必修三第二单元的知识点为例，笔者为学生归纳出了如下知识点：区别 energy，power，force 和 strength。笔者利用互联网搜集了一些视频、图片和相关的英语小故事，将这些词汇的区别直观、生动地为学生呈现出来。如 energy 主要指人的精力、工作或活动的能力，自然界的能等；power 主要指做一件事情所依靠的能力、功能，人或者机器等事物潜在的或发挥出来的力量、职权、权利或者政权；force 主要指自然界中的力量、暴力、势力、说服力、压力、法律、道德或情感的力量；strength 指一人或一物所含的内在的力量，能用以从事、忍受或抵抗很多事物。每个单词都对应了一个趣味小故事视频，以让学生能够更好地加以区分和理解。这样一来，便能够拓展英语教学内容，辅助英语基础教学，更快地达成教学目标。

（二）基于"互联网＋"的语文课堂教学实践

统编教材的容量较大，选入的篇目大多是长文本，并且多为比较阅读，如何在规定的时间内完成大容量的教学任务，是一线教师普遍感到比较棘手的问题；高中学生因课业负担重而轻视对语文的学习，导致很多情况下布置的预习和课后作业无法及时保质保量地完成；整本书阅读要贯穿在整个教学过程中，没有强大的技术支持，教师很难及时掌握学生的学习情况。鉴于此，智慧课堂在语文教学中的探索运用，会极大促进语文课堂的学习效果，会为大单元教学提供有力的技术支持。

1. 课前推送预习内容，准确把握学情

高效的语文课堂教学需要课前对学情精准分析。智慧语文课堂依靠数字化教学平台通过推送微课、导学案等课前学习资源，安排学生预习教学内容。在完成自学任务后，教师设计适量的检测内容由学生完成。学生把预习结果传输到网络平台，教师端口接收到分析数据后进行分析汇总。根据数据统计分析，综合研判学情，制订教学计划，特别是重难点问题。当然，制订教学计划时既关涉共性问题，也要顾及个性化问题。在教学人物传记《脱去文人长袍的苏

东坡》时，可以利用平板终端连接多媒体播放《修身在黄州》《乌台诗案》《念奴娇·赤壁怀古》等表现苏东坡被贬黄州生活视频资料，或提前将视频发送给学生，让学生直观、形象地感知文本内容。在完成预习任务之后，教师通过互动课堂学习软件"课前导学"端口推送涉及苏轼生活场景和精神风貌的问题，组织学生研讨问题，整体感知文本，攻克教学重难点。持续深入引导学生感悟苏东坡身处逆境的旷达乐观、超然物外的精神风貌。当然，探索实践中，智慧课堂的应用应因文而异。

（1）补充资料较多的名家名篇。高中语文教材中的名家名篇较多，而且都较为经典，需要有大量的知识和资料的补充，这类课程就需要教师引导学生扎实开展课前预习。

案例：

以《声声慢·寻寻觅觅》为例，教学时结合李清照身世背景、北宋政治形势展开，学生会对诗歌有更为深刻的理解。正式授课之前，可搜集视频版本的李清照生平经历和同一时期北宋的政治形势，推送到学生终端。比起文字的阅读，学生更喜欢图文并茂的视频。这样的方式可大大提高学生鉴赏诗歌的能力，也可节约课堂时间。同时教师精选李清照不同人生阶段的代表作，让学生结合视频进行品读鉴赏。在预习视频和资料推送的同时，要有相关的观看指导和提问，如：请概括李清照的一生都经历了哪些阶段？李清照所处的北宋时期在政治方面有哪些特点？你能区分这几首代表作分别写于李清照的哪一人生阶段吗？这些问题可以让学生形成书面作业，亦可以选择题、连线题、判断题的形式推送给学生，教师通过电脑终端提交的统计数据掌握学生的预习情况。高中学业负担较重，借助平板终端完成任务可减轻学生的负担。

（2）篇幅较长的文本。高中教材中长篇幅的文本较多，课堂阅读文本也会耗费大量时间，这就需要将预习工作做扎实。预习的目标明确了，学生的预习会更有效果。高中教材中文言文占比较大，除了补充相关知识和资料，还要引导学生疏通文义，积累文化常识和重点虚词、实词，任务相当繁重，巧妙借助智慧课堂，能够纾解课时紧、任务重的难题。

案例：

以《鸿门宴》为例，除了推送介绍《史记》和本课相关的历史背景资料外，还需要结合本课注释扫清阅读障碍，梳理文本大意，对反复出现的实词、虚词进行圈画，归纳含义。

扫清阅读障碍。如："欲王（wàng）关中、为（wèi）击破沛公军、好（hào）美姬、孰与君少长（zhǎng）、从百余骑（jì）、数（shuò）目项王、沛公之参乘（shèng）、如恐不胜（shēng）、何辞为（wéi）"，这些字词的读音在平时和课本中有区别，提前推送给学生以便他们疏通文义。

梳理文本大意。如：请结合文本大意，将文章按宴前、宴中、宴后分为三部分。

积累重点词语。推送给学生的虚词、实词积累可以以这样的形式，如：

乃：副词：a. 就，于是　b. 才　c. 却，竟然，居然　d. 只是，仅仅 e. 是，就是

指示代词：f. 这，这样

人称代词：g. 你

1. 项伯乃夜驰之沛公军　　（　　　）

2. 良乃入　　　　　　　　（　　　）

3. 而乃以手共搏之　　　　（　　　）

4. 乃朝服　　　　　　　　（　　　）

5. 乃复请之　　　　　　　（　　　）

教师课前发布导学案、预习作业，再借助学生完成后即时反馈的数据，准确把握学生预习情况，从而把握教学难点，改进教学设计，以便更高效地教学，使教学更有针对性。

2. 课中多向互动交流，完成教学目标

课中教学是智慧课堂的核心环节，直接决定着教学目标的达成。在课中互动过程中，教师借助智慧平台，利用希沃软件投放音视频、图文资料等开展在线互动教学。在互联网技术支撑下组织学生开展学习活动，最终高效完成教学目标任务。这种互动课堂不同于传统的师生双向活动，而是多维、立体的高度互动。教学过程中教师实时随机点名抽查学生学习情况，及时调整教学计划和内容；学生自由提出问题，通过师生、生生、生本间的对话与交流展示问题答案，共享学习成果。古典诗歌重视创设情境，通过诵读涵泳诗意把握作者的思想情感。在教学曹操的《短歌行》时，可以采取"诵读—感悟—鉴赏—评价"串联智慧课堂的全过程。在走近诗歌文本前播放电视剧《三国演义》片头曲《滚滚长江东逝水》为课堂营造氛围，唤醒学生的意识，激发学生的情趣。开展诗文评鉴活动过程中，推送微课配乐朗读明晓诗意整体感知诗文内容；用配

乐赋唱的视听画面，再现曹操酾酒临江、横槊赋诗的画面，引导学生体会诗歌慷慨悲壮的感情基调。设置新媒体交流平台，组织学生网络在线交流分组讨论。结合个性化的阅读体验和认知，组织学生有序在线发表独到的见解和认识，体会作者对贤才难得的忧思和贤才既得的欣喜之情；借助云教学平台读诗明志，围绕诗眼"忧"探究其内涵，提高诗歌的鉴赏能力。

（1）巧用微课，提高教学效果。微课是当下高中语文教学中备受师生欢迎的一种学习资源。微课是指教师利用现代信息技术，以流媒体形式开展的，围绕某个知识点或教学环节进行的简短、完整的教学活动。教师可以使用微课引导学生进行自主学习。随着科学技术的发展，微课的形式层出不穷，微课的应用日益广泛，高中语文教学中的一些重难点都被制作成了各有特点的微课。教学中遇到一些难点时，教师可挑选合适的微课辅助教学，引导学生进行自主学习。

案例：

在学习语文版必修四《孔雀东南飞》时，掌握"相"字在不同语境中的用法和意义是本课的一个教学重难点，文中"相"的意义较多且不易理解。精心挑选一节"相"字释义的微课，引导学生就文中"相"的用法进行自主学习，从而掌握"相"字的用法和意义。

（1）人称代词，表示一方对另一方有所动作，偏指一方。①指代第一人称，译为"我"，如"及时相遣归""嬉戏莫相忘"；②指代第二人称，译为"你"，如"会不相从许""还必相迎娶"等；③指代第三人称，译为"他（她）"，如"好自相扶将""蹑履相逢迎"等。

（2）副词，表示互相、彼此，如"六合正相应""叶叶相交通"等。

（3）名词，相貌，如"儿已薄禄相"。

利用好微课，能让课堂教学事半功倍，具体表现在：

①借助微课创设情境，激发学生语文学习兴趣。著名的教育家陶行知先生曾说过："唤起兴趣，学生有了兴趣，就肯用全副精神去做事情。"就高中语文这一学科来说，其知识点比较多、难点多，阅读和写作技能比较多，尤其是高中语文新课标对高中语文学习提出了更高的要求。这就加重了高中语文这一学科的学习负担，以至于部分学生在学习的过程中，产生厌烦情绪。针对这一点，教师在高中语文课堂教学中，就可以充分借助微课的形式，结合教学内容、学生学情等，利用微课给学生创设一个教学情境，促使学生在这一良好的

教学情境中，获得积极的体验，并点燃学生学习热情，促使学生积极主动参与到语文学习中。例如，在《林黛玉进贾府》这一课的学习中，教师就可以将《红楼梦》中的片段制作成为微课，并配以主题曲，引导学生对大观园中出场人物的性格特点进行感受和分析。之后，再引导学生进入到课文学习中。通过微课给学生创设情境，可最大限度激发学生学习热情，促使学生积极主动参与到学习中。

②借助微课，拓展知识内容。高中语文新课标对教师的课堂教学提出了全新的要求：必须跳出教材中内容的限制，拓展学生的知识面，全面提升学生的语文综合素养。但是受到教材、课时的限制，在传统教学模式下，很难实现这一点。据此，教师可充分借助微课这一新型的课堂教学模式，教师可充分借助网络资源，紧紧围绕教学内容，将相关的知识、素材、文化资源等进行整合，并精心制作成微课，投放到教学平台上，进而在教学过程中，将其直观、形象地展示在学生面前，以达到拓展教学内容的目的。同时，还可以引导学生在课下进行自主观看，以拓宽知识面。例如，在《鸿门宴》这一课程教学中，由于课本仅仅选择了楚汉争霸的节段，部分学生对这一事件的前因、后果了解不够全面，教师就可借助微课对其进行简单的介绍，以拓展学生的知识面、提升学生语文综合素养。

③巧用微课，强化重难点教学。在高中语文课堂教学中，深化教学重难点，不仅是学生必须掌握的知识，也是提升学生语文综合素养的关键途径。鉴于传统课堂教学模式下，语文重难点教学效果不佳的现状，教师可充分借助微课这一形式，紧紧围绕教学重难点，精心制作高质量的微课视频，并将其作为课堂教学的辅助，以达到攻克教学重难点的目的。例如，在《雨霖铃》古诗词教学中，艺术境界历来是教学的重难点，学生在学习的过程中，存在极大的难度。据此，教师可将其制作成为微课，引导学生在"寒蝉凄切、对长亭晚、骤雨初歇"的视频景象中，感受作者的离愁别绪，进而精准地把握诗词的内涵。

④借助微课，培养学生语文综合素养。在高中语文新课标下，高中语文教学不单单是传授语文知识，还要注重学生语文综合素养的提升。鉴于高中语文课堂教学时间有限的客观因素，教师可充分借助微课的形式，对学生进行课后延伸。据此，教师在完成高中语文课堂教学之后，就可以结合教学内容，精心制作一些具有创意的课后延伸学习，使得学生在课下结合微视频，开展自主学习，并在学习过程中，提升语文的综合素养。例如，在学习完《荷塘月色》之后，就结合课堂教学内容，学生的实际情况等，将朱自清相关的作品进行整合，如《背影》《扬州的夏日》《匆匆》，引导学生从不同的角度，对朱自清的

作品进行分析和学习。这一做法不仅加深了学生的学习效果，拓展了学生的知识面，也促使学生在潜移默化中提升了自身的语文综合素养。

微课是一线教师就教学中的一些重难点开展的教学活动，思路清晰、目标突出、形式新颖，微课的合理使用可以使教学达到事半功倍的效果。微课也是高中语文智慧课堂经常使用的一种学习资源。但在实践中，教师要避免为了追求课堂形式新颖，不加甄别地使用微课，要贴合教学、精心选择、有效使用微课。

（2）作文讲评，多向互动。

①作文批改开展多元化的互动交流。希沃白板是当下教师普遍使用的一款针对信息化教学而设计的互动教学平台。作文教学中教师可以充分利用希沃白板的多样化功能，如：笔、放大镜、板中板、截图、录制胶囊、手机投屏等，引导学生对作文进行批改。教师可以利用希沃白板的笔功能，就典型的、针对性强的作文片段或全文进行批改，且能够实现师生多人批改。可以师生合作，共同批改一段作文，也可以生生合作批改作文。师生就修改的内容交流讨论，不恰当的内容可以利用擦除功能擦除，对作文进行再次修改，甚至多次修改。教师也可以利用板中板功能，引导学生对作文进行深入修改等。

传统作文批改方式不仅师生互动性低，生生互动也寥寥无几。"互联网＋教育"背景下高中语文智慧课堂，增强了师生、生生之间的互动性。高中语文智慧课堂开展的作文批改教学，师生、生生之间的互动交流，主要体现在教师借助学习平台的信息化功能，引导学生投入课堂，积极参与到作文批改中。高中语文智慧课堂作文批改，打破作文教学以往以讲解为主的教学模式，而是以师生之间的修改、讨论、再修改为主，一段作文可以实现师生多人反复修改，增强师生、生生之间的互动性。

"互联网＋教育"背景下智慧课堂中的作文批改，突出了学生的课堂主体地位，不仅提高了学生参与评改作文的积极性，而且增强了师生、生生之间的互动性。总而言之，"互联网＋教育"背景下的高中作文评改即引导学生互评互改，互学互鉴。

②课堂练笔开展多元化的互动交流。传统课堂中教师布置"课堂练笔"，学生完成练笔后，仅教师或相邻学生欣赏自己的练笔成果，其互动是单一的、局部的。高中语文智慧课堂中的练笔也可以借助信息技术实现多元化的互动交流。高中语文智慧课堂，教师发布课堂练笔，学生完成练笔后，运用移动学习工具的拍照功能，拍照并提交，师生在学习平台对学生提交的练笔一目了然。师生共同选择几篇精彩的、典型的、有针对性的练笔，引导学生就这些练笔进行比较分析、讨论交流，在师生、生生的交流讨论中让学生学习他人练笔的优

点，弥补自己练笔中的不足。

案例：

一节语文课，笔者使用宁夏教育云平台互动课堂的发布作业功能，发布了课堂练笔作业，其主题为"抵制泛娱乐化，争做有为青年"。学生完成练笔，运用平板的拍照功能拍照，提交练笔，很多同学对张同学提交的模仿文言文句式而写的练笔产生了极大兴趣。笔者以此为契机，引导学生就此篇练笔交流讨论，鼓励学生大胆走上讲台，利用互动课堂的画笔功能，对这篇练笔进行反复批改。学生热情高涨，讨论热烈，先后有4位学生自信大胆走上讲台，以我笔写我思，对此篇练笔进行了适当的修改和补充。以下是多次讨论修改后的练笔成果。

娱乐至上，惑民误国

娱者，伶也。泛娱乐化，伶娱而误国也。

古之伶者，以言术谏议治政，政明国安。今之伶者，娱以声色而惑民误国。昔者，以伶戏谏君者，如淳于髡说齐威王，太史公赞而录其于《史记·滑稽列传》，著于伯夷、苏秦之列，是以重其以言术谏政，而非因其伶术之精也。

近之伶者，以国粹救民报国，振奋精神。今之伶者，娱以嬉闹而惑民争喧也。近者伶戏劝民者，有如梅公传国粹，国人赞而尊之为先生，使德隆才盛，得桃李于天下，是以重其拒敌寇传国粹而非其姿态之美也。

今之伶者，娱以媚态而盈其囊也。国士薪俸，区区几两；尔曹片刻，窃得万金。今之伶戏惑民者，不可计数。伶之丑闻，甚嚣尘上，逃税违法者有之，挥金如土者有之，才不配位者有之，背宗忘国者有之……今之伶者，青年追随者甚众，青年志不定、意不坚，长此效仿，则精神不振。

《伶官传序》言曰："盛衰之理，虽曰天命，岂非人事哉！"若娱乐至上，则礼仪崩坏，娱于心而溺于志，溃其神而毁其身，则青年不振，国之不兴。华夏振兴，何日可待？

这次的课堂练笔给笔者留下了深刻的印象，"互联网＋教育"高中语文智慧课堂深入有效的交流互动，也让笔者震撼不已。作为一线高中语文教师，我们要善于利用各种新教学媒体、新信息技术，创设有利于师生交流互动，有利于学生自主或合作探究的学习环境，引导师生、生生开展有效、深入的交流互动，以思想启迪思想，以智慧启迪智慧，使学生思维、表达、写作能力逐渐提升。

（3）课中检测，有的放矢。课堂教学中推送检测卷，学生提交后，信息技术平台会即时生成客观题的统计数据，对学生答题情况进行反馈。如完成率、优秀率、及格率、平均分、标准差、难度系数等。对于主观题，平台也会对完成率、用时等进行反馈。教师可以充分利用这些反馈信息，有的放矢地开展教学。

游戏检测，高效互动。课中检测形式可以很好地借助希沃系统"课堂活动"中的游戏，如趣味分类、超级分类、选词填空、知识配对、分组竞争、判断对错、趣味选择、记忆卡片、知识排序等进行，针对不同的知识点选择不同的游戏形式。这样一方面可以当堂检测知识掌握情况，另一方面可以活跃课堂气氛，提高学生学习的兴趣和积极性。

（4）形式新颖，身临其境。复习课知识点琐碎，课堂容量大，调动学生的学习积极性，可以借助互联网强大的功能，将现代科技融入教学中，使课堂生动有趣。

案例：

在有关定语后置句的文言文句式复习课中，考虑到这个知识点有一定难度，加上与语法知识有关，学生有畏难情绪，课堂气氛会比较沉闷，为了避免这一问题的出现，笔者在设计时加入了同学们熟悉的微信界面。该界面生动有趣，画面接近微信聊天界面，巧妙地将知识点融入现代科技之中，灵动而有新鲜感，能够很好地将学生带入情境，使课堂充满活力。

3. 课后数据反馈诊断，开展个性辅导

课后对整个学习过程、行为、结果的诊断是必要的，这对巩固已学知识，深化学习提升能力具有重要作用。更为重要的是通过课后检测及时发现学生学习中的薄弱点、空白点，师生反思"教""学"行为，诊断问题的症结，调整教学状态，以达到教学的最佳效果。教学结束后，教师围绕本节课的教学目标在网络平台上上传检测试题，要求学生在限定时间内完成并推送给教师管理端口。教师在网上评阅后及时反馈检测数据，形成评价报告单为个性化辅导提供有价值的参考依据。根据学生对作业的完成情况，把控学生学习行为习惯、思维状态，为实施分层教学并为延伸拓展学习奠定基础。文言文教学特别强调文言词语的积累与运用。在教授完单篇甚至单元教学任务后，教师要设计具有层次的练习，以文档的形式通过学习平台推送给学生，设置时限独立自主完成练习任务。教师线上批阅，智网分析检测数据，记录学生打卡情况，以帮助学生巩固课堂知识，灵活运用所学文言词语，提高语文学习渗透力。

课后发布巩固练习、探究性作业等，教师通过教学平台反馈的学生作业完成情况的数据统计，准确了解学情，有针对性地对学生错误率高的题型进行辅导。

（1）客观题检测，依托平台形式多样。

案例：

《鸿门宴》中的实词、虚词、文化常识，涉及较多知识点，课后可将这些知识点整理形成客观题，客观题形式可以是选择题、判断题、填空题等，学生提交后系统会统计正确率，教师可在后面的练习中让正确率低的学生再练习巩固。对于错误比较集中的题，教师可以在课堂上再讲解，督促学生掌握。

（2）主观题检测，借助平台规范作答。

案例：

在执教《宝黛初会》第一课时后，可以将人物形象分析作为重点，让学生训练，如：

思考1：根据原文分析王熙凤的形象特征。

思考2：根据原文分析为什么宝黛初见，都有熟悉之感。

思考3：结合原文，分析作者塑造贾宝玉形象时所用的手法有哪些？

学生提交练习后，教师在批阅后可以及时调整后面课时的教学内容，合理安排教学重难点，帮助学生更好地理解文本。同时，教师可将答题条理清晰与不清晰的答案展示出来，让学生来评分，以此训练学生的规范答题能力。

（3）开放题检测，鼓励个性化作答。

案例：

《阿Q正传》《边城》互文阅读后，引导学生讨论了"美"与"丑"，这时候学生对于美丑有自己的见解，对文本也有不同的解读，但在课堂上时间较为紧迫，学生无法各抒己见，然而培养学生的审美鉴赏与创造能力很关键。鉴于此，笔者设计了如下练笔：学校即将举办以"现代生活，文学家应以彰显美好/批判丑恶来引导文化潮流"为辩题的辩论赛，请你选择正方一辩或反方一辩的角色，结合今天的学习，写一篇600字左右的立论陈词。

　　学生结合推送的辩论稿立论陈词的特点和写法，将写好的陈词稿发送到智慧平台，教师批阅后可继续将见解独到、陈词有力的正方和反方辩论稿推送到平台，供同学们在此基础上继续修改自己的辩论稿，或者结合对方陈词，完善个人的辩论观点，呈现出更好的表达效果，经过这样的互动，条件允许即可在班里开展辩论赛，可谓一举多得。

　　传统的课堂由于技术的限制和教学进度的约束，很少能够将课前预习和课后作业真正延伸到课余时间进行，这就导致了课堂教学时间紧迫，而教师也会加快节奏，争取在规定的时间完成教学任务，很少能够停下来举办情景剧、辩论赛等耗时耗力的活动，而数字化课堂的出现无疑将课堂延伸到了学生的生活中，引导学生充分利用课余时间，鼓励学生从生活中学习，将学科素养运用到生活中。

　　"新课程、新教材、新高考"改革已然到来，未来教育对人才的培养和选拔已不是单纯地停留在知识和记忆的考察层面，而是越来越注重学生的综合素养和知识迁移能力，智慧课堂恰好为我们提供了锻炼学生能力的平台，合理运用好智慧课堂，将为我们的课堂插上腾飞的翅膀。

第十二章 基于核心素养的思辨性写作教学

> 思辨性写作教学是作文教学的新形态。思辨性写作教学对于培养学生的思辨能力、创新品质具有重要的作用。以核心素养为理论依据，开展思辨性写作教学实践活动，能够启发学生思维，使他们的写作技能不断优化，还能发展学生个性，让学生的学科核心素养不断提升。

思辨性写作教学是近年来高中作文教学中出现的一种新的教学范式，体现了语文课程改革研究新成果。其实质是"时评类"作文，本质依然是材料作文，只是在材料的基础上，增加了明确的指向性任务，引导学生就一个具体明确的要求写作，让学生更好地围绕材料的内容及含意，选择最好的角度来作文。这种作文类型旨在培养学生的阅读能力、写作能力，特别是思维能力与创新品质。

一、思辨性写作教学现状

1. 写作教学模式化

现今，受高考应试教育的影响，部分高中语文教师在进行写作教学时，依旧沿用传统的教学模式，语文教师依旧占据课堂的主体地位，学生语文写作积极性不高，只能被动地听讲，这种模式不利于学生语文综合素养的培养。在整个作文写作教学过程中，学生几乎没有相互探讨、自主探究的时间，长此以往，势必会影响学生语文写作思维的发展。学生在这种单一、僵化的写作教学中，时常感到疲惫不堪，难以写出优秀的作文。

2. 写作训练生硬刻板

在写作训练教学中，许多教师通常依照教材要求抑或写作大纲指导写作训练，使得学生写出的作文生硬刻板，作文模式化现象较为严重。教师在布置写作内容时，不能综合考虑学生的实际感受，未能了解学生写作兴趣所在，使得部分学生的写作只为应付了事，对写作缺乏正确的认知，学生难以将内心的情感融入作文中，使得作文质量难以有效提升。

3. 写作训练逻辑混乱

（1）审题立意忽视逻辑。审题立意是高考作文的根本，审题不准，立意不对，文章写得再好也没有用。审题立意时，一定要高度重视作文题目中材料的内在逻辑关系，明确题目要求，对材料进行整体的逻辑分析。若忽视，则不能准确划分材料层次及层次间的内在逻辑关系，也就无法准确把握蕴含在材料中的观点，不能落实题干中的任务要求，如果只是抓住材料中的个别词语为论述对象来展开写作，势必会偏题、离题。

（2）偷换概念转移论题。有的学生投机取巧，写作时准备了一些范文，甚至能背诵默写。高考时，不仔细审读作文题目，不认真揣摩命题意图及要求，采用偷换概念转移论题的手段，把准备好的范文略加修改套上去，以期蒙混过关，最终聪明反被聪明误，导致偏题、跑题。

（3）谋篇布局结构混乱。审好题，立好意，完成了写作的第一步，接下来应谋好篇，布好局。但有些学生为了赶时间，加之心态紧张，没有重视甚至忽视了谋篇布局这一重要环节，想到什么就写什么，写到哪算哪，导致文章条理不清、颠三倒四、结构混乱。有的考生尽管对文章整体进行过谋篇布局，但没有考虑语段内的布局，导致文章整体条理尚可，段内却杂乱无章，还是很难得高分。

4. 论据论点缺乏逻辑

运用论据论证论点时，必须考虑论据与论点之间的逻辑关系，论据的本质要与论点的内涵保持一致，只有这样，才能有力证明论点。但在高考写作过程中，有些学生没有重视论据与论点间的逻辑关系，只是把平时积累的材料进行堆砌，再以此为论据去论证论点，从表面看，貌似内容丰富、论据充实，然而论据与论点之间完全没有逻辑，论据不能有力地证明论点，属于典型的"正确的废话"。

5. 分析论证毫无逻辑

写作训练时，教师往往只是加强了审题立意、论证结构、论证方法等方面的训练，但对于议论语段具体如何展开分析论证的训练不够，许多学生在具体分析论证时，东拉西扯，前后游离，毫无逻辑。

二、思辨性写作教学路径

1. 注重学生写作兴趣的培养

在新高考视角下，应改变传统写作教学观念，注重学生写作兴趣的激发与培养。首先，积极对学生进行激励性的评价。教师在进行作文批改时，应有意识、经常性地在学生的作文中寻找文笔优美、构思巧妙、写法新颖、布局精到的句子，并及时给予激励性的话语评价，使学生感受到成功的欣喜，感受到如果自己再努力一点，定会写出更加优秀的作文，从而充分调动写作积极性，更加积极认真地进行写作。其次，积极开展写作教学实践活动，并在教学活动中融入写作教学。教师应积极鼓励学生在实践活动中创作，充分融入自己的情感，以实现学生写作兴趣的有效激发。最后，应鼓励学生踊跃向报纸、期刊等投稿，鼓励学生参加学校或者社会组织的各类作文大赛，使学生在投稿中认知自我，在活动中感受创作带来的乐趣，进而实现学生语文写作兴趣的激发与培养。

2. 应用作文生活化教学

生活化教学是现今最常用的写作教学方法，且极为契合作文拟题的方向。主要由于现今较多的写作教学以仿写训练为主，并将优秀作文作为模块，让学生背诵、记忆，使得作文呈现模式化现象。此外，作文尤为重视对学生内心真实情感与独立思考能力的考查，生活化教学契合作文拟题方向，可有效避免程序化、模式化作文。因此，教师应积极从近几年高考拟题方向寻找写作教学切入点，注重学生生活观察能力的培养，帮助学生摆脱思维定式，这样才能使学生从自己的视角出发，注入自己的情感与见解，科学构思、创作。

在实际教学中，应注重生活化教学，积极引导学生观察生活实际，根据自己的经验，寻找最佳写作切入点，并遵循求真务实的写作精神，高效写作。

3. 培养思辨性阅读能力

一直以来，有效阅读都是提升学生写作能力的重要途径，也是激发学生创作思维，提升学生写作技巧的必然选择。在实际教学中，教师应根据教学重点与学生阅读兴趣，科学地为学生推荐读物，使学生在阅读中夯实自身写作基础，开拓知识视野。教师还应注重学生理性思维能力的培养，进而实现写作能力的有效提升。

（1）创设问题情境，开启思辨。开启思辨阶段，以问题或问题链引导学生把握文本主线，探究文本核心内容。这个阶段侧重围绕文本内容、理解性阅读的学习任务设计有价值、有思辨空间的争议性问题，设计能激发学生思维甚至产生观点碰撞的问题，创设课堂探讨的真实情境，以理解性阅读辅以鉴赏评价性阅读，在解决问题的真实情境中引导学生理解文本、深入文本、洞悉文本核心。比如"中华文明之光"单元，《子路、曾皙、冉有、公西华侍坐》《齐桓晋文之事》《庖丁解牛》《烛之武退秦师》《鸿门宴》五篇经典文言文组成三课，对于学生来说，文本语言、思想内涵理解起来都有一定难度。单元学习任务一要求学生"从这三篇文章中任选一篇，找出并分析文中的重要观点，进而深入理解全文，把自己的思考写出来，与同学讨论"。学生要完成这个学习任务，需要跨越文言文障碍，准确找到诸子文章中的观点性语句，结合选文内容以及补充相关信息对选文呈现的诸子观点和行文思路达成准确、清晰的理解认知，然后需要结合特定时代、史实、作者经历以及研究成果等做综合性理解判断，才算真正触及诸子处世治国思想及价值的内核。教学设计的宗旨是帮助学生完成学习任务，可以根据学生学习能力拆解任务，形成有梯度的问题链，适当补充学习资料，引导学生逐一解决问题，渐进式完成任务。

如针对《子路、曾皙、冉有、公西华侍坐》可以设计这样一组问题：

①对本文一些具体词句（如"毋吾以也""浴乎沂，风乎舞雩"），历来有不同的解释，结合有关资料，说说你的理解。

②文中四位弟子的志向各是什么？它们之间有怎样的联系？

③孔子对其他三位弟子的说法持什么态度？他对子路"哂之"是嘲笑吗？

④孔子为什么对曾皙的说法喟然而叹曰"吾与点也"？

这几个问题，把"理解孔子处世治国思想"的核心任务拆解为多个子任务，从准确理解文言文语意开始，到对孔子"吾与点也"的内涵、情感态度，学生先依据文本情境进行阐释分析，再沿着问题链一步步跨越障碍，还原历史时空下的语境、情境，从而把握孔子赞同"曾点之志"的言行背后流露的人生态度及处世治国理想、价值取向。

（2）多文本比较，强化思辨。完成了理解性阅读的学习任务，进入第二个思辨能力层级的学习。教学设计的具体方法是依据选文拓展相关内容，进行多文本之间的比较，在比较、辨析、归纳、评价等思维与语言活动过程中强化思辨意识和能力。比如，"责任与担当"单元的学习任务，要求学生先根据王安石《答司马谏议书》的内容推断司马光来信的基本观点，然后再与司马光《与王介甫书》对照阅读，准确把握两位政治家思考问题的基本立场与秉持的主要观点。教材在学习任务里补充了相关素材，以引导学生还原历史真实情境，面对北宋特定发展时期治国方略的争议性现实问题，以课文为中心，多文比较，建立相关素材之间的联系，在实证中对北宋历史上影响深远的政治事件以及事件中主要政治人物的观点、态度、主张、行为做出理性判断、评价，得出自己的结论。单元学习任务还要求将《谏太宗十思疏》与《贞观政要》中记载的唐太宗的两段言论结合，比较梳理，读懂其中"理性的声音"，对唐朝鼎盛时期君臣在克制欲望、防微杜渐、居安思危等德行方面达成的共识形成理性的认知。总之，这两个学习任务都要求学生在理解性阅读的基础上，结合补充素材，学会比较、辨析、推理、判断，在语用实践活动中形成"思辨性阅读与表达"的高阶能力。单元学习任务以及提供的相关素材暗含了完成任务的教学设计指向。

（3）开展语用实践，深化思辨。通过创设情境、开展思辨性语用实践活动，实现思辨的深化。比如，"学习之道"单元的学习任务之一是要求学生联系当下学习型社会或自身学习经历，发现现实问题，有针对性地运用本单元某篇文章的观点、方法解决某个实际的现实问题，写一篇不少于 800 字的文章。为完成这个学习任务，可以设计综合性的学习实践活动，比如让学生开展学习论坛或组织有关"学习"的辩论，在真实情境中锤炼思辨性表达的语用能力。情境设计要扣住当下现实问题，比如：

随着技术的进步，大众的学习观也在发生着深刻的变化，极端主义者甚至认为，未来，大脑可以被植入芯片，随时调用知识，AI 机器人可以替代人类完成大部分工作，人类不用费劲学习了，请以"AI 时代我们需不需要学习"为论题，结合本单元古今哲人、思想家关于学习的观点，自选角度，展开辩论。

这样的教学活动设计是在理解性、鉴赏性、比较联系思辨性阅读的基础上，借鉴单元文本观点或表达形式，把真实问题与情境设计相结合，开展思辨性表达的语用实践。设计的落点是思辨性表达，设计的重点是立足当代语境理解、辨析、质疑，发现经典文本的当下意义。

指向任务完成的"思辨性阅读与表达"的教学活动包括三类策略方法：第一类是设计适切有效的问题或问题链引导学生深入文本，以理解性阅读为主、鉴赏性阅读为辅；第二类是联系、补充、拓展相关资源，进行多文本互文纵横比较，以思辨性阅读发展实证、推理、批判与发现的能力；第三类是结合当代实际生活，设计情境，开展思辨性语用实践，尝试解决真实问题。这三类设计指向的思辨要求与能力要求是结构化的，但并不是割裂的，教学设计时可以根据文本及学生特点互融，或有侧重地集中在一个教学活动单元里。

针对"思辨性阅读与表达"单元学习任务的教学设计还有很多值得尝试的实践路径。

核心素养视域下的思辨性写作教学，以学生综合能力的培养与考查为基础，注重写作兴趣的培养，在实际教学中，应深入研究课程标准，积极引导学生从生活视角出发，注重务实求真的观察能力培养，积极鼓励学生进行阅读，拓宽学生视野，以提高学生作文质量。

4. 思辨性作文写作建议

（1）思辨性审题立意。思辨性审题立意，就是要运用辩证思维、批判思维对作文题目中所涉及的问题、现象、概念、判断、推理、观点等进行深入的分析思考，厘清题目材料中的逻辑关系，抓住主要问题和主要矛盾，提出切合题意且有深度的观点。

以 2021 年全国新高考 I 卷为例，谈审题立意：

阅读下面的材料，根据要求写作。

1917 年 4 月，毛泽东在《新青年》发表《体育之研究》一文，其中论及"体育之效"时指出：人的身体会天天变化。目不明可以明，耳不聪可以聪。生而强者如果滥用其强，即使是至强者，最终也许会转为至弱；而弱者如果勤自锻炼，增益其所不能，久之也会变而为强。

因此，"生而强者不必自喜也，生而弱者不必自悲也。吾生而弱乎，或者天之诱我以至于强，未可知也"。

以上论述具有启示意义。请结合材料写一篇文章，体现你的感悟与思考。要求：选准角度，确定立意，明确文体，自拟标题；不要套作，不得抄袭；不得泄露个人信息；不少于 800 字。

本则材料交代了《体育之研究》的发表时间、作者及刊物，其目的是让考生思考该文发表的背景：处于积贫积弱的半殖民地半封建社会，适逢"五四"新文化运动爆发的前夜，毛泽东发表有关"体育"的文章，其主旨不局限于强身健体，而是有由体育及民族国家等的深意。从生理规律角度谈身体变化，身体会受外界因素特别是体育训练的影响，每天都会发生变化，也预示世间万事万物都是处于发展变化之中的。举"目""耳"的例子，意在说明通过加强体育锻炼，可以达到"耳聪""目明"的效果。这是"体育之效"的第一层，也是"体育之效"的总起：身体通过体育锻炼而改变，万事万物均会因主观、客观的影响而发展变化。身强体壮的人，体育锻炼不讲方法，滥用其强，那么强壮的身体终会被搞垮。同理，能量强大的个人、企业、民族、国家等，如果依仗强大，滥用其强，强者也会变为弱者。这是"体育之效"的第二层：强者滥用其强，会转为弱者。

体质孱弱的人，勤快主动地坚持锻炼，增强体能和素质，时间一长，身体会变得强壮。同理，处境艰难、势力弱小的个人、企业、民族、国家等，朝着奋斗目标不懈努力，终会由弱者变为强者。这是"体育之效"的第三层：弱者不懈锻炼、奋斗，终成强者。

由前面"体育之效"的三层意义，推出强者弱者应有的精神态度。强弱双方在一定条件下是可以相互转化的，所以，"生而强者不必自喜""生而弱者不必自悲"，特别强调：生为弱者，不屈不挠，朝着目标积极奋斗，也能成为强者。"启示意义"要求行文时不能只谈"体育之效"，"体育之效"只是一个写作的引子，应在此基础上由此及彼，拓展出启示意义，即从"体育之效"出发，联想、思考其他方面的强弱之变，比如个人事业、企业发展、民族繁衍、国家进步均可以由弱变强，也可能由强转弱，其强弱之变，取决于自身的努力。

"结合材料"要求考生不能抛开材料中的"体育之效"直接泛泛而谈"强弱之变"，也不能只在文章开头引用材料，提炼出一个关键词，然后围绕关键词写成话题作文。应由材料中的"体育之效"入手，略谈体育强弱之变，重点突出由此生发的启示意义。

文章要体现作者个性化的感悟与思考，不要人云亦云，要有创新性和新颖性。

（2）思辨性谋篇布局。思辨性谋篇布局，是指运用辩证思维围绕论点展开分析论证时，论证思路及论证结构须符合认知逻辑和事理逻辑。只有这样，文章才文脉通顺，逻辑性强。议论文的论证结构一般分为并列式、层进式和综合式。

（3）思辨性分析论证。思辨性分析论证，是指以"事物是运动的，事物之间是普遍存在联系的"为出发点，抓住问题的主要矛盾、关键及重点，进行质疑评价和辩证的分析论证，注重分析论证的逻辑性和深刻性。进行思辨性分析论证，一般会运用以下几种推理方法。

①演绎推理。所谓演绎推理，就是从一般性的前提出发，通过推导得出具体陈述或个别结论的推理过程。演绎推理是严格的逻辑推理，一般表现为三段

论模式（大前提、小前提、结论）。大前提、小前提的判断必须真实正确，小前提必须属于大前提的范畴，只有这样，推理的结论才是正确的。

②归纳推理。归纳推理，是一种由个别到一般，由特殊具体的事例推导出一般原理、原则的推理方法。归纳推理一般表现为从许多个别的事例中归纳出它们的共同特性，从而得出一个一般性的结论。我们平时一般使用不完全归纳推理法中的简单枚举法，根据一类事物中部分对象具有某种共同属性，并且没有遇到与之相反的情况，从而推出该类对象都具有某种属性。例如：

> 毛主席指出："生而强者如果滥用其强，即使是至强者，最终也许会转为至弱。"一些省市状元考上中国顶尖大学后就沾沾自喜，失去了以往奋斗的动力，沉迷在虚拟网络世界不能自拔，最终成了新一代的仲永；世界胶片之王柯达公司，在霸主的位置上洋洋自得，不思进取，错失了企业转型的大好时机，最终落得破产的悲剧；石油大国叙利亚，坐享资源带来的大量金钱，罔视环境污染和生态破坏，最终导致资源枯竭，回不去往日的荣光。他们都曾是天上璀璨的星星，如今掉落在人间，失去了原有的光辉。可见，强者沾沾自喜，滥用其强，最终变强为弱。

本段比较典型地运用了归纳推理的方法进行分析论证。列举了三个事例：个别省市状元成为"新一代的仲永"，柯达公司破产，叙利亚变为弱国。归纳推理出结论：强者沾沾自喜，滥用其强，最终变强为弱。

③因果推理。因果推理，是指由原因推及结果或由结果推及原因的推理方法。在论证论点时，若论点是一种结论性的观点，我们就可通过分析这个观点形成的主客观原因或根本原因等，以此论证论点是否成立。若论点是事物发展中的某一原因，我们则可分析由它导致的结果，以此论证论点是否正确。总之，通过对事理原因或结果进行周密分析，从而证明论点的正确性、合理性。例如：

> 生而强者未必是永恒王者。生而强者享受着优越条件，包括环境条件和自身条件。"高处不胜寒"，长期处在安逸的环境容易形成极度自我满足的心态，他们被光芒遮住双眼，看不见自身缺点，他们相信自己是完人，沉湎于自我的喜悦与自得，不思进取，终会被社会淘汰。生而强者若罔顾他人利益和感受，丧失公平正义，以一己私利为出发点，利用自身的优势和实力，打压、欺凌弱者，终会遭世人唾弃。生而强者若依仗自身强大，不团结他人，为所欲为，四

面树敌，终会招致众叛亲离。所以，生而强者，若不正视自我，尊重他人，未必是永恒的王者。

本段开头"生而强者未必是永恒王者"是一个结论性的论点，作者运用了因果推理的方法对此进行了分析论证。分析了它的三个原因：一是生而强者条件优越，可能会不思进取；二是生而强者若私利至上，会遭人唾弃；三是生而强者若仗势欺人，会众叛亲离。所以生而强者未必是永恒王者。原因分析全面深入，逻辑性强，充分证明了论点的正确性。

④类比推理。类比推理，是依据甲乙两个事物在某些属性上的相同或相似性，通过对甲事物的分析，类推到与其属性相同或相似的乙事物，然后从两者的比较中，得到某种启示，从而说明某个道理的推理方法。在议论文写作中，乙事物是要论证的论点或观点，对于读者来说，比较陌生或抽象，甲事物是大家比较熟悉并得到了普遍认可的一些思想和行为，用甲事物类推乙事物，能把一些抽象的事理形象化、简单化，读者易于接受。

三、思辨性写作教学实践

《中国高考评价体系》明确指出：高考考查内容即"核心价值、学科素养、关键能力、必备知识"。这四大方面均提及或强调思维方法、思维认知能力（形象思维能力、抽象思维能力、归纳概括能力、演绎推理能力、批判思维能力、辩证思维能力）的重要性。高中语文新课标把"思维发展与提升"定性为学科核心素养，并在课程内容中单设"思辨性阅读与表达"任务群。可见，新教材侧重对思辨性能力的培养，重点训练学生思维的逻辑性和深刻性。在写作中，学生若能针对作文题目中的社会现象、现实问题、观点看法等，运用辩证思维、批判思维撰写出逻辑性强的思辨性作文，在一定程度上会提高学科核心素养。

1. 写作视角一：发散思维，观点独到

针对很多学生看问题随波逐流，对于事物的分析有着惯性思维的情况，培养学生多思考、多角度去寻找原因，能更好地发展他们的思辨能力。在教学中引导学生围绕同一主题探求不同的写作方式，从而使问题最终能够获得比较圆满的解决方法，这是一种比较有特色的思维方法。

笔者以"自由与约束"为主题开展写作训练，培养学生的发散思维。

【作品展示1】

自由与约束

当"自由"这个词出现在我们的脑海中时，我们是否会想到广袤的草原与肆意奔腾的马儿？但古人云："心似平原跑马，易放难收。"雄鹰摆脱了天空的束缚，同时也失去了翱翔的惬意；鱼儿摆脱了水的束缚，同时也失去了畅游的快乐。可见，自由与约束往往相伴存在，我们获得了自由，就要付出等额的代价。

初中道德与法治课本明确告诉我们：拥有自由并不意味着不受法律的约束。由此我们可以知道，自由并不是绝对的，而是相对的；它有一定的限度。而圈定这个范围的栅栏，可以是法律，是道德，是环境，但更多取决于我们自身。当我们内心筑起的城墙越高、防线越严密，意味着我们获得的自由纯度会越高。

所以，自由的限度，取决于自我约束能力。近年来，越来越多的娱乐圈明星伴随着"法治咖"的名号登上了热搜榜单。作为明星，他们所拥有的巨大的财富与名誉为他们搭建了"自由"的天地，其中不乏一些灰色地带。当他们踩到警戒线时，自由就化为了泡影，取而代之的是名声扫地与牢狱之灾。因此，过度的自由就如同一把悬在头上的达摩克利斯之剑，剑刃之下的人随时会遭到反噬。不进行自我约束，总有一天会受到更严格的约束。

哲人有言："自律即自由。"当我们学会约束自己时，就会拥有真正的自由。"自由"也可以倒过来看作"由自"，学会支配自己、掌控自己也同样意味着获得了自由。

想一想，如果将一只从出生起就在动物园中生活的动物放归自然，它的结局将会是怎样的？毋庸置疑是不太好的。也许我们会认为，相比铁栅栏与玻璃窗，野外不是更加自由自在吗？的确，野外没有人类的约束。但放任那样一只没有自主生存能力的动物回归自然，给它自由无异于置它于死地。

人类也一样。作为学生，在我们的眼中，所谓的自由无非就是不受老师或父母的管控、不受学校的约束，想做什么就做什么。但认真想想，我们所选择的自由是否为真正的自由？考试前夕，所有同学都在紧张备考之时你选择了游戏自由；网课期间，面对屏幕中的老师，你选择了摸鱼自由；垃圾食品放在面前，不顾其中的安全隐患与肥胖风险，你毅然选择了饮食自由……选择自由的目的是获得快乐，但当我们行使了这些自由的权利之后，不但没有获得快乐，还被困在了新的枷锁之中。

自由与约束，也往往意味着得与失。当下的自由，不一定会是长久的自由；当下的约束，也并不意味着失去了自由。有时我们先选择得到自由，必定会失去一些东西；但当我们先选择失去一些东西时，会得到全新的自由。那些我们所失去的，会铺成一条通往自由的康庄大道，在远方等着我们。

一只蝴蝶在振翅而飞前，会选择作茧自缚；一只蝉在放声歌唱前，会在地下蛰伏三余载；一只雄鹰在翱翔天际前，会拔掉自己的羽毛，磨掉自己的指甲。如若我们想要获得真正的自由，必定要学会约束自我。自由，得于我，失于我，在于我。

> **点评**：该习作针对身边的"自由"现象，揭示自由的真正内涵。在此基础上辩证分析了"自由"与"约束"的关系。文章思辨性强，将"情"与"理"很好地结合起来，深化了认识。

【作品展示2】

自由的堤岸

当世界被"自由"与"囚笼"彻底割裂成两半时，我们所选择的自由是否真的自由？看似抛下任何代价的自由背后是否隐藏着最为残忍的代价？

50世纪，世界被两股敌对势力——"自由党"与"守规党"割裂。在长达数年的战争后，两党形成了以"自由党"为领导的第十三区，和以"守规党"为领导的第一区。自此，两党达成协议：

所有人类都在一到十六岁期间生活在两区中间地带的"学校"和"社区"里，十六岁那天则到了选择属于自己的"乌托邦"的时刻——要野蛮到底的自由还是生活在由"黄金"锻造出的"囚笼"，这成了每个人生命中的头等大事。

"嘿，安妮！今年就要选择了。你想好了吗？"一个短发女孩边招手边大声说道。

"伊诺，是你呀。我差不多已经想好了。我要去十三区，你呢？"安静地坐在长椅上的长发女生微笑回应着。

今年夏天的最后一日便是安妮和伊诺进行选择的日子。她们同年同月同日出生，从小好得像是真正意义上的双胞胎。当然她们也用灵魂的双胞胎形容对方。某种意义上来讲，安妮和伊诺就是世界上的另外一个自己。

伊诺坐在安妮的身边，她挽上安妮的手臂轻声询问："真的要去十三区吗？听说那儿条件不太好。而且战乱频繁，不如和我去第一区。拜托你啦。"

安妮听见这句带着撒娇性质的话语，不禁扶额："伊诺，你个傻瓜。怎么想着来劝我的？自由当然要付出相对应的代价喽，第一区那种一言一行都被监管、掌控的生活想想就可怕。"安妮假装拍了拍身上并没有出现的鸡皮疙瘩。

安妮一直认为，第一区是监狱的另一种形式，但里面的"犯人"是自愿走进囚笼中的。他们追求永恒的安稳和富裕的生活，于是果断舍弃自由。无论是精神上还是身体上的自由，他们全部当作获取"安逸"的代价统统交出。

伊诺和安妮都清楚，选择第一区和第十三区并没有什么本质上的不同。大家都把舍得贯彻到底，一条道走到黑。

这个割裂、残忍、极端的世界。让人无奈的抉择。伊诺没再讲话，只是依偎在安妮的肩头静静地看着她。如同前十六年每个阳光尚好的午后她们坐在校园上的长椅读书时那样。

"就算我们以后会分开，但第一区和第十三区每一年都有联络活动不是吗？到时候我们还可以分享截然不同的生活，这样想想也挺有意思的。"安妮说完最后一个字的同时猛地握紧了伊诺的手。

"第一区虽然毫无自由可言，但那里的生活真的富足又稳定。是那种极端的令人无法设想的富裕日子。"伊诺扯开话题，紧皱着眉头。

"我知道，但你同时失去了最彻底的自由。"

"这是代价。"

"伊诺，你已经说出了我坚定选择十三区的理由。"安妮拽开伊诺的手，猛地起身不带任何犹豫地向前走去。

伊诺没有再呼喊她，她也不曾回头，不曾表现出一丝不舍。人生的岔路口突然横亘在她们中间，如同海洋横贯开来看不到边际。当然最终没有一个人选择妥协。

肩并肩还是背对背，答案在那个转身的瞬间被直接揭晓，血淋淋的，没给她们任何一个人从头再来的余地。选择日当天，安妮和伊诺恰好一前一后。伊诺说出"我选中的乌托邦是第一区"时，她正望着安妮的眼睛，像是望着即将远行的没有归期的旅者那般。在安妮抬眸的瞬间，她们的眼神撞在一块，对视的那一秒仿佛一辈子那样漫长。

安妮张开嘴巴又合拢，"保重"被写在了她黑色的深邃瞳孔之上。她的瞳孔是否有一丝将那时忘记表达的悲伤透露给伊诺呢？安妮不知道，她只觉得伊诺极缓慢走进栏杆，迈向第一区的背影是决绝的。

似乎要将过去十六年通通抛弃般决绝。"乌托邦。乌托邦。"安妮在心里把这三个字掰开嚼烂。

轮到安妮向前进行选择了，她垂眸小声道："我选中的乌托邦是第——

第——第十三区。"摇摆的念头透过话语传递,安妮也不懂她突如其来的犹豫,或许是因为她在刹那间所读懂的伊诺眼神所传递的含义——我们选择的真的是乌托邦吗?安妮快步进入那扇通往第十三区的门,她闭着眼向前,在睁眼的瞬间无法自控地发出一声感叹:天哪,我的上帝!

机甲车碾过大地的声音"隆隆"作响。喇叭里嘈杂的电流声传来女人的声音:"嘿,新来的,快上车!"安妮从愣神中清醒过来,向机甲车跑去。

天空中飞扬着尘土,安妮边跑边咳,好一会儿才爬上过于高大的机甲车。

女人看着有些惶恐的安妮,忍不住大笑出声,"小家伙,我是海瑟薇,现在我要告诉你一件大事",她蹲下来,双手扶住安妮的肩,继续道:"这里是第十三区,这里绝对自由,没有任何规定以及任何为了控制你所制定的惩罚措施,从你踏入那扇门的时候起,再无任何可以束缚你的东西出现。"

安妮安静地听着,脸上的惶恐已然消失大半。"代价呢?"安妮将海瑟薇的手拉下来,缓慢又郑重地询问着。

海瑟薇听到这话,表情变得玩味起来,"显而易见,小女孩"。被沙尘染成土黄色的天空,偶尔传来的尖叫声,被热武器充斥着的世界。混乱的、危险的,又令人向往的世界。

这里用自由将人类变成脱缰的野兽,人性的黑暗在这片荒原上奔驰呼啸。或许这样的野兽也偶有隐匿的时刻,但这种时刻反而是一种变态。

安妮用了将近三年的时间适应这里,这期间她很少收到伊诺的消息。唯一的消息是第三年联络时段中伊诺寄来的信。信的末尾让安妮印象很深,直至今日她的梦里也会出现这几句话:这不是乌托邦,这不是代价,这不是我们所选择的选择,这不是自由,更不是除自由以外的一切。

安妮好像能理解伊诺的意思,这种理解是她开始感受到伊诺所遭受的如同水滴石穿般的痛苦。那样的代价——她支付不起的代价,让她"消亡"。

安妮的长发变成了一头干练的短发,原因并不是因为她想要改头换面。而是在一个寻常的傍晚,安妮被几个人绑了起来。她的头发在那些人的眼中,如同杂草般可以被肆意地修剪。

那天过后,安妮的世界崩塌又重建。她痛哭着写下日记:这样的代价。哪怕是这种代价的千万分之一,我似乎也无法承担。或许这不是自由,所以这不是代价。

在那以前,安妮所以为的自由无非这些:可以随便糟蹋的河流,凭心情所放的火和毫无征兆的战争,以及随便抓来就可以当成食物的动物。这一切浮于表面的认知,被践行在自己身上的"自由"所打破,她的眼泪换作另一种方式流下——留下日记本上的每一个字。

安妮三年中受过许多伤，起初她被卷入战争中，陷入两方火力交战中难以自保。后来她成为组织战争的一员，海瑟薇就死在她的枪下。安妮也不知道自己这样做的原因，她总会喃喃自语道："自由嘛！自由吗？"安妮的眉头总会随着话语的陈述到疑问由舒展变得紧敛。

那场杀死海瑟薇的战役过后，安妮在日记本上用潦草的字迹写下了几句话："我细数了我身上的刀疤、弹孔、烫伤和淤青。不幸的是，我的痛苦并非来源于此。我的痛苦似乎根植于我逐渐模糊的善恶观以及出走的人性。这是一柄利刃。每念及一次自由，刀尖便狠狠捅向我的心脏。代价！代价吗？"

在安妮向海瑟薇开枪前，曾对她发问："我们真的自由吗？"海瑟薇回应她的眼神晦涩不明，让安妮有种莫名其妙的慌乱。

"显而易见。小女孩。"海瑟薇的回答声好大。安妮觉得自己的耳膜都被这声回应刺穿了。到底哪里显而易见？安妮无数次回忆起自己从小到大对自由的狂热追求，她可以付出所有，只为得到她追求一生的报酬。

但十六岁那年，伊诺望向她的眼神幻化成一种近似实体的东西，等待着某个她意想不到的时刻用最快的速度洞穿她的心脏。

"自由！自由的世界就是我追求一生的乌托邦！"在第十三区的第六年，安妮养成了每月都去高山顶上振臂呼喊的习惯。她大喊着，看似坚定的语气，实际上是对内心犹豫的掩饰。安妮下山后并没有着急回家，而是随便找了一处地方坐下。又一个三年了。今年的联络时段将在一周后开始，前两年伊诺还是杳无音信。安妮渴望找到伊诺，她急切地需要伊诺，需要一个心灵的港湾来抚平她所遭遇的所有动荡不安。七天后，安妮凌晨就去了两个区之间的界线处等待。所谓的界线就是看不到头，足有几十多米高的铁网。铁网后是无人区，再往后、再往后一点才是学校。

安妮坐在界线处抚摸着上面的铁丝："界线之处才是最安宁的地方。"她感叹着。有邮差走来，用轻描淡写的语气告诉安妮，伊诺早在去年就被第十三区偷潜入第一区的罪犯杀了。罪犯已被两党在年初联合审判。

安妮忽地像是被抽干了所有力气。她当然知道这起事件，她也曾在其中鼓动过那群"野兽"。她那时候是怎么想的呢，她忘了，好像是因为无聊吧……反正也没什么责任可负的。

安妮趴在铁网上，十六岁那年伊诺看她的眼神化为了子弹，在瞬间射穿了她的心脏。"这不是自由！这不是代价！"她哭嚎着抓起地上的黄土，撒过铁网的缝隙。

"这才是自由!"安妮死死抓着铁网开始疯狂高呼。终于,安妮意识到了代价的到来是她无法承受的。

自由,不是绝对的自由。

没有堤岸,哪来江河?

> **点评**:习作以小说的形式揭示"自由"与"约束"的辩证关系。告诉我们,自由是相对的,没有绝对的自由。故事性强,情节有波澜,主题耐人寻味。

【作品展示3】

栀子花下沐风听声

泛黄厚重的木门,压不住阵阵花香,尘封记忆的抽屉,关不住缕缕相思与愧疚。站在充满回忆的小路上,仿佛一切都可以回到从前,又仿佛已经是从前,空气中散发着阵阵栀子花香,我知道,我离那个地方不远了。

推开厚厚的大门,霎时间,如"银瓶乍破水浆迸"的回忆涌入脑海,栀子花开得正盛,几十年的老树上雪白一片,掉落的花瓣也铺出了一幅美丽的画卷,前夜的风吹雨打让这棵栀子树平添几分可怜,地上的碎瓣倒也生得几分姿色。好像下一刻,那个爱唠唠叨叨的小老太太就会拿着扫把絮絮叨叨地清理这一地的琐碎。但是不会了。

"为什么一定要去那么远的地方读高中?阿婆对你不好吗?"那是中考完了许久,马上要开学了,我才告诉阿婆我不在镇上上高中,要去离家挺远的地方。阿婆稍带委屈但又不想指责我的语调,在我听来,像是在控诉我的选择。"哎呀,报都报上了,现在说这些干什么,我自己的事我会做主,不用你操心!""阿婆不是那个意思。"阿婆委屈中带着哭腔的声音传来,仿佛下一秒就能哭出来。"行了出去,我要收拾东西了。"我连忙推着阿婆出了卧室,心中除了对新学校的期待,满满的都是对能离开这个小村子,去更好的地方,没人约束的向往。如愿地,我再也不用听她絮叨了。

到了新学校,周围的一切都有着巨大的吸引力,家在我的脑海里,似乎只有"约束"这一个形容词,所以我就干脆不回家了。"你的电话。"宿管阿姨将手机递到我手中的时候,我看清了,是"阿婆"的来电。"喂,阿婆!"回应我的却不是阿婆的声音,她去世的消息如一道巨雷劈在我的心上。这个让我想摆脱的人,打算一年见一次的人,就这样永远消失在我的世界里。

心中的海翻涌起来，耳边似乎已经可以听见心破碎的声音，眼泪不由自主地从眼眶中流出。如海面上的狂风暴雨，如一声惊雷，如令人惋惜的结局。握紧手机发疯般跑下楼，不知道其他感觉，只能感到钻心的疼痛和心中的喃喃："阿婆，等等我，等等我，我不走了，阿婆，等等我，我哪都不去，我陪着你！阿婆！"路途遥远，我还是没能赶上。站在这一年又一年生生不息的栀子树下，对阿婆的想念到达了顶峰。以前阿婆最喜欢在这棵树底下叫我，一遍又一遍，哼我只会一段的歌谣，轻轻抚摸着我的头，似乎这两句歌词是世间救赎，是光。她说这是世界上最动听的歌。拿出阿婆最后留给我的盒子，这是我赶回家后妈妈给我的，说是阿婆特意叮嘱要给我的。阿婆本来让家里人不告诉我她离世的消息，等我什么时候想她了自会回去的。我泪眼婆娑地打开盒子："小老太太，嘴还挺硬。"盒子里装的是一条围巾，如栀子花般洁净的围巾，这一刻我怎么也忍不住我的眼泪。"阿婆，我想用栀子花织一条围巾，肯定很漂亮！""我们家乖乖穿什么都漂亮！"没想到她还记得。心中的栀子树在这一刻开满了花，因为愧疚我没有来到这个院子，"阿婆，你不会怪我吧。"一股夹杂着栀子花香的清风轻拂过脸庞，我不知道那是不是阿婆的回应。

但我知道这份愧疚会困住我，年深月久。但心中的栀子花会竞相开放，开出最灿烂的花海，栀子花的花瓣想得到自由，于是它不久就会枯萎，但栀子树会夸它勇敢。阿婆，我知道你不会怪我，我会像这栀子花般越开越旺。

戴好围巾，温暖包裹住整个身体。关好大门，用眼睛感受微风与花香，这份不愿打开的记忆也有了完美的句号。把这份约束转化为最好的动力，才是最完美的结局。

> **点评**：这是一篇饶有趣味的散文，叙事性和可阅读性均佳。结尾以拟人的手法揭示文章的主题：亲情像是风筝的线，放飞心灵的自由。对话简洁，但引人深思。主题表达含蓄、深刻。

2. 写作视角二：关注时事，论据新颖

分析时事材料，表现生活哲理，体现了主要思维形式——辩证思维。时事类写作，如何运用辩证思维挖掘丰富的人生哲理，需要根据题目的特点和论证的内容进行思考。时事类材料作文，要在对立统一的关系中找到平衡点，围绕这一平衡点进行分析，从中提炼出具有辩证关系的观点。可以借助自然微小个体，引出普遍规律。大千世界，万事万物的生长与发展都遵循着自己的规律，即使微小的生命个体，也表现出鲜明的个性与自然的共性。仔细观察这个丰富多彩的世界，对每一样事物的特征进行深入思考，并体会这些事物所承载的普遍性，可以表达深刻主题。

【作品展示1】

山河共济，守望相助

山河茫茫，高山悠长，举目望中华大地，人民团结，社会和谐，这无不体现着守望相助，共济同行的精神力量，故曰："山河共济春不老，守望相助月长明。"人心至暖，不过相帮，守望相助，岁月不孤。

孟子曰："出入相友，守望相助，疾病相扶持。"是的，最暖不过人人互助，体现心间至美至善。"板凳男孩"方宇翔在幼时因病高位截瘫，靠两张板凳移动行走，而老师同学用心中善意待他，让一个清澈的灵魂被相助的爱意包裹；"抗癌厨房"开张十几年，以低廉价格让病患家属借灶做饭，"谁家都有困难的时候"。老板一句温暖之言，相助之行，不知帮助了多少家庭在荆棘之路上一再坚持……人与人、心与心之间的守望相助，让黑夜不再漫长，让人间更多一份春和景明，真情可抵三冬暖。

中华大地，根脉相连，守望相助，民族同心。歌曲《守望相助》中有一句感人肺腑的歌词，"各族儿女携手同心，守望相助幸福永远"，正如习近平总书记所言："各民族要相互了解、相互尊重、相互包容、相互欣赏、相互学习、相互帮助，像石榴籽那样紧紧抱在一起。"中华大地上民族共济，各地相帮，融成了千年江山未曾有的盛世图景。《山海情》中福建对口支援宁夏回族自治区，为这片贫瘠的沙漠带来菌草，带来技术，带来发展资金，更带来了各地之间同为中华一体的惺惺相惜与守望相助；越来越多的经济发达地区为欠发达地区提供资金技术，"先富带动后富"的征程正徐徐推进；"贫困县全部脱贫摘帽""零贫困"等振奋人心的词句，无不有守望相助的加力笃行。守望相助，各地同心，中华古国再发雄狮之声。

山河共济，春色不老，守望相助，世界共美。"各国要守望相助，同舟共济。"习近平总书记所言，道出了国际地球村应有的样子。中国始终坚持"美人之美，美美与共"。全球面临健康危机之时，向世界捐助医疗物资，现"岂曰无衣，与子同袍"之姿；杂交水稻出中国，与世界共享发展成果，"以我们的力量散发出比古老的太阳更耀眼的光芒"；积极参与维和事务，积极谋求共赢发展，同舟共济，守望相助，地球上众多国家同心起航，共谋发展，必有无限光耀之前景。

中华古今风霜雨雪，千年栉风沐雨，守望相助基因不改；当今世界不和平因素频起，更催促着吾辈青年身体力行，于细微处相帮，于生活中共济，看山河共济，春色不老。

江水茫茫，守望相助，有月长明。

> **点评**：中学生关注社会、了解社会，既是社会发展趋势的需要，也是自身发展的需要。习作切中时代脉搏，与时代同频共振，表达了合作共赢、共同发展的时代主题。

【作品展示 2】

勇担时代之责，绽放青春之花

习近平总书记说过："青年一代有理想、有本领、有担当，国家就有前途，民族就有希望。"青春，是一生中最美好的年纪，我们只有勇担时代之责，才能让青春之花绽放出最美的姿态。

坚持自我志向，谱青春华章。

在风雪边关枕戈待旦，让五星红旗高高飘扬的陈祥榕，"清澈的爱，只为中国"是他的志向；在科技前沿创新精进，在异国他乡被扣留 1 028 天终于回国的孟晚舟，"让国家技术不被偷走"是她的志向；在奥运赛场上拼尽全力，伤病并未将他打倒的马龙，"为国争光"是他的志向；无数默默奉献的他们，将自己的志向与国之命运相连，迎来了中国从站起来，富起来，到强起来的伟大飞跃，我们只有坚持自我志向，才能谱写青春华章。

迎时代浪潮，唱青春赞歌。

一代人有一代人的责任，一代人有一代人的使命，我们只有将自己放入时代之中，青春才叫青春！一条红船开启了他们的故事，也开启了新中国的道路。他们面对敌人的严刑拷打毫不动摇；面对艰难困苦，绝不后退；面对危险敌情，绝不退缩；成千上万的共产党人，在那个年代献出了他们的青春，却让国家进入了新的历程。从英勇赴死的李大钊，到冻死在战壕中的战士，他们的身上无一不展现着中国共产党人的力量，无一不诵唱着那个时代的赞歌。今日之中国，抗洪救灾，还是那群年轻的战士，毫不犹豫奋战在一线，身穿绿色军装，与时间赛跑，与死神抢人。这是新时代他们在时代浪潮下的完美回答。迎时代的浪潮，担时代的责任，唱青春的赞歌。

听国家号召，献青春生命！

在这个日新月异的时代，听国家召唤，是我们新一辈必须做到的。"人生最浪漫的事莫过于：祖国召唤时，我们正青春！"诺贝尔生理学或医学奖得主屠呦呦在接到国家研究天花病的指示后，立马投身于研究之中，她和团队成员，翻看了1 000多本古书，一次又一次地提取药物比对，夜以继日，丝毫不停下实验的脚步，最终成功制成青蒿素，将世界上无数悲痛的家庭从深渊边拉回，只因国家的召唤！钱学森在美国毅然拒绝高薪，回到祖国，只因国家的召唤，祖国需要他……这桩桩件件，都是他们作为一个中国人，面对祖国的召唤展现出了无私奉献的精神。

少年强，则国强；少年富，则国富。作为21世纪的新青年，要将个人志向与国家相联系，勇担时代之责，让青春不留遗憾，让青春之花绽放出更加绚烂的姿态！

> **点评**：新时代的青年，肩负着民族复兴的重任。报效祖国、奉献社会是当代青年应有的认识与担当。作者在文中通过列举事例，表达了自己愿以青春奉献社会的强烈愿望。

【作品展示3】

因热爱而坚持，因奋斗而美好

古往今来，众多名家的事例与名言都在告诉我们，热爱一件事很简单，但因热爱去坚持这件事却很难。"坚持"二字有十六笔，"放弃"二字有十五笔，坚持或是放弃不过一念之差。想要做好一件事就要持之以恒，日久天长便会看到成功。

逐梦航天，观星揽月

幼时，她常常望着天空畅想，她想要到那浩瀚的星河中观星揽月。而长大后，她真的实现了愿望。畅谈宏观宇宙时她如张开双翼发着光，提及女儿家人时却像终于落了地扎了根，她不仅为她女儿摘取了星星，也为国家科技增添了一颗星星。她就是我国出色的航天员——王亚平。

因为一次偶然的机会，王亚平接触到了航天航空方面的知识，从此她幼小的心灵中便种下一颗有着航天梦的种子，而后每当在学校听老师讲起前人的航天事迹时，她也总会畅想宇宙的样子，畅想自己在宇宙中自由飞翔。长大后，王亚平心中的种子愈发茁壮地成长，她心中的愿望也越来越坚定，这时的她已不仅仅是想领略宇宙的浩瀚，她更想报效祖国，立志要为祖国的航天事业做出自己的贡献。

艰苦的训练非常人能接受，王亚平却一直咬牙坚持。身边的人都劝她放弃，她却没有听从。正是她心中那份对事业的热爱促使她坚持到底，成就了她自强不息的精神，完美诠释了什么叫巾帼不让须眉。在火箭发射的那一刻，王亚平的脑海里只有六个字：责任、使命、圆梦。她因热爱而坚持，她的人生因奋斗而美好！

走出大山，放飞梦想

扎根于大山，一直专注于大山里的教育事业，多年来贡献毕生的心血创办华坪女高，送无数女孩走出深山。"烂漫的山花中，我们发现你。自然击你以风雪，你报之以歌唱。命运置你于危崖，你馈人间以芬芳。不惧碾作尘，无意苦争春，以怒放的生命，向世界表达倔强。你是崖畔的桂，雪中的梅。"她就是改写大山女孩命运的"擎灯人"——张桂梅。

每当看到因家庭贫困而不能继续上学的孩子时，她都心痛不已。当她走进大山时，看到那些本该在校园里读书的花季少女，此时却在干着重活时，她心如刀绞。从此，张桂梅心中暗暗决定要帮助这些孩子走出深山，去看更广阔的世界。

创办之初，因环境恶劣、地理位置偏僻以及教学设备落后等种种问题，华坪女高仅有几名教师。张桂梅心中发愁，每天不吃饭不睡觉，一个人做好几份工作。她一直用自己的生命在帮助这些孩子，即使自己遭受病痛的折磨，手上都贴满了膏药，忍着痛也要坚持下去。张桂梅一生无儿无女却被千百个孩子叫作"妈妈"，她用自己瘦弱的身躯诠释了"命运置你于危崖，却馈人间以芬芳"的高洁品性。她就像一束希望之光，照亮孩子们的追梦人生。正是张桂梅心中坚定的理想信念使她一直坚持着这份工作，她对教育事业的热爱与初心从未改变。她因热爱而坚持，她的人生也因奋斗而美好！

袁隆平曾说过："只要大方向是对的，不是死胡同，你只要坚持下去，它会达到光明的彼岸。"点滴微光，可成星海，没有一蹴而就的成功，只有厚积薄发的胜利。或许有些坚持仍在黎明之前，未见曙光；但总有一些坚持能从一片苍茫的暗夜里绽开万丈的光芒，能从一寸冰封的土地里，培育出十万朵怒放的蔷薇！

> **点评**：在实现梦想的同时，他们选择坚持、执着追梦的故事让人感动。支撑他们面对困难时咬牙坚持的，是对生活的那份热爱；支撑他们在挑战自我中不断实现突破的，是对梦想的那份追求。文中通过举例阐述因热爱而坚持、因梦想而坚定的深刻道理。

时代不断发展，生活变得越来越精彩，生活的哲理也表现得更加深刻。新事物的出现，新现象的发生，新理念的开创，都以全新的方式反映出生活的百态。时事类写作，也可以从这些"新"的角度出发，挖掘更为细腻的生活哲理。在写作时，为了使文章更具有说服力，需要用客观真实、公众承认的事例来进行论述。思辨性写作强调对社会现状的分析，注重现实意义，这需要学生关注时事，在日常的学习生活中对社会时事进行思考、分析。

3. 写作视角三：培养逻辑，强化说理

高中语文新课标"思辨性阅读和表达"任务群指出，"引导学生学习思辨性阅读和表达，发展实证、推理、批判与发现的能力，增强思维的逻辑性和深刻性。认清事物的本质，辨别是非、善恶、美丑，提高理性思维水平""学习表达和阐发自己的观点，力求立论正确，语言准确，论据恰当，讲究逻辑。学习多角度思考问题。学习反驳，能够做到有理有据，以理服人""要注重对学生思维过程和思维方法的引导，注重发展学生的辩证思维和批判性思维，注重培养学生思维的逻辑性"。因此，注重逻辑思辨，闪烁理性光芒，让笔下的议论文阐述事理是立体而非平面的，多维而非单一的，这样才能从"万马齐喑"的低谷迈向高端。

那么，应如何走向思辨，让作文走向深刻呢？

（1）思辨点一：一分为二，凸显两面性。事物都有善与恶、美与丑、正确与错误、优点与缺点、光明与黑暗等两面性。如果分析问题只抓住一面，就会"一叶障目，不见泰山"，最终导致片面化。因此，议论文说理不能完全依靠主观判断，要整体把握事物的两面性，分清事物的主流与支流，用一分为二的观点看问题，两面兼顾，同时又有所侧重，有所突出，做到全面说理，这样说理的思辨色彩才能够呈现出来。

"爱国"是"五四"运动高举的一面旗帜。在爱国主义旗帜下，"五四"运动是一场传播新思想、新文化、新知识的伟大的思想启蒙运动和新文化运动。昔日，在"西学东渐"中，先进的思想和创新的文化无疑为当时的中国注入了新鲜血液，让故步自封的中国人猛然警醒。当下，随着新时代的到来，文化的交流与传播促进了人类文明的发展，但我们也要重视其中的弊端。文化渗透和文化冲击日益加剧，一些良莠不齐的"文化"趁虚而入。我们除了要坚定文化自信，还要保持自己文化的纯洁性。我国那些世界级的物质、非物质文化遗产，那些古代圣贤所提倡的思想，那些代代相传的美德等，都是历经了历史的涤荡而存留下来的，是经得起时间考验的。我们倡导全世界各民族文化一律平等，不卑不亢始终是我们保持文化自信的最好态度。

　　这段文字由"五四"运动的思想、文化传播展开论述。首先，鲜明地提出自己的看法，并明确论述的立足点。接着以"昔日"说起，表明"五四"运动的思想和文化传播在当时的巨大意义；继而以"当下"切入，论述在当今"文化渗透和文化冲击日益加剧"的背景下，如何以正确的方式看待和处理文化传入与保持文化自信的问题。该段文字用发展的观点分析事物，彰往知来，以动态的眼光看待和评析，说理深刻透彻，具有思辨色彩。

　　（2）思辨点二：后顾前瞻，凸显发展性。世间万事万物都处于运动、发展、变化之中，用发展的眼光分析问题，才能揭示实质。以静止的眼光看待问题，就会"只见君去，不见君还"，导致片面极端；采用不变的观点分析变化中的事物，就必然违背常理。横向延展拓展了论证的宽度，纵向求索则开掘了论证的深度。议论文写作要抓住事物发展这一最本质的特征，透彻分析事物的矛盾运动和发展变化的规律，思路才能严密深入，论述才能鞭辟入里。

　　齐桓公能慧眼识人。登上王位后齐桓公能听取鲍叔的谏言，认识到管仲的才能，并积极与鲁国交涉，迎回管仲，任其为相。知人善任的君主自古有之，从刘邦重用韩信，到刘备三顾茅庐，再到唐太宗用房玄龄、杜如晦两位良才，这些君主无不凭借人才成就一番霸业。齐桓公能辨识出良相，并毫不犹豫，一举提拔其为自己手下的第一谋士，此可谓王道之始也。

　　齐桓公能弃置前嫌。争夺王位时，管仲险些杀死齐桓公，齐桓公装死才得以侥幸逃脱。即位后，与历史上杀人成性的君主不同，齐桓公没有选择斩尽公子纠的党羽，清除异己，而是以他山之石攻玉，大度地重用险些杀死自己的管仲，正可谓"成事不说，遂事不谏，既往不咎"。齐桓公立足当下，用长远的眼光、宽广的心胸处事用人，天下的贤士无所回避。由此，齐桓公广纳天下豪杰，因势利导，最终成就一代霸业。

　　齐桓公能把握时局。之前，他与管仲是势不两立的敌人，是高手之间的对局；而后，他与管仲是相互依傍的君臣，是高手之间的联合。每个时期有不同的目标与追求，自然就有不同的策略。齐桓公能以独到的眼光看待当前时期的每个人、每件事以及这些人与事之间的联系：恶战时，不因对方才华过人而手下留情；治国时，不因对方曾是仇敌而置之死地，以发展的眼光看待变化的时局，因时而异随事而动，于思想和行动上有效规避了经验主义和形而上学，实在是明君所为！

　　　　　　　　　　　　　　　　　（2020 年全国卷 I《既往不咎，唯贤是举》）

作者认为齐桓公"唯贤是举"，在表明观点后，顺势从"齐桓公能慧眼识人""齐桓公能弃置前嫌"和"齐桓公能把握时局"三个方面展开论述，彰显出作者思考问题的全面性，既使文章结构严谨，同时也使论述更加深入透彻，增强了文章的思辨色彩。

（3）思辨点三：拓宽视野，凸显多面性。就问题谈问题，就事件说事件，这种孤立地看待事物的方式往往导致论述缺乏广度，甚至走向只见部分、不见整体的片面极端。事物的存在都是多因素的，也总是和其他事物有联系的。在论证相关问题时，有意识地将视野放大，或横向延展探究其存在的多因素，或由此及彼考察与之相关的事物、问题，这种拓宽视野、综合考查的分析方式既能拓展论证宽度，又能彰显思辨色彩。

　　世间万物，皆有强弱之分，天生强者不可沾沾自喜，天生弱者不必自惭形秽。《伤仲永》的故事令人扼腕叹息，假如方仲永在展示自己"受之天"的通悟后，没有被父亲带着四处炫耀而是加强学习，是否还会"泯然众人矣"？与之相反，面对无声无光的世界，海伦·凯勒未因失聪失明而放弃自我，而是奋发有为，终成命运的强者。强弱并非上天注定，弱者可变强，而强者也可变为至弱。是故，生而为强者在自律自尊中实现自我升华，将浩气挥洒于霓虹之上！生而为弱者无须自卑，若在逆风中把握方向，生出羽翼亦能直上九万里！
　　促使强弱转化的关键条件是先天还是后天呢？"泰山不让土壤，故能成其大；河海不择细流，故能就其深。"因此，促使强弱转化的关键条件不在于先天而在于后天。逆境是颠覆弱者生活之舟的波涛，又是锤炼强者钢铁意志的熔炉。"有志者，事竟成，破釜沉舟，百二秦关终属楚；苦心人，天不负，卧薪尝胆，三千越甲可吞吴。"无论是错失先机还是遭遇挫折打击，只要"勤自锻炼，增益其所不能，久之也会变而为强"。须知，自立自强，终成强者。

（2021年新高考全国卷Ⅰ《强弱非天定，自强方恒强》）

前段文字借方仲永和海伦·凯勒的事例，具体分析"天生强者不可沾沾自喜，天生弱者不必自惭形秽""弱者可变强，而强者也可变为至弱"的道理；后段文字引用名言，集中分析促使强弱转化的关键条件。行文中，对于方仲永，作者正面提出批评；对于海伦·凯勒，文章给予充分褒扬。这种写法使文章充满了理性思辨色彩，给文章带来了不少亮色。

（4）思辨点四：由表及里，凸显褒贬性。只看到表面现象就断然下笔，不去探究实质性的问题，分析停留在"是什么"上，不能在"为什么"上深入开掘，就会缺乏思辨性和深刻性。要想做到见解深刻、说理透彻，就要学会透过现象深入本质。别被表象轻易蒙蔽，善于渗透挖掘本质，该褒扬则褒扬，该批驳则批驳，才能使论证走出感性的浅层，迈向理性的深层。或横向比较，或纵深挖掘，由表及里，凸显褒贬性，不仅能拓宽写作思路，更能提升论述的广度和深度。

笔者根据下面材料，组织学生完成写作训练，并安排展示。

"甘瓜抱苦蒂，美枣生荆棘。利旁有倚刀，贪人还自贼。"

只有经历了最黑暗的深渊，才能看见最壮阔美丽的黎明；

只有体验过最坎坷的生活，才能感受最亲切真实的欢乐；

只有承担最刻骨的痛苦，才能歌颂美好充满希望的明天。

人类文明进程的伟大成果，似乎都来源于苦难，凝结于苦难，永恒于苦难。

要求：准确把握材料的含义，选好角度，确定立意，明确文体，自拟标题；不要套作，不得抄袭；不得泄露个人信息；不少于800字。

【作品展示1】

苦难的芬芳

叶雅姗

风雨过后才能见彩虹，凤凰浴火后才重获新生，苦难过后并非全然深渊谷底，不被苦难打倒往往能迎来更耀眼夺目的成功。只有经过苦难的磋磨，才能拥有全新的自我。

苦难从不是难以翻越的大山，苦难是勇士劈开荆棘的长剑，是成功者脚下的良道。苦难的芬芳，使生活更具色彩，使成就更显光芒。

以苦难点明灯，照亮前行的方向。回溯历史的长河，苦难也许充斥在不少人的生活中，它带给人们痛苦，却也铸就了人才。韩信受胯下之辱，却不曾于苦难之下折腰，终成威武将才；越王勾践卧薪尝胆，日夜的折磨与困苦并未困住他的脚步，而是推他前行终归故里；苏轼一生被贬多次，满腹经纶、才华横溢却不得重用，但苦难给予他勇气，即使生活不尽如人意，依然笑看云起云落、云卷云舒，"但愿人长久，千里共婵娟"的美好祝愿温暖着每一个异乡游子；杜甫一世颠沛流离，也未曾因生活苦难停止写作与对家国的忧思，终以"诗圣"之名流芳百世。生活不可能一帆风顺，得意时，"一日看尽长安花"，失意时，"潦倒新停浊酒杯"，但苦难带给我们的，应是"一蓑烟雨任平生"

的洒脱与乐观，苦难过后，终会"也无风雨也无晴"。

以苦难筑基石，为后世人铺良道。苦难是奋斗者的垫脚石，即使崎岖坎坷，却可助我们登高望远，一览河山。百年前的中国风雨飘摇，危在旦夕，在这民族存亡之际，是无数革命者敢为人先，不惧苦难，于黑夜中踽踽独行。鲁迅先生毅然决然弃医从文，面对反动派毫无惧色，用振聋发聩的文字唤醒沉睡的同胞；闻一多先生亦不曾退却，最后一次演讲慷慨激昂，字字泣血，终以身躯铸造革命的伟大胜利。苦难面前，革命先烈不曾惧怕，不曾退缩，而是以苦难淬炼筋骨，为后世人撑庇宇，而苦难过后，便是如今国富民强、海晏河清的泱泱华夏。苦难过后，这片锦绣河山更显奇伟壮丽。

以苦难铸辉煌，谱写新华章。辉煌的成就背后，往往是数不清的辛酸与血泪，是不为人知的伤痛，是默默无闻的孤独。我国研发原子弹时期，参与其中的科研工作者隐姓埋名，甚至连家人都无法倾诉，只能独自忍受痛苦，担负压力，攻克难关，但这份常人难以承受的苦难过后，我们迎来了举世瞩目的伟大成就，我们拥有了自己的核武器。而今日，我们又创造了无数新的辉煌，在苦难过后，是中国女排的传奇连胜，是塞罕坝千里黄沙变绿林的耀眼成绩，是疫情时众志成城、万众一心共克时艰的超越极限……苦难造就了更美好的明天，赋予了一切成功更伟大的意义，带来了更难忘的喜悦。

苦难，是陈年的烈酒，灼热辛辣过后，是绵远悠长的醇香，比一切鲜花都要芬芳。苦难成就人才，苦难书写人生，苦难也将创造未来，而迎接它，喜爱它，最终战胜它，是我们追求的方向。别惧怕苦难，细品这杯陈年烈酒，苦难过后的芬芳将会永驻心间。

> **点评**：星空在无声中诉说浩渺，群山在无声中描绘永恒，鲜花在无声中酿造美丽，苦难在无声中散发芳醇。不畏苦难，相信风雨过后，眼前会是鸥翔鱼游的水天一色；登上山顶，脚下便是积翠如云的空蒙山色。文章哲理性强，道出了生活的真实状态。

【作品展示2】

奋斗之姿，勇立潮头

周　慧

"甘瓜抱苦蒂，美枣生荆棘"，生活从来不是一帆风顺的，苦难给予我们痛苦，在困境中磨炼自我，勇于奋斗，才能创造美好未来。

历史的车轮滚滚向前，回望往昔，看先辈在逆境中绝处逢生。司马迁困于牢狱之中，执笔写下被誉为"史家之绝唱，无韵之离骚"的《史记》；鲁迅于水深火热之中，执笔写下"横眉冷对千夫指，俯首甘为孺子牛"的名句；陈乔年、陈延年兄弟二人英勇赴死，为革命事业奉献自我。他们用行动书写了坚定不移的初心，在困境之中选择逆流而上，怀着"不破楼兰终不还"的决心直面困难。他们的故事不断激励着我辈青年勇于直面困难，树立信心，迎接苦难。

放眼今朝，看前人在困境中历遍苦难，却不屈不折。"世界以痛吻我，我报之以歌"的史铁生先生在困难中磨炼自我，写下文坛精粹；北京冬奥会赛场上的徐梦桃破釜沉舟，一跃夺金；"桃之夭夭，灼灼其华"，伤痛折磨了她，也成就了她；清华学子江梦南，"从无声里突围，她心中有嘹亮的号角，新时代里，她有更坚定的方向"，苦难之中她不曾停下前进的脚步，用奋斗战胜苦难，书写人生。他们用行动展现奋斗之姿，在苦难之中选择顽强抵抗，克服困难。他们用实际行动不断激励着我辈青年勇于克服困难，磨炼心性，于浮华中淬炼自我，征服苦难。

展望未来，看后浪在苦难中踽踽独行，摇橹搏浪。脱贫攻坚战中涌现出来的黄文秀等忠于党和人民的同志，带领人民克服困难，脱贫致富；国测第一大队中的青年攀登者勇攀高峰，不畏困难。他们在前人的激励中，用行动实现奋斗理想，为后人树立榜样，开拓道路。他们用奋斗之姿不断激励我辈青年敢于挑战困难，树立奋斗目标，在苦难中不断成长。

作为新时代的青年，我们应该向着习近平总书记为新时代青年指引的"树立远大目标，勇于砥砺奋斗"前行，回望历史，还看今朝，展望未来。

反观现在，仍有许多青少年沉溺在舒适圈中，止步不前，缺少敢于直面困难的勇气，缺少敢于克服困难的心态，缺少敢于奋勇前进的决心。在时代浪潮中，止步就会被淘汰，青少年是国家未来的栋梁，怎可止步不前？关关难过关关过，长路漫漫亦灿灿。我们也应怀着在苦难之中磨炼自我、修养心性的心态，勇于面对苦难，挑战苦难，以奋斗之姿于时代潮流中急流勇进，奋发图强。

"桐花万里丹山路，雏凤清于老凤声"，青少年是国家的先锋，也是时代的引领者，我们也应勇于直面困难，挑战困难，克服困难，在苦难中磨炼自己。立志于国之所向，明志于国之所趋，行路且艰，为国铸剑！

回头看，轻舟已过万重山。

向前看，平芜尽处是春山。

> **点评**：青春是奋斗最黄金的时期，奋斗是青春最亮丽的底色。新时代是施展才能、大显身手的时代，也是需要青年起而行之、迎难而上、勇挑重担的时代。作者在文中表达了为中华民族伟大复兴承担责任和勇于担当的强烈愿望。

【作品展示3】

以痛吻我，报之以歌

何佳煜

破茧方成蝶，涅槃才重生，枫叶经霜绝，寒梅傲雪香。诗人袁枚曾言"苔花如米小，也学牡丹开"，只有经历过苦难淬炼之人，才能改写命运，谱写生命华丽的乐章。

在我们面对苦难之时，应以永不停歇的脚步迎难而上，应以大无畏的姿态去从容面对，应以经历的坎坷为成功之基石，创就一番辉煌的未来。

慎思之，遇到坎坷蹭蹬，驱散阴云不迷茫。羞涩的笑容，不安的手指，站在中国诗词大会的舞台上，白茹云赢得了阵阵掌声。出生于边远农村地区的她，生活中面对的是繁重的农活，庞大的家庭，落后的教育水平，所有的一切都在告诉她屈服于困苦，放弃挣扎，但是"燕雀安知鸿鹄之志"。生活不曾厚待她，可她却努力着，微笑着，用抄写唐诗宋词的方法打造着苦难生活中的诗情画意，对唐诗宋词之热忱，让她在和命运的抗争中扳回一局，使自己的人生熠熠生辉。正所谓"哪朵玫瑰没有荆棘"？只有体验过无限的黑暗与绝望，才会明白灰暗世界中的光亮有多么难能可贵。我们当自省自虑，莫要让眼前的荫翳遮挡了前进的道路。

笃行之，遇到坎坷蹭蹬，明辨方向强自身。如果不是一次偶然的机会，余秀华只是一个普通的残疾农妇，一辈子困在黯淡的房间里，按照世俗的眼光麻木地活着。可她并不甘于做如此卑微渺小的存在，任凭世界遗忘，而是将挫折困难转化为拼搏的动力，笔耕不辍，脚踏实地去闯，最终看到了胜利的曙光。

如果不是一路的付出与汗水，周云蓬只是一个流浪的盲眼歌者，即使人生平凡甚至不幸，却坚持梦想，用汗水浇灌着命运的盐碱地，不甘于平凡的生命设线，用自己笨拙却永不停息的步伐拼搏前进。当他们在颁奖台上相遇时，一个双眼失明，一个腿脚不便，可他们也未曾向苦难低头，最终绽放了生命中最绚丽的年华。雪莱曾言："冬天到了，春天还会远吗？"无论在现实中有多绝望迷茫，请记住，生活还要继续，过往苦难皆是美好生活的问路石，我们应以永不停息的脚步迈进成功之门，莫被路上的石头绊住了方向。

明辨之，遇到坎坷蹭蹬，终点可期勇向前。中流砥柱，明日之星，哪个不是历经磋磨？君可见00后大学生刘上以永不屈服的决心，历经数百次的失败，让自制火箭升上天空；君可知一群群可爱的年轻人在加勒万谷立下了"清澈的爱，只为中国"的誓言，以余生镇守祖国边疆；君可闻三代塞罕坝人因那份不被外界干扰的决心，将片片沙漠变成万亩林海。正所谓"成大事者必先苦其心志，劳其筋骨，饿其体肤，空乏其身"，生活中的苦难，往往是考验，考验我们是否具备了活下去的能力。我们应当以从容的姿态去面对，去战胜，方可乘可为之势扶摇而上。

正所谓"我有明珠一颗，久被尘劳关锁，今朝尘尽光升，照破山河万朵"。历最暗之渊，体最苦之味，承最痛之苦，方能成就伟大的事业。

蝶翼展翅，凤凰浴火，寒梅散香。往前走，往前看，哪怕前途一片迷茫，哪怕凭着惯性继续往前，总有一天，你会在自己来时的脚印中找到方向，苦难以痛吻我，而我报之以歌。

> **点评**：人自降生到这个世界，在被赋予了最真、最宝贵生命的同时，也面临着无尽意想不到的磨砺，也许我们在一些事情上无可避免地尝到了深深的伤痛，这便是"世界以痛吻我"！但是，任何人都没有免除"痛吻"的权力或超越"痛吻"的法力，我们唯有把这些苦难当成历练成长的机会，以积极阳光的态度来面对，慢慢体味这份"痛吻"，相信一切都是美好的。作者在思索中理解，在理解中表达，让自己走向完善，走向成熟，走向成功。这便是文章的要旨所在。

在该专题教学活动中，笔者把课堂交给学生，鼓励学生在课堂上多思考、多表达，让他们在讨论、表达的过程中锻炼自己的思辨能力。课后，笔者布置了作文题，学生较好地完成了写作任务。思辨离不开多思考、发散的思维方式，或横向，或纵向，或求同，或求异，或对比，甚或反弹琵琶的境界。多一些理性分析和逻辑思辨，议论文说理才能步入高端的境界。

参考文献

［1］中华人民共和国教育部 . 普通高中语文课程标准（2017 年版 2020 年修订）［S］. 北京：人民教育出版社，2020.

［2］中华人民共和国教育部 . 普通高中英语课程标准（2017 年版 2020 年修订）［S］. 北京：人民教育出版社，2020.

［3］中华人民共和国教育部 . 普通高中课程方案（2017 年版 2020 年修订）［Z］. 北京：人民教育出版社，2020.

［4］赵静娴 . 20 世纪《红楼梦》主题研究综述［J］. 中国古代小说戏剧研究丛刊，2005（0）：82 – 114.

［5］张战备 . 新课标背景下高中文言文教学策略研究［D］. 石家庄：河北师范大学，2007.

［6］罗婕 . 高中文言文传统文化教学的方法研究［D］. 重庆：西南大学，2009.

［7］杨生栋，孔德凤 . 传统文化在高中语文阅读教学中的现状及其成因探析［J］. 现代语文（教学研究版），2010（1）.

［8］冯学渊，詹光平 . 在中学语文教学中渗透社会主义核心价值体系途径初探［J］. 新课程研究（教师教育），2013（3）.

［9］詹光平 . 课堂教学改革应坚持"五个维度"［J］. 新课程研究（基础教育），2016（22）：123 – 124.

［10］王春丽 . "互联网 + 教育"的新模式发展探析［J］. 企业导报，2016（11）：62，64.

［11］陈丽 . "互联网 + 教育"的创新本质与变革趋势［J］. 远程教育杂志，2016，34（4）：3 – 8.

［12］吴南中 . "互联网 + 教育"内涵解析与推进机制研究［J］. 成人教育，2016（1）：6 – 11.

［13］秦虹，张武升 . "互联网 + 教育"的本质特点与发展趋向［J］. 教

育研究，2016，37（6）：8－10.

［14］胡乐乐. 论"互联网＋"给我国教育带来的机遇与挑战［J］. 现代教育技术，2015，25（12）：26－32.

［15］平和光，杜亚丽."互联网＋教育"：机遇、挑战与对策［J］. 现代教育管理，2016（1）：13－18.

［16］李宏亮，赵璇. 基于"互联网＋教育"的课堂教学重构［J］. 上海教育科研，2016（5）：80－83.

［17］张茂聪，秦楠. 互联网＋教育：内涵，问题与模式建构［J］. 当代教育与文化，2016，8（3）：22－28.

［18］安鑫，杨亚芹."互联网＋教育"：内涵，趋势与推进机制［J］. 中国成人教育，2017（3）：31－32.

［19］詹光平. 在高中语文阅读教学中开展传统文化教育策略［J］. 环球市场信息导报，2017（37）：77.

［20］崔春玲. 建构单元整体教学 提升英语课堂效率［J］. 吉林教育，2017（48）：144.

［21］许丙成. 互联网背景下高中英语教育教学研究［J］. 华夏教师，2018，（35）：89－90.

［22］吴志青. 基于英语学科核心素养的高中英语单元整体教学设计研究［D］. 天水：天水师范学院，2019.

［23］李蓉. 高校学生用英语讲好中国故事的能力培养策略研究［J］. 中外企业文化，2020，（9）：92－93.

［24］张静. 解析核心素养背景下的中学语文阅读教学策略［J］. 学周刊，2021（2）：65－66.

［25］詹光平. 现代传记作品阅读教学的路径探析［J］. 中学语文，2021（15）：37－38.

［26］闵怡慧. 基于高中语文核心素养的阅读教学研究［J］. 新课程，2021（12）：54－55.

［27］刘芳芳. 高中语文阅读教学如何培养学生的语文核心素养［J］. 学周刊，2021（7）：60－61.

［28］詹光平."互联网＋"语文智慧课堂模式的建构与实践［J］. 中学语文，2022（33）：77－79.

［29］刘俊言."互联网＋"背景下信息技术与高中英语教学整合分析［J］. 校园英语，2022，（19）：34－36.

［30］陈鹏飞. 高考思辨文写作指导：以2021年全国新高考Ⅰ卷作文题为例［J］. 广东教育（高中版），2022（4）：4-8.

［31］曹振国. 2023年高考作文备考策略［J］. 高中生学习（作文素材与时评），2022（10）：4-9.

［32］詹光平. 高中语文"整本书阅读"的现实困境与路径选择［J］. 语文月刊，2023（3）：27-29.

后 记

在核心素养时代，语言类学科在培养学生综合语言运用能力、文化理解能力以及批判性思维能力方面发挥着重要作用。核心素养教育理念强调让学生在德智体美劳方面得到全面发展，培养其适应终身发展和社会发展需要的正确价值观念、必备品格和关键能力。

课堂，作为学生学习和成长的主要场所，其重要性不言而喻。有效的课堂教学不仅能传递知识，更能激发学生主动探索、批判思考和创造性解决问题的能力。因此，构建一个能够充分体现和落实核心素养的高效课堂，对于教师而言，既是挑战也是职责。

毋庸置疑，语文学科教授的是母语，在语文的海洋里，我们遨游于经典名篇，感受中华文化的博大精深，体会文字背后的情感与哲思。英语作为一门国际通用语言，它不仅是交流的工具，更是文化的载体，闪烁着思想的火花。这两门学科，如同两座桥梁，连接着学生的内心世界与广阔的世界舞台，让他们在语言的浸润下，成长为有温度、有深度、有广度的时代新人。

本书以核心素养为指导，探讨和分析如何在语文、英语学科教学中培养学生的学科核心素养。全书内容涉及核心素养视域下的课堂教学原则、教学内容、教学活动以及智慧课堂建设等方面。我们认为，教学不应局限于课本知识和应试技巧的传授，更应该关注学生内在潜能的开发和个性发展。笔者深切地意识到教育的力量，以及作为教育者所应承担的责任。将核心素养融入课堂，既是对传统教学理念的挑战，也是对自身教学实践的考验和提升。书中讨论的理念和策略，旨在激发学生探究的兴趣，培养其批判性思维，提升语言运用和表达能力，同时关注学生的情感态度和价值观。以期通过课堂教学转型，培养学生的创造能力、创新思维品质，不断提升学生的学科核心素养，更好地培育学生健康成长，实现学生全面而有个性地发展。

笔者在教育教学、研修培训、调研反思的过程中，通过课堂观察、亲身实践、教学研讨、查阅资料等方式受到许多专家、同行及一线教师的启发，这为本书的形成提供了明朗的思路。特别是他们的具体做法、宝贵经验、深刻见解及学生学习成果为著作提供了典型、生动而鲜活的资料，成为笔者创作的源头活水。因此，这本书不仅是笔者个人努力的付出，更是集体的智慧结晶。在此，向提供案例资料的老师表示衷心的感谢！

一直以来，有真才实学，特别是业精有专攻的人总是受人尊敬和爱戴。在参加"国培计划"宁夏骨干教师及培养对象培训学习时，有幸遇到湖南师范大学文学院周敏教授。她是一位温柔聪慧、学识渊博，待人平易可亲的学者。周老师是课程教学论专家，又是教育学博士、中国现代文学博士后。在培训班上，她负责课程设计，为学员也为中学课堂授课。当今，既为大学生也为中学生讲课的老师是鲜见的；周老师便是这样的一位好老师。一个人遇到好老师，这是他的幸运。在拙著出版之际，周老师在完成繁重的教学、科研任务之余不吝赐教，在章节内容、编排体例等方面提出了真知灼见，笔者已蒙受关照。周老师又受不情之请，花费一个晚上作序，至凌晨发送。对此，笔者感激涕零，难以言表，唯有化作前行的动力。

本书得以顺利出版，离不开暨南大学出版社的鼎力支持，离不开曾鑫华、黄亦秋两位编辑的精心编校。特此深表谢意！

期待与专家、同行共同研讨，廓清教育教学疑惑；交流、分享教育教学改革成果，顺利推进课堂教学改革，从而通过生动有趣的课堂教学启智润心，以培养核心素养为目标，不断提升学生的创新能力、实践能力、合作能力、探究能力。

愿以教育家精神为引领，为学生的健康发展竭尽所能、倾尽心血，期待每一位学生的健康成长与精彩绽放。

教育改革之路充满挑战和机遇，愿为课堂教学改革尽绵薄之力。

作　者

2025 年 4 月于宁夏中卫